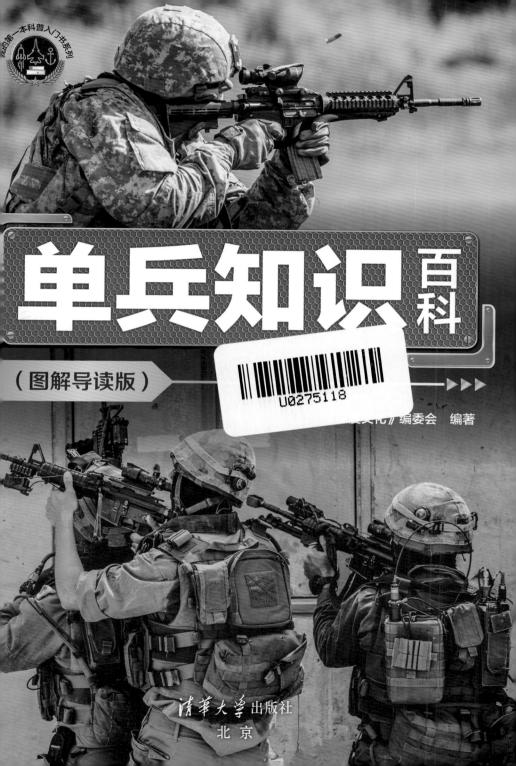

单兵知识百科

百科

（图解导读版）

U0275118

《……文化》编委会　编著

清华大学出版社
北京

内 容 简 介

本书是一本介绍单兵知识的科普图书，书中以问答的形式介绍了兵员训练、武器装备、战斗技能、野战战术、巷战战术等内容，由浅入深地讲解了单兵的相关知识。除了介绍单兵相关内容，还对与之相关的知识体系，例如兵员征募、军需勤务等内容进行了详细分析与说明，以提升读者对单兵知识的认知度。全书结构清晰，分章合理，排列有序，主次分明，阅读本书的科普爱好者均能从中获益。

本书适合各大军迷、安防人员、历史研究学者以及对单兵作战知识感兴趣的读者阅读，同时也适合各大安防培训机构作为参考图书或阅读资料。

图书在版编目（CIP）数据

单兵知识百科：图解导读版 /《深度文化》编委会编著 . —北京：清华大学出版社，2024.7
（我的第一本科普入门书系列）
ISBN 978-7-302-66404-8

Ⅰ . ①单… Ⅱ . ①深… Ⅲ . ①单兵—独立作战—青少年读物 Ⅳ . ① E83-49

中国国家版本馆 CIP 数据核字（2024）第 112169 号

责任编辑：李玉萍
封面设计：王晓武
责任校对：张彦彬
责任印制：宋 林

出版发行：清华大学出版社
　　　　网　　　址：https://www.tup.com.cn，https://www.wqxuetang.com
　　　　地　　　址：北京清华大学学研大厦 A 座　　　　邮　　编：100084
　　　　社 总 机：010-83470000　　　　邮　　购：010-62786544
　　　　投稿与读者服务：010-62776969，c-service@tup.tsinghua.edu.cn
　　　　质 量 反 馈：010-62772015，zhiliang@tup.tsinghua.edu.cn
印 装 者：北京嘉实印刷有限公司
经　　销：全国新华书店
开　　本：146mm×210mm　　　印　　张：11.125　　　字　　数：427 千字
版　　次：2024 年 7 月第 1 版　　　印　　次：2024 年 7 月第 1 次印刷
定　　价：69.80 元

产品编号：096042-01

前言

　　单兵是军队的基本组成部分。在冷兵器时代，士兵的素质决定了军队的战斗力。我国古代历史上有很多赫赫有名的军队，例如战国时的魏武卒、秦国的铁鹰锐士、东汉末年的陷阵营、曹魏的虎豹骑、东晋的北府兵、唐代的玄甲军、南宋的背嵬军、元代的怯薛军、明朝的神机营等，这些军队无一不是因为单兵实力出众而纵横天下的。

　　到了热兵器时代，机枪、火炮、导弹、坦克、战斗机、轰炸机、潜艇、航空母舰等先进武器层出不穷，士兵的血肉之躯在面对这些武器时显得无比脆弱。因此，很多人认为在现代战争中谁有更多的导弹火炮和更强的飞机坦克，谁的战斗力就更强大。无论多么强悍的单兵作战能力，在这些武器前都不堪一击，对于战争的进程和结果也没有太大的影响，单兵作战在现代战争中已经没有太大的意义。

　　事实上，无论多么先进的武器装备，始终离不开士兵的操控。脱离了人，飞机坦克也仅仅是一堆废铜烂铁而已。而战争中的某些

任务，也只有士兵才能完成。从冷兵器时代，到火器时代、机械化战争时代，再到未来的信息化战争时代，作战方式在变，军队对单兵素质的要求也越来越高。单兵作战能力决定着军队整体的战斗水平，是训练水平、战术战法、身体素质、精神意志的综合体现。

现代战争中的高技术武器是知识密集型产品，一个武器系统往往综合了诸多学科知识，在操纵使用、维护保养和作战协同等方面均很复杂，只有理论知识扎实、文化素质较高的士兵才能驾驭这些武器，并使其在战斗中发挥出最大效能。正因为如此，世界各国军队都非常重视单兵作战能力的培养和提升。

本书是介绍单兵知识的科普图书，书中有 160 余个精心挑选的热点问题，从兵员征募、新兵训练、武器装备、战斗技能、战场急救、野外生存、野战战术、巷战战术等多个角度切入，对单兵知识进行了全方位地解读与说明。全书内容通俗易懂，并加入了大量示意图、实物图和表格，符合各个阶层的科普爱好者的阅读需求。通过阅读本书，读者会对单兵知识有一个全新的认识。

本书由《深度文化》编委会创作，参与编写的人员有丁念阳、阳晓瑜、陈利华、高丽秋、龚川、何海涛、贺强、胡姝婷、黄启华、黎安芝、黎琪、黎绍文、卢刚、罗于华等。对于广大资深科普爱好者，以及有意了解国防军事知识的青少年来说，本书不失为极有价值的科普读物。希望读者朋友们能够通过阅读本书循序渐进地提高自己的科普素养。

目 录

第3章 装备篇 101

第4章 技能篇 167

第 5 章 野 战 篇 227

第1章
基础篇

广义的单兵是指单个的士兵，而狭义的单兵是指单独作战能力较强的士兵，如侦察兵、空降兵、海军陆战队队员等。单兵是军队的基本组成单位，单兵作战能力的强弱直接决定着整支军队的作战能力。而整支军队的优良传统和作风，也会潜移默化地影响每位士兵。本章主要就招兵制度、兵员素质、兵种特点等基础问题进行解答。

→ 概　述

　　军队也称为武装力量，指被授权使用致命武力及武器来保护其国家和人民利益的常规武装力量。也有些国家的常规武装力量不称为军队，例如日本自卫队、德国联邦国防军等。基层的军人，一般会依军种称为士兵、海员等，是可以依军队政策，执行特定作战任务的人员。

　　军队随着阶级和国家的出现而出现，随着历史发展而发展。在不同的历史阶段和不同的国家中，军队的演变是同社会生产力的提高、经济和政治制度的变革、科学技术的进步、战争实践和军事理论的发展等因素紧密相关的。

　　现代各国军队，在领导体制上，一般以国家或执政党的首脑为最高统帅，并在政府设国防部，在军队设领导指挥机构。在军队结构上，按作战领域、使命和主要武器装备分类，一般可分为陆军、海军、空军，有的还有战略火箭军和防空军。不少国家在军种之内还要区分兵种，设有专门的兵种领导机构。在部队体制上，陆军一般按师（旅）、团、营、连、排、班的序列编制，有的还编有军或集团军。海军均以舰队为基本编组单位。空军多数国家以师或联队为最高作战单位，俄军以集团军、美军以航空队为最高作战单位。在部队编成上，继续向诸军兵种合成发展，并组建快速反应部队。在组织规模上，平时实行精干的常备军和庞大的后备军相结合的领导、指挥体制，以利平时少养兵、战时多出兵。在作战能力上，美国等一些国家的军队已成为既能打常规战争，又能打核战争的诸军兵种联合的军队。

　　随着社会生产力的提高和科学技术的发展并应用于军事领域，许多国家的军队将从本国战略需要和实际条件出发，积极利用先进科学技术成果，不断改进指挥、控制、通信和情报系

训练中的陆军士兵

统，改进现有的武器系统，发展新的、威力更大的武器系统，不断改革组织编制、改变人员结构、扩大科技工程人员的比重、提高官兵军事科学知识和专业技术水平，军事部门将进一步成为知识密集部门。各国还将继续提高各军种各部队的合同作战和独立作战的能力，并组建新的军种、兵种，力争能在陆地、水面、水下、空中、网络以至宇宙空间执行作战任务。

士兵在山区进行作战

→ 什么是信息化战争

进入 21 世纪，高科技的迅猛发展和广泛应用，推动了武器装备的发展和作战方式的演变，促进了军事理论的创新和编制、体制的变革，由此引发了新的军事革命。信息化战争最终将取代机械化战争，成为未来战争的基本形态。

信息化战争是一种充分利用信息资源并依赖于军事信息的战争形态，是指在信息技术高度发展以及信息时代核威慑条件下，交战双方以信息化军队为主要作战力量，在陆、海、空、天、电等全维空间展开的多军兵种一体化的战争。

　　信息化战争与以往战争最大的不同，就在于信息的地位和作用发生了变化。信息作为一种新型资源，改变了物质和能量的作用方式，进而改变了作战制胜机理，无可争议地成为生成战斗力的新的主导资源。虽然信息化战争不会改变战争的本质，但是战争指导者必须考虑到战争的结局和后果，在战略指导上首先追求如何实现"不战而屈人之兵"的全胜战略，那种以大规模物理性破坏为代价的传统战争方式必将受到极大的约束和限制。

　　未来的信息化战争将依托网络化信息系统，大量运用具有信息技术、新材料技术、新能源技术、生物技术、航天技术、海洋技术等当代高新技术水平的武器装备，并采取相应的作战方法。信息化战争中的信息是指一切与敌我双方军队、武器和作战有关的事实、过程、状态和方式直接或间接地被特定系统所接收和理解的内容。

　　就对信息（数量和质量）的依赖程度而言，过去的任何战争都不及信息化战争。在传统战争中，交战双方更注重在物质力量基础上的综合较量。如机械化战争，主要表现为钢铁的较量，是整个国家机器大工业生产能力的全面竞赛。信息化战争并不排斥物质力量的较量，但更主要的是知识的较量，是创新能力和创新速度的竞赛。知识将成为战争毁灭力的主要来源，"计算机中一盎司硅产生的效应也许比一吨铀还大"。

美国国防支援计划卫星在轨想象图

位于德国巴伐利亚赖斯廷的卫星地面站

　　火力、机动、信息是构成现代军队作战能力的重要因素，而信息能力已成为衡量作战能力高低的首要标志。信息能力，表现在信息获取、处理、传输、利用和对抗等方面，通过信息优势的争夺和控制加以体现。信息优势，其实质就是在了解敌方的同时阻止敌方了解己方的武器装备、作战部署、军事编制等信息，是一种动态对抗的过程。它已成为争夺制空权、制海权、陆地控制权的前提，直接影响整个战争的进程和结局。当然，人永远是信息化战争的主宰者。战争的筹划和组织指挥已从完全以人为主发展到日益依赖技术手段的人机结合，对军人素质的要求也更高。从信息优势的争夺到最终转化为决策优势，更多的是知识和智慧的竞争。

→ 现代军队如何补充兵员

军队要维持正常运转，就必须持续补充兵员，所以各国都制定了相应的兵役制度。这是国家关于公民参加军队和其他武装组织、承担军事任务或在军队外接受军事训练的一项重要的军事制度。它随着国家的出现而产生，又随着国家的经济制度、政治制度和军事需要而变化。兵役制度的种类很多，就其性质而言，主要可分为征兵制和募兵制两类。

征兵制，也称为义务役、常备役、充员兵役等，意指全体国民，如符合一定条件（通常是年满法定年龄，且身体健康、无残疾的男性），均须强制性加入军队服役一段时期（通常由半年至 3 年不等，视国家及军种而定）。由于义务役成员是强制性、非自愿及非终生性，因此实施征兵制的国家通常会同时实施募兵制，容许自愿选择以军人为长期职业的人士，在义务役期完毕后，继续在军队服役。

一战时期英国的征兵广告

募兵制，也称为志愿役，是指符合条件的国民志愿投入军队，以军人作为职业。志愿役可分为义勇兵制、募兵制、雇佣兵制。义勇兵制的特点是服役者基于爱国意识或受宗教力量或兴趣所驱使，没有法律强迫加入军队，担负保卫国家的责任，在精神战力上较其他类型的服役者高，有不惧牺牲、力争胜利的作战精神。募兵制的特点是募集志愿服役者，以国内人士为募集对象，以法律法规形式规定兵员的固定收入，即所谓的职业兵制度。雇佣兵制的特点是雇佣志愿服役者，兵员并不仅限于其国内，而以契约规定服役年限与一定的给付薪水、福利。

目前，世界上仍然实施征兵制的国家，在欧洲有瑞士、奥地利、芬兰、俄罗斯、白俄罗斯、乌克兰、爱沙尼亚、希腊、摩尔多瓦等，在亚洲有土耳其、格鲁吉亚、亚美尼亚、阿塞拜疆、伊朗、哈萨克斯坦、乌兹别克斯坦、吉尔吉斯斯坦、塔吉克斯坦、以色列、蒙古国、朝鲜、韩国、越南、老挝、泰国、新加坡等，在非洲有阿尔及利亚等，在南美洲有巴西等。其中，以色列是对妇女普遍实行征兵制的国家。以色列《兵役法》规定，所有公民，除健康、宗教和生育等原因外，不分男女，年满18周岁必须服兵役，男性服役时间为3年，女性服役时间为2年。

除了上述国家外，世界其他主要国家大多已实行募兵制，如加拿大（1918年起实施）、英国（1960年起实施）、比利时（1994年起实施）、荷兰（1997年起实施）、法国（2001年起实施）、西班牙（2001年起实施）、意大利（2005年起实施）、捷克（2005年起实施）、瑞典（2010年起实施）、德国（2011年起实施）等。丹麦与挪威比较特别，法律上虽然规定可以征兵，但是又严格限制政府征兵权限，导致"事实上废除义务役"。美国虽然原则上仍保留征兵制（在二战前由国会通过征兵法案），但自20世纪70年代越南战争结束后，就再也没有实施过。由于征兵制不符合现代战争需要专业军事人才的要求，由征兵制改为募兵制的国家正在逐渐增加，冰岛、巴拿马和哥斯达黎加甚至只设置警察，不设置军队。

此外，还有的国家采用志愿役与义务役并用制，也就是自由加入部队和依法加入部队相结合的制度。实施该种制度的国家，士兵为义务役，士官为志愿役。因现代国防科技发展快速，促

训练中的陆军新兵

使战术、战法日益更新，单一制度已难以满足需求，因此采取志愿役与义务役并用制度，以保证战时有充足的义务役后备军人，以及志愿役的专业官、士、兵，两者相辅相成。

军队中的女兵

→ 军队对兵员素质有何要求

军人是一个十分特殊的职业，总是与牺牲、奉献联系在一起。无论是在炮火纷飞的战场，还是在危机四伏的灾区，军人都面临着攸关生死的考验。为了在战争或救灾行动中取得胜利，每名士兵都必须拥有强壮的身体和出色的心理素质，以及灵活应对复杂战场情况的能力。而在信息化战争模式下，士兵还必须拥有较高的文化素质。随着战争方式的不断升级和竞争的不断加剧，世界各国军队对士兵的要求只会越来越高，需要士兵具备更加全面的作战素养。因此，无论是实施募兵制还是征兵制的国家，在征募士兵时都有一定的兵员素质要求，尽管具体要求存在差异，但大致可分为以下五个方面。

1）身体素质

良好的身体素质是士兵进行军事活动的物质基础，只有具备强健的体魄，才能适应各种艰苦复杂的作战环境，才能在必要的时候超负荷工作。随着军事科技的不断发展，各种高科技武器在战场上被广泛使用，战斗的激烈性和战争环境的艰苦程度也将随之增加，对士兵的身体素质要求也将越来越高。

身体素质包括五个方面：速度素质是人体在单位时间内移动的距离或对外界刺激反应快慢的一种能力；力量素质是人体某些肌肉收缩时产生的力量；耐力素质是人体长时间进行肌肉活动和抵抗疲劳的能力；灵敏素质是指迅速改变体位、转换动作和随机应变的能力；柔韧素质是人体活动时各关节肌肉和韧带的弹性和伸展度。

一个人身体素质的好坏与遗传有关，但与后天的营养和体育锻炼的关系更为密切，通过正确的方法和适当的锻炼，可以从各个方面提高身体素质水平。因此，世界各国军队不仅在征募兵员时具有明确的身体素质要求，还非常重视士兵的体能训练，将其作为提高部队战斗力的一个重要方面，并且贯穿于士兵整个军旅生涯的全过程。例如，美国军队专门有一项关于军官体重标准的规定，军官的晋升与其体重密切相关，一旦超过规定的体重标准，其晋升就会受到影响。

正在进行体能测试的士兵

2）心理素质

心理素质是指在先天与后天共同作用下形成的人的心理倾向和心理发展水平。出色的心理素质，是充分发挥技术和战术水平、确保战斗胜利的重要因素。未来高技术战争具有突然性、迅速性、残酷性和复杂性等特点，士兵所处的战场环境非常艰苦和危险，能否承受各种强烈的刺激、调节和控制消极的心理反应、保持积极的心理状态和高昂的战斗意志，将直接关系战争的胜败。

作为士兵整体素质的重要组成部分，心理素质在很大程度上制约和影响着其他素质的发展和发挥。在残酷的战争中，士兵承受着巨大的心理压力，加上敌方心理战的影响，很容易产生焦虑、厌倦、恐慌等负面心理。如此一来，无论士兵的身体素质和文化素质多么出色，他也无法在瞬息万变的战场上冷静地判断形势，甚至无法独立思考和主动采取行动。例如，二战期间美军约有 100 万人罹患战斗紧张症，其中 45 万人因精神疾患而退伍，占美军伤病退伍军人的 40%。美军深谙心理素质对士兵战斗力的巨大影响，因此一直在积极研究和实践心理战。

士兵在检查哑弹

3）文化素质

文化素质是指士兵要具备基本而全面的文化基础知识素养，有随时随地积极获取知识的意识，并有良好的自学能力。文化素质是一名士兵成长和发展的基础素质，要衡量一支军队的现代化建设水平，一个重要标志就是士兵整体文化素质的高低。在现代化军队中，士兵不仅要有丰富的现代军事理论知识、高科技知识等，还要有在实际工作中灵活地运用这些知识的能力，尤其是要有熟练操作各类高科技武器的能力。现代高科技武器属于知识密集型武器，一个武器系统往往综合了诸多学科知识，只有理论知识扎实、文化素质较高的士兵才能驾驭这些武器，并使其在战斗中发挥出最大效能。

新型军事人才要有较高的文化素质，这是新型军事人才投身军队现代化建设和指导未来高技术战争的必备素质。信息化战争已将军事人才从过去以体能、技能对抗为主转变为以智能对抗为主。高新技术在军事领域的全方位渗透，必然要求各个岗位上的军事人才都必须具有较高的科学文化知识。以美国空军为例，20 世纪 70 年代军官中本科以上学历者约占 80%，20 世纪 80 年代已上升为 100%，20 世纪 90 年代其研究生比例又达到 50%。除了美国军队外，其他国家的军队也在不断吸纳高学历士兵，使士兵队伍的知识结构发生了较大的变化。俄罗斯军队坚持以征召应届毕业高中生、中专生和大学生为主的方针，以保证兵员具有较高的文化素质。印度陆军招募兵员规定为 10 年制学校毕业生。

军官和士兵文化素质的高低，对战争的进程和结果会产生直接影响。海湾战争中，伊拉克士兵的文化素质普遍较低，甚至有相当一部分士兵近似文盲，他们不会使用伊拉克军队已有的先进武器装备，也不会使用入侵科威特时缴获的一批美制武器。相比之下，多国部队尤其是美军的文化素质要高得多，这也是多国部队取得胜利的重要原因。

军队中的高学历士兵

4）军事素质

所谓军事素质是指士兵所具备的与军事专业相关的知识、技能和素养。扎实的军事素质是士兵实现军人价值的前提，也是履行军人使命、赢得未来战争胜利的关键。具体来说，现代化军队中的士兵要有丰富的与军事相关的地理、气象、通信、交通等科学知识，要熟悉外军的军事理论、武器装备及战法知识，要懂得高技术局部战争的特点和规律，要有熟练地运用高科技武器装备的能力。只有这样，才能适应未来高技术战争的需要。

正在学习构筑战壕的女兵

5）道德素质

虽然战争往往伴随着血腥的杀戮，但并不意味着参与战争的士兵就只是毫无道德素质的杀戮机器。道德素质是军人立身之本，是军队形象之基。古代军人就有精忠报国、英勇作战、严肃军纪、赏罚分明、国重于家的精神。而现代化军队的军人道德，指的是英勇顽强、不畏牺牲、明辨是非、品行端正、热爱人民、服从指挥。

有了良好的道德素质，士兵才能确立个人的行为准则，才知道应该怎样做、不应该怎样做，才能使自身的各种素质得到巩固和提高。因此，士兵自觉用军人道德规范自己的行为，不断加强自身的道德素质，对提高部队战斗力具有重要作用。

→ 现代战争是否还需要步兵

在战争电影中，我们经常会看到这样的场景：步兵部队遇到敌方猛烈的抵抗与打击，只能躲在掩蔽物后面呼叫空中支援和炮兵火力支援。等到一阵狂轰滥炸过后，所有步兵再出来收拾残局。所以很多人都有这样的疑问，既然单兵作战多数是收拾残局和清理战场，各国军队何必在单兵装备上耗费财力呢？单兵作战是不是逐渐成为战场的配角呢？

受到影视剧和电子游戏的影响，很多人都认为谁有更多的导弹、火炮和更强的飞机、坦克，谁的战斗力就会更强大。在这些重武器面前，单兵作战能力无论多么强悍，作用都显得微乎其微。其实不然，以步兵步战为代表的单兵作战在从古至今的战争中都发挥着重要作用。

步兵是人类最早发展出来的兵种，几乎人人都可以成为步兵。古代军队就有步兵、骑兵、弓兵的区分。而到了后来的火药时代，普鲁士军事理论家和军事历史学家克劳塞维茨在《战争论》中表示，没有炮兵会被动，没有骑兵很难扩大战果，但是没有步兵，基本上就什么都没有了。所以步兵的重要性大于炮兵，更大于骑兵。到了近代，随着重机枪、坦克、飞机等武器的发展，战争进入了机械化时代，步兵也不再是传统意义上只靠两条腿机动的士兵，开始朝着摩托化、机械化，甚至航空化方向发展。而现代战争中，尽管海军、空军能够打赢战争，但仍需要陆军来结束战争。军舰和战机不能持久地占领一个国家，但是军靴和刺刀可以，所以步兵依然具有其他兵种无法替代的作用。

全副武装的陆军步兵

训练中的陆军步兵

由于人体的限制，步兵部队在机动能力、防御能力、火力投射能力等方面当然无法与装甲部队相提并论。然而步兵以单兵为机动单位，几乎能在任何地形作战。在更为复杂的战场环境中，例如城市战、山地战、坑道战、阵地战，步兵有着不可替代的作用。这也是步兵这个历史最为悠久的兵种时至今日也没能被取代的原因。

可以这样说，步兵是一种无可替代的兵种，是一个国家政治机器的最末端、最直接的化身。步兵打到哪里，这个地方就会被占领，占领就需要统治，统治的基础力量就是步兵，那么步兵的这支军队以及军队背后的政治组织或者国家的政治理念、政治制度就会跟到哪里。

现代步兵一般携带小口径武器或轻型的反器材武器。机动能力相对于他们的前辈已有相当的提高，乘坐军用车辆突击作战或以直升机、运输机进行跳岛作战。其主要装备有步枪、机枪、冲锋枪、手榴弹、火箭推进榴弹、迫击炮、反坦克导弹、防空导弹、汽车、装甲输送车、步兵坦克、直升机和运输机等。

→ 现代步兵班编成和装备有何变化

步兵班是步兵的基本战斗单位，通常由 3 个或 4 个战斗小组，在一名陆军军士的指挥下执行战斗或勤务任务。步兵班的装备一般由班用的轻机枪，士兵使用的突击步枪或冲锋枪以及手枪、火箭筒、手榴弹等组成。在一些被加强的步兵班中，会根据战斗或勤务任务配备其他装备。

二战之前，步兵班的装备和战术比较单一，主要由装备步枪的步兵组成，一般由 10 ～ 15 名士兵和 1 名军士组成。二战期间，由于轻机枪、冲锋枪、火箭筒等单兵武器的出现和普及，许多国家的步兵班在装备和战术上的改革较大。二战以后，随着军事理论和军事装备的变革，步兵班的编成和装备也发生了较大的变化，主要变化趋势有以下几个方面。

（1）火力加强。现代步兵班拥有更强大、持续的火力，在人员杀伤、反坦克、防空等方面都有所提升。

（2）通信能力加强。二战中只有美军将无线电装备到步兵排一级，而在现代陆军中，很多国家都把无线电通信设备装备到了班一级。未来在各国的陆军士兵装备计划中，每名士兵都将装备无线电、卫星通信装备。

（3）防护力加强。单兵的个人防护装备将得到提升，步兵班还能获得装甲战斗车辆的装甲防护。

（4）机动能力提高。现代陆军的步兵班，不仅可以得到汽车、装甲运兵车、步兵战车等陆地机动车辆的支援，还能配备武装直升机、全地形战术车辆等新型装备，因此在机动能力上必将有很大的提升，对地形条件的适应能力也将大大增强。

（5）人员减少。为适应战场快速反应、减轻后勤负担、适应装甲车辆等需要，以及在新军事技术运用到步兵装备的条件下，各国军队的步兵班都能在不降低战斗力的前提下，减少步兵班的编制。各国军队步兵班的人数一般都在 7 ～ 12 名。

训练中的陆军步兵班

陆军步兵班正在进行巷战训练

→ 陆战队为何讲究量少质精

陆战队是指海军陆战队，也被称为海兵队，还有一些国家称为海军步兵。海军陆战队是负责地面作战、两栖作战、舰上作战的军队，早期都是步兵部队，进入现代则配备装甲甚至飞行装备。大部分国家的海军陆战队隶属于海军，但美国将海军陆战队独立为单一军种，而法国海军陆战队则由陆军统辖。

在桨帆战舰时代，海军陆战队与水手之间没有明显区分。不过在西方文明发展早期，古希腊与古罗马的战船上已经开始部署重装步兵，如罗马海军有第一辅助军团与第二辅助军团，他们就是专业的海军步兵，可以更有效率地消灭敌军舰艇的水手，并占领敌人船舶。这个时候的海军陆战队，作战任务是以船舰间的肉搏战为主。

到了风帆战舰时代，真正意义上的海军陆战队开始出现。16世纪，一些国家为了向海外扩张，建立了经过专门训练的登陆作战部队。1537年建立的西班牙海军陆战队是全世界最古老的海军陆战队，之后是1610年成立的葡萄牙海军陆战队、1622年成立的法国海军陆战队和1664年成立的英国皇家海军陆战队。1705年，沙皇俄国组建了海军步兵。1775年，处于独立战争中的美国也成立了海军陆战队。

在成立之初，各国海军陆战队都没有专门的制服，士兵基本没有标准制服，军官则穿着与陆军同款式的制服。除了数千年来持续已久的船舰接舷战外，海军陆战队也开始负责舰船的安保工作，保护舰上的军官和防止水手叛变，并负责日常登船搜寻或者逮捕等警备工作。

19世纪以后，远程舰载火器技术逐渐成熟，接舷战的概率大减，除了传统的港口防卫任务外，各国海军陆战队开始转型。美国海军陆战队因查缉海盗的需求仍保留较多的旧时代风格，

身穿礼服的俄罗斯海军步兵

法国海军陆战队大量改组为殖民地警备队，英国海军陆战队则一度以海军宪兵为主要任务。直到小型机械动力船舶出现后，两栖登陆战术出现许多变化并不断革新，海军陆战队重新朝专业化方向改组，过去以海战任务为导向的小规模散兵部队，调整为在敌人控制的海岸区域发动登陆战役的集体化中大型军队。

二战中，海军陆战队迅速发展，各国的海军陆战队在登陆作战中发挥了重要作用。海军陆战队的主要任务转为由海上发起进攻，在敌人控制下的海岸区域进行两栖登陆作战以建立滩头堡阵地，让后续的友军（特别是陆军）可以上陆作战。此外，还可在海军的配合下，联合夺取岛屿。从此，海军陆战队成为立体作战模式下重要兵种。在战争中，作为轴心国主力的德国并没有专业的海军陆战队，但是在卡尔·邓尼茨的推动下成立了以特种作战为主的德国蛙人突击队。

二战以后，各国海军陆战队纷纷成为局部战争的重要力量，如美国海军陆战队在越南战争、英国海军陆战队在马岛战争中等。到了 20 世纪 90 年代初，世界上已有 50 多个国家和地区的军队编有海军陆战队。1997 年，德国设立了整合特种作战、水下械弹处理、海上救援、海上商船护卫等海上任务的海军特种作战部队，这类部队也具有一定的海军陆战队职能。

全副武装的陆战队士兵

时至今日，海军陆战队已逐渐向专业两栖作战部队演变，肩负捍卫海权的任务。有别于陆军作战时能以陆路、铁路、空运等方式输送兵员至战场，海军陆战队多仰赖运兵船抢滩登陆或海军航空器运送，这些装备能载运的兵员数量有限，因此海军陆战队通常必须用有限的兵员完成任务，建军目标也以"量少质精"为方针。

海军陆战队的编成通常由陆战步兵、炮兵、装甲兵、工程兵、侦察兵和通信兵等部队、分队组成，有的还编制有航空兵，一般按师（旅）、团、营的序列编制。

美国海军陆战队徽章

俄罗斯海军步兵徽章

英国海军陆战队徽章

法国海军陆战队徽章

荷兰海军陆战队徽章

→ 快速反应部队快在何处

　　快速反应部队，也称应急机动作战部队，它是指具有快速机动能力，能够紧急出动执行作战任务的部队，主要用以应付局部战争和地区性武装冲突以及其他军事突发事件。目前，美国、俄罗斯、英国和法国等国家都建立了快速反应部队，但部队名称不一。例如美国快速反应部队称作"快速部署部队"，俄罗斯快速反应部队定名为"机动部队"，法国快速反应部队称作"快速行动部队"。虽然各国的叫法不同，但在领导指挥、部队编成、后勤装备保障及训练等方面，存在一些共同点。

　　快速反应部队的核心特点就是一个"快"字，世界上任何一支快速反应部队几乎都能做到"快速部署、快速支援、快速突击"。正如《孙子兵法·军争篇》中写道"其疾如风，其徐如林，侵掠如火，不动如山"，无论是训练还是执行任务，快速反应部队都具有势不可当的气势。

2005 年在科威特的快速反应部队

　　各国组建快速反应部队的原因，主要有以下两个方面。

　　从战争角度看，二战以后，东西方两大阵营形成了冷战对峙态势。由于诸多因素的制约，世界大战一直未能爆发，出现了长期相对稳定的和平局面。然而，天下并不太平，从 1945 年至今，世界各地先后爆发了近 200 场局部战争。这些战争的一个显著特点就是都带有突发性。有些局部战争战前虽有征候，但开战的时机难以预测。有些局部战争则无明显征候，例如，苏军入侵捷克斯洛伐克和入侵阿富汗。特别是伊拉克入侵科威特，直到伊军兵临城下，科威特当局还未作出有效的反应，就连侦察技术先进的美国，对伊拉克入侵科威特的行动征候都未能准确掌握。在二战后爆发的诸多局部战争中，有相当一部分是在战争爆发后，美军才能作出反应，有时只好临时紧急调遣部队。为此，美国原国防部长卡斯帕·温伯格在总结格林纳达事件教训时说："美军必须要有足够的快速反应部队来对付无法预见的紧急情况。"美军逐渐认识到组建快速反应部队是应付突发事件的重要措施。

训练中的快速反应部队

从国防发展战略看，组建快速反应部队是和平时期降低军队员额、节约兵力的有效手段。例如美国作为军事大国，在全球建立了多处军事基地，大批部队驻扎在海外，美国海军舰队更是四处巡弋，致使美国军费开支过大，约占全世界总军费的1/3。《美军快速部署部队》一书指出，尽管美军在全球负有作战任务，但由于经济、政治和地理等因素，美军不可能在世界各地都部署部队。由于快速反应部队具有高度的机动性和较强的突击能力，可随时快速赶赴出事地区，应付突发事件，因此美军高层认为，"只有具备快速部署能力，美国的集体防御战略才能成功"。美国在历年的国防报告中多次谈到，快速反应部队是遏制敌对国家发动战争的重要措施。出于以上原因，美军不断加速组建和发展快速反应部队。对于经济和军事实力不如美国的国家来说，组建快速反应部队更是节约军费的良策。

美军认为，快速反应部队必须以其快速部署、快速支援、快速突击的"三快"来"遏制敌之侵略，控制事态发展"，"实施紧急作战和快速增援作战"。它是军中的尖刀，能起到其他大部队起不到的作用。快速反应部队的主要任务有以下几项。

（1）快速部署。快速反应部队平时处于较高的战略等级。美军戒备制度共分五级，其中一级为最高戒备状态，部队接到命令后能立即出动，如地面部队待命出动的时间为 0 ～ 2 小时，舰艇、飞机为 0 ～ 0.5 小时；二级戒备要求指挥员进入指挥所，舰艇离港出航，地面部队能在 2 ～ 12 小时出动；三级戒备要求人员停止休假，1/3 以上的部队值班，加强海空警戒，地面部队能在 12 ～ 24 小时内出动；四级戒备要求加强情报保密措施，部分部队担任战备值班；五级为正常状态。美军第 82 空降师等快速反应部队平常始终保持一个旅处于三级戒备状态。美军快速反应部队在 48 小时内能将旅规模的兵力空运至世界上任何一个危机地区；4 日内能将师规模兵力机动至出事地区。

（2）快速支援。美军在世界各地建有诸多军事基地，各基地的兵力均有限，如果爆发突发事件，这些兵力只是杯水车薪，无法应付。美军快速反应部队的一个重要职责，就是紧急支援突发事件地区的美军，

士兵在布拉格堡陆军基地参加演习

以其先进的空运交通工具迅速赶至出事地区，实施紧急支援作战。

（3）快速突击。美军快速反应部队多采用空降、机降等手段，对危害美国利益的突发事件迅速进行干预，或对实施突然袭击之敌进行迅速反击，控制事态发展，掌握战场主动权。以美军快速反应部队的骨干第82空降师为例，该师是美国的王牌空降部队，早在二战期间就曾在法国圣母教堂空降，完成了在诺曼底登陆的作战任务。战后，该师是美国介入世界各热点地区的"尖刀"部队，参加过入侵格林纳达、入侵巴拿马等战争，并在这些战争中都起到了快速突击的特殊作用。

→ 侦察兵、特种兵和间谍有何不同

侦察兵自古以来就是军队中的重要兵种。我国古代军队中负责侦察敌情与反敌方侦察的机动灵活的侦察兵，通常被称为斥候，起源时间不晚于商代。由于古代军队的分工没有那么细致，所以斥候的任务也不只是侦察敌情那么简单。他们同时也要到战场附近打探消息，了解地形地貌、可饮用水源、可通行道路等，并绘制成军事地图。斥候对格斗和武器的掌握强于其他士兵，还十分善于隐藏。必要时，斥候还要秘密消灭敌方岗哨，偷偷潜入敌后，盗取重要的文件或刺杀敌人首领。直到后来分工明细，才有了探子、刺客等名词。

在现代军队中，侦察兵的主要任务是获取敌方重要的军事情报，在战斗前沿侦察敌方的部队番号、人员数量、火力配系及在敌后对敌方重要军事或交通、通信设施等进行侦察、破坏打击等。侦察分队是部队指挥官的耳目，其所提供的情报是指挥官制订作战计划的重要依据。侦察兵要有过人的军事素质、身体素质、心理素质。侦察兵的行动更为迅速、灵活，对单兵的体能、敏捷度和综合作战意识都有较高的要求。可以说，侦察兵是常规部队中的"特种部队"。

侦察兵的训练课目包括外语、武装5000米越野、400米障碍、野外生存、投弹、各种武器射击、武装泅渡、侦察战术训练（开辟观察所，架设器材，决定与修改射击诸元等）、拳术训练（捕俘拳、捕俘刀、军体拳、臂功、腿功、倒功、散打、擒拿、捆绑等）、攀爬、手语、旗语、军事地形学、驾驶、心理学、特种技术侦察（雷达侦察、战场电视、照相侦察、摄像侦察等）、空降（空降侦察兵）、审讯与反审讯、侦察与反侦察等。

　　侦察兵与特种兵有相似之处，但也有着明显的区别。特种兵是掌握了特种作战技能与技巧，肩负特种作战使命（例如对敌占区域实施侦察，对敌军事目标实施突袭、摧毁，抓捕、刺杀敌方重要人物，营救人质等）的部队。侦察兵则是掌握了侦察技巧与技能，执行渗透至敌占区域，侦察战役发起前敌军动态，侦察敌军事目标的位置，为己方火炮及空中打击提供翔实的地理坐标和破坏目标，侦察敌军重要军事目标等任务的部队，他们通常没有攻击性任务，相反要避免与敌人遭遇，以防暴露己方作战意图。侦察兵主要是炮兵侦察兵，但一般来说，作战部队都配有侦察兵，特种部队执行任务时也会有专人执行侦察任务。

正在观察敌情的侦察兵

　　侦察兵与间谍也有区别。间谍是运用各种方式侦察目标国家军事机密，将情报内容回报委派国家的特殊职业人员。根据有关国际条约，侦察兵必须穿军服，是合法的战斗人员，如果被俘，享受战俘待遇（根据《日内瓦公约》，战俘不得加以惩罚、虐待和杀害），而间谍则没有这种待遇。

在野外训练的士兵

→ 狙击手的作战行动有何特点

狙击手（Sniper）是指擅长隐匿行踪，并且能够完成远距离精准狙击任务的枪手。狙击手以狙击步枪为主要武器，利用良好的伪装藏身于隐蔽位置，对远距离的特定目标进行狙击，往往要求打到要害，一击毙命。在不同国家，关于狙击手的军事理论也有所不同。大体上来说，狙击手的目的为通过狙杀少数高价值及高威胁性目标，如敌方狙击手、中高阶军官、多人武器操作手（如炮手或机枪手）、通信设备操作员等，以降低敌方的战斗力。狙击手的典型任务包括掩护、侦察、监视、追踪、狙杀敌军人员，以及反物资与反器材的任务。

不同国家、不同军种的狙击手在训练方式、武器装备、人员编制等方面各有不同，但他们的作战行动却具有以下共同特点

1）作战编制较小，行动独立性强

狙击手的作战编制较小，可单人行动，也可由 2 ~ 6 人组成狙击小组。在多人编成的狙击小组中，通常编有一名狙击手、一名自动步枪手、一名轻机枪手和一名榴弹发射器手等。更多时候，狙击小组只有两个人。例如，美军和英军的狙击手编制原则上是三人狙击小组，一人为观测手，一人为狙击手，第三人作为狙击手击杀记录的见证人兼狙击阵地警戒人员。只是由于地形和人力资源的限制，常改为两人小组。此时，观测手兼具了见证人和阵地警戒的职责。

为了保证射击效果，狙击手距离目标不能太远，同时为了避免暴露己方阵地，还应避开主阵地，游猎时更应远离己方队伍。因此，狙击手具备较强的行动独立性。另外，狙击手在狙击阵地、目标、时机、路线等的选择上，也拥有较大的自主权。

隐藏在建筑物内部的两人狙击小组

2）作战环境艰险，对人员素质要求高

狙击手的作战环境复杂多变，<u>丛林、山地、沙漠、沼泽和雪地等环境都需要适应</u>。作战时，狙击手要靠近敌人、远离己方主力部队、相互分散，还要防备敌方反狙击。长时间的潜伏，炎热疲惫、蚊虫叮咬、饥饿口渴在所难免，更难熬的是身体必须保持不动，眼睛片刻不离瞄准镜，时刻保持高度警惕，静待目标出现。

正是由于作战环境艰险，所以狙击手必须拥有出色的体能和心理素质，以及优秀的狙击作战能力。狙击手的训练课目不仅包括基本的武器操作使用要领、各种静/动态射击训练，还包括野外观察与行迹追踪、野外求生、地图判读、情报收集与分析、野外阵地构筑与伪装、进入与撤离路线安排、诡雷布设与反爆拆除、狙击计划的拟订与通信协定等。

狙击手在山顶观察山谷中的目标

3）作战手段独特，作战效费比高

轻武器的快速射击在现代战斗中往往是对敌人进行压制而不是射杀。用机枪、冲锋枪等武器，杀死一名士兵需要大量的子弹，而战场上神出鬼没的狙击手几乎可以做到一枪一命，弹无虚发。

狙击手不仅可以射杀敌方的重要人员，而且可以起到普通步兵无法起到的其他战术作用。例如，装备大口径狙击步枪的狙击手可通过对坦克油箱、潜望镜和通信设备的射击使坦克丧失战斗力，也可通过击毁敌方关键军用设备（如天线、发电机等）来迟滞敌方基地的作战行动，还可攻击类似弹药库、油料库、指挥部等薄弱的高价值战术目标。

4）作战效果复合，身心杀伤兼具

有资深狙击手表示，衡量一个狙击手的成功之处不在于他射杀了多少人，而在于他能对敌人造成何种影响。在苏芬战争中，熟悉山林地貌环境、身穿白色伪装服、脚踏滑雪板在荒郊野外来去自如的芬兰狙击手，曾给苏军土兵造成了极大的恐惧。二战中，苏军狙击手也严重打击了德军士气。

近年来的局部战争中，狙击手也发挥了极大的心理震慑作用，比如在城市争夺战中，狙击手的作用就非常明显，几名狙击手甚至可以阻止一支部队的前进步伐，为后续的兵力部署提供足够的时间。神出鬼没的狙击手，不仅能直接狙杀敌人，还能让敌人始终处于恐惧状态，扰乱敌人的作战行动。

训练中的陆军狙击小组

→ 狙击手和精确射手有何区别

在一些国家，其军队的步兵班中都设有精确射手这一角色。由于精确射手与狙击手有一定的相似之处，所以有些人往往将两者混为一谈。事实上，精确射手和狙击手是有区别的，两者承担的职责并不相同。以美国为例，美军在中东陷入治安战（为维持治安而进行的战争）泥潭后，发现狙击手的作用正在不断增长。然而，专业的狙击手需要在狙击手学校经过漫长的培训，并且平时在兵营里也需要远距离靶场进行练习。仅靠专业的狙击手完全不能满足需求，于是美军在班一级的战斗单位中，安排一名枪法特别好的士兵、使用一支精度较高的专门步枪，让其执行一些属于狙击手的任务，这些人便是精确射手。

简单来说，精确射手往往存在于步兵班中，而狙击手通常以营为单位部署（美国陆军"游骑兵"特种部队和美国海军陆战队侦察营中的狙击手以连为单位部署）。精确射手没有经过狙击手学校的专业培训，不是专业的狙击手。他们只是射击水平较好的一般士兵，通常使用带有望远瞄准镜的步枪，在比一般交战距离稍远的位置上直接用精确火力支援班组战术行动。此外，精确射手还要利用瞄准镜为支援火力（机枪、迫击炮等）提供实时信息。与狙击手相比，精确射手具有更短的射击距离，需要更高的射速。由于精确射手并不具备狙击手的隐蔽技能（所以无法发动突然袭击），他们往往被迫向快速移动的目标射击。

潜伏中的陆军狙击手

精心伪装后的狙击手

装备 M14 步枪的精确射手

→ 维和部队对士兵有何要求

　　"维护国际和平及安全"是《联合国宪章》中阐明的联合国主要使命之一。在履行这一使命的过程中，维和行动是经常被采用的一种方式。维和行动是指由联合国组织指挥，由多国力量参与、以非武力行动方式，旨在维护世界紧张地区和平与稳定的行动。维和行动大致可分为两类，即部署观察团和派驻维和部队，均是建立在自愿和非强制性基础上的行动，实施需要得到冲突各方的同意与配合，对地区性冲突起隔离和缓冲的作用，是一种控制争端并使之逐步降级的十分有效的手段。

　　1948 年，联合国停战监督组织成立，负责监督第一次中东战争后阿拉伯国家和以色列双方执行停战协定的情况，这标志着联合国维和行动正式走上历史舞台。时至今日，联合国已组织、执行了超过 70 次维和行动。联合国维和人员往往在十分危险和艰苦的条件下执行维和任务，为维护国际和平与安全作出了巨大的贡献。截至 2023 年 12 月，已有 4200 余名联合国维和人员在执行任务时牺牲。1988 年，为表彰"维和人员为促进和平与安全作出的宝贵贡献"，联合国维和部队被授予诺贝尔和平奖。

联合国维和部队标志

头戴天蓝色钢盔的维和部队士兵

目前，联合国维和机制作为国际多边安全合作机制的重要组成部分，在国际和平事业中发挥着非常重要的作用。一个国家的军队积极参与联合国维和行动，既是履行国际义务、加强国际合作、维护世界和平的客观要求，也是借鉴外军有益经验、缩小与先进国家军事差距、实现国防和军队现代化的重要途径。

联合国维和部队士兵头戴天蓝色钢盔或天蓝色贝雷帽，上有联合国英文缩写"UN"，臂章缀有"地球与橄榄枝"图案。与各国特种部队不同，联合国维和部队执行任务时必须公开自己的身份，同时必须行进在最引人注目的公路、广场、热闹地段等公开场合。

由于维和行动的特殊性，联合国维和部队在挑选士兵时也有一定的要求。

（1）参加维和行动的士兵必须对自己以及小组的行动目的有清楚的认识。只有这样，在执行任务时他才会方向明确，不至于因为些许偏差而浪费时间和精力。

（2）由于维和行动完全是针对"痼疾"而采取的行动，坚韧不拔可谓是维和部队的一个基本特征，也是士兵所应保持的精神状态。在重建团体间的信任、防止战争死灰复燃等工作上仍须持续地运用军事力量和外交的压力手段，维和部队绝不可仓促地撤离。

（3）参加维和行动的士兵必须具有良好的克制力。在许多场合下，士兵的交战规则明确规定，除非是成为敌人的明确目标，或遭到敌人的射击，维和士兵在执行任务期间不得开枪，以免局势升级。因此，维和士兵必须严格遵守任务细则中规定的交战规则。

（4）维和士兵要尽可能多地发现和了解任务地区的文化，这不仅可使他们思路更加开阔，更好地与当地人相处，而且还有助于士兵时刻发现环境中可能潜藏着的各种恐怖威胁的异常现象。

（5）凡参加联合国维和部队的人员，必须被送到设于北欧的训练中心接受特种训练，以熟悉维和部队的职能、宗旨、任务并进行特种军事训练。维和士兵经常需要执行分离交战各方、解除各派武装、提供食品和医药救济、驱散好斗的人群、与地方军阀谈判等任务，除了要具备基本的作战技能外，还要有一定的谈判技能，了解大众心理，有处理法律难题的能力，以及能够得体地关爱受伤百姓。

维和部队士兵参加法国巴士底日阅兵

→ 什么是军人核心价值观

军人核心价值观体现着国家对军队的基本要求，是军队完成使命的可靠保证，体现了军队的性质和宗旨，是其军魂之所在和强大的精神力量，引领着军人的理想、信仰和行为，是军人的精神支柱和构成军队战斗力的重要基础。

军人核心价值观的培养已成为世界各国军队凝聚军心、增强战斗力的必要途径。各国军队都有其独特的价值观，并以此作为对军人思想本质上的要求。各国军队的价值观都带着本国的浓郁特色，折射出该国各民族文化的底蕴与积淀，并结合时代要求进行新的提炼和概括，表现出鲜明的民族性、时代性特征。

美国陆军、海军、空军和海军陆战队都有各自的价值观，虽然表述上略有差别，但其基本精神是一致的。美国陆军的价值观为"忠诚、职责、尊敬、无私奉献、荣誉、正直、个人勇气"。每个词语都有简短的注释"忠诚——对美国宪法、陆军、所在部队和战友怀有真实信念与忠诚""职责——履行你的义务""尊敬——待人有礼""无私奉献——将国家、陆军和下属的利益置于个人利益之上""荣誉——遵守陆军全部的价值观""正直——行为端正、遵纪守法、遵守道德""个人勇气——勇敢面对恐惧、危险和精神或肉体上的不幸"。

美国海军和海军陆战队对价值观的表述更加简单，即"荣誉、勇气、奉献"。美国空军的价值观表述为"诚实至上、服役优先、力求卓越"。对于价值观的作用，美国空军印发的小册子中解释为"无论你在哪里，无论你从事什么工作，空军核心价值观都是你的基本指南""价值观远不是最低标准。它提醒我们怎样去完成任务，激励我们竭尽全力。它是我们所有武装部队的共同誓言，是统一部队并把我们同昔日伟大勇士和公务人员联系在一起的黏合剂"。

苏联解体后，俄罗斯面临严峻的国内外形势，政府将强化军人价值观列为军队建设的重中之重。俄罗斯军队的价值理念是"认真履行军人的天职，勇敢地捍卫俄罗斯的自由、独立和宪法制度，保卫人民和祖国"，对其价值观的表述为"荣誉、责任、形象、纪律、勇敢"。

英国军队宣扬"效忠国家"的价值观念，其核心价值观表述为"忠诚、自豪、坚定"，其精神内涵是无条件承担义务、自我牺牲和相互信任；法国军队宣扬"纪律、忠诚、献身"的价值观念，其核心价值观表述为"自由、平等、顽强、坚韧"；德国军队的核心价值观为"忠诚、纪律、服从、勇敢、团结、奋发"；日本自卫队的核心价值观为"忠节武勇、奉公灭私、忠于职守、严守纪律、积极向上"。

美国士兵悼念阵亡战友

俄罗斯军队为战斗英雄立碑

→ 军人的忠诚为何至关重要

虽然军人核心价值观的具体内容因国家和军种的不同而有所差异，但有些价值观念却被各国军队共同推崇，其中必不可少的就是"忠诚"。

关于忠诚，《说文解字》里是这样解释的："忠，敬也，从心""诚，信也，从言"。也就是说，忠，就是崇敬和恪守；诚，就是言而有信、言行一致。忠诚，就是真心诚意、尽心尽力、没有二心。英国诗人雪莱说："在任何生命中，忠诚都是贯穿其中的主线。"西方著名军事理论家克劳塞维茨也强调，军人坚守忠诚，要像"站立在海上的岩石一样，经得起海浪的冲击"。

忠诚是人类社会的基本伦理规范和根本道德要求。在社会组织中，忠诚体现为个体对组织义务的崇敬和恪守、对组织目标的坚定信仰。军人"执干戈以卫社稷"的特殊使命，更决定了忠诚是一切价值的根基。世界各国的军队历来都把忠诚作为共同的价值取向，但是忠诚于谁，不同的国家、不同的军队有着很大差异。以美国陆军为例，对国家理念的忠诚是其他价值观的基础。美国陆军认为，对于真正的职业军人来说，对国家理念的忠诚意味着要服务并保护美国《独立宣言》和《宪法》中所有自由、正义、真理和平等的信仰。

对于军人来说，忠诚往往比能力更重要。因为失去了忠诚这个前提，军人的能力越大，危害就越大。例如，一战期间击败德军的法国英雄——亨利·贝当元帅，曾是法国人民的骄傲。二战初期，巴黎沦陷后，面对德军大兵压境，执政的贝当内阁却放弃抵抗宣布投降，并成立了维希伪政权，为虎作伥。事实上，即便是一名普通士兵叛变，对军队来说也会产生不小的影响。

至今在法国仍被视为叛国者的亨利·贝当

→ 军人应有哪些良好品德

孙子曰："德行者，兵之厚积也。"战争中的第一要素是人，一支部队要想战无不胜，从士兵到指挥官都必须具有良好的个人品德。例如，美军对服役人员有着严格的品德要求，具有反社会和反军队倾向、同性恋、患有精神疾病、心理疾病及有过犯罪前科的人是不能服兵役的。触犯了品德要求底线，还可能被军法审判。

军人的良好品德是军队建设的基础。重视思想道德建设是世界上任何一支优秀军队的重中之重，是部队凝聚力、战斗力的重要源泉。一般来说，军人应该具备的个人品德包括下述五点。

1）果敢刚毅

战争的突然性、破坏性、残酷性，要求军人必须具备果敢刚毅的品格。只有如此，才能在紧急情况下迅速抉择，选择最佳的行动方案，并坚决贯彻执行上级命令。另外，还要勇敢面对挫折和失败，百折不挠地克服一切困难和障碍，完成既定任务。

2）勇猛顽强

勇猛顽强是指军人不怕艰难困苦、不怕流血牺牲，具有压倒一切敌人和一切困难的气概。无论敌人多么强大、困难多么巨大、任务多么艰险、勇猛顽强的军人都能沉着冷静、勇往直前，表现出势不可当、敌不可阻的锐气。

3）责任感

古语有云："天地生人，有一人，当有一人之业；人生在世，生一日，当尽一日之勤。"没有做不好的事，只有不负责任的人。军人只有具有强烈的责任感，才能以高度负责的态度对待工作，才会创造性地解决各种问题，才会使自己的能力展现得淋漓尽致。军人如果缺乏责任感，将失去自己的信誉和尊严，失去别人对自己的信任与尊重。职业军人做事不是以最低标准为要求，而是要尽力做到最好。

4）尚武精神

尚武精神是一支军队的灵魂，是民族精神的重要组成部分。尚武不仅仅是个人的品质，它关系到一个国家、一个民族的生死存亡。对军人而言，尚武就是要居安思危，精武强能，常备不懈，随时准备效命疆场，精忠报国。军人不仅要有坚定的从武志向，而且还要在科技练兵、科技强军方面，学习大量的知识，掌握现代军事科学技术。

5）牺牲精神

牺牲是指把国家、军队和他人的利益置于个人利益之上。作为军人，如果没有牺牲精神，就没有在战场上冲锋陷阵的搏斗与斯杀胆量。从金戈铁马的古代战争到炮火轰鸣的现代战争，军人的牺牲构成了一幅幅慷慨豪迈、动人心魄的历史画卷。同时，军队是一个高度团结的集体，只有每个人从全局利益出发，从他人利益出发，这一集体才能正常运转，进而形成强大的凝聚力和战斗力。

在泥地中训练的陆军士兵

陆军士兵练习匕首格斗

军人如何看待服从与民主

　　军队的性质及任务决定了军人必须服从命令。军队是保卫国家安全、主权领土完整的武装集团，服从命令是完成任务的首要保障。服从是对军人的最基本要求。无论什么时期，无论哪个国家，军人都以服从命令为天职。一支军队，若在战术上失败，并不是无可挽回的事情，而在战略上一旦失败，则军队和国家都有可能陷入动荡甚至灭亡的境地。要保证军队不在战略上出现错误，完全取决于军队的单兵素质。而军队的单兵素质，不仅体现为士兵熟练掌握各种武器装备的使用方法，更体现为士兵具有服从命令的意识。

　　"服从命令是军人的天职"，其中隐含的意思是"军队作为一个高度正规化、组织化、纪律化的武装集团，严格的纪律或日常规章制度、条令是维系和增强这个集团战斗力、凝聚力的重要基础"。

　　服从体现了全局和士兵个人的关系。只有服从才能使每位士兵之间形成最大的合力，保证军队或基层单位的全局利益。只有服从才能使团队产生强大的凝聚力，向着同一个方向前进，进而产生强大的战斗力，有利于各项任务的完成。服从于共同的任务和目标时，在共同完成任务的过程中每位士兵都会感到个人力量的有限，深感团结协作的重要性。没有规矩不成方圆，服从也是不犯错误或少犯错误的重要保证。

　　服从体现了强有力的自我控制，在上级命令与士兵自己的想法不一致时，要克制自己、服从命令。只有坚强的士兵才能为了中心任务，暂时忘记自我而服从大局。服从体现了铁的纪律，铸造了军人的独特形象和部队强大的向心力和战斗力。军人在执行命令时可能出现不理解的情况，因为他可能不理解上级的通盘考虑，但不理解也要去执行，以免贻误战机。服从意味着竭尽全力获得命令所要求的结果。

　　美国西点军校有一个悠久的传统，不管何时遇到长官问话，新生只能有四种回答。除了四个"标准答案"之外，若有额外字句，长官立刻会问："你的四个回答是什么？"这时新生只能回答："'报告长官，是''报告长官，不是''报告长官，没有任何借口''报告长官，我不知道'。"这种要求是让新生学会忍受不公平，因为人生并不是永远公平的。习惯于服从，就能使人养成无论遭遇什么困难都能恪尽职守的习惯。

陆战队士兵接受检阅

　　毫无疑问，军令如山、令行禁止是世界上任何一支军队高度组织性、纪律性的充分体现，每位军人都应以遵守纪律、服从命令为天职，否则部队就会成为一盘散沙。但是高度服从并不等于绝对服从，更不等于抛弃民主，服从命令和发扬民主是相辅相成的关系。对于正确的命令，军人应当无条件、不折不扣地执行；对于不正确、不合理的命令，就应在充分发扬民主的基础上，提出意见和建议，以确保服从命令的科学性、可行性。

盲从是军人行为的大忌。不明是非地消极顺应和执行不合理的命令就是盲目服从。这样毫无原则地听从权威的命令，是极端的行为，经常会带来严重的后果。小则导致个人没有必要的受伤牺牲，大则损害整个军队的行为而导致失利，甚至给人类和文明带来毁灭性破坏。

如前所述，美国西点军校一直很看重学员的服从性。自建校以来，西点军校在其严明的校训、军规中都写着要"无条件执行、工作无借口"，但却很少有人知道，近些年来，"拒绝服从不正当命令"已成为西点军校的一门道德哲学必修课。当命令与良知发生冲突时，身为军人的西点军校毕业生们理应选择的是后者。

美国西点军校学员

事实上，美军军人法典也明确规定，上级军官下达的命令必须是合法的；不合法的命令，美国军人有义务拒绝执行。军人不是以服从权力为己任的机器，应该有根据自己的价值判断不执行命令的权利。军人不能丧失应该对自己的行为负责的意识，不能违背人类文明、人类道德底线和人类良知。军人最终也要为人民负责，以人民利益为根本。因此，军人要有勇于怀疑和拒绝执行明显不正确的命令的胆识。

　　在战场上赴汤蹈火，这是一种勇敢。还有一种勇敢是建立在个人对事物的准确判断之上，它以服从真理而不是服从权力为己任，比起前者，这种勇敢更需要一种精神的支撑，更需要一种不惧牺牲的胆量。

第2章
训 练 篇

古今中外能征惯战的精锐之师，无不是从严苛的训练中和残酷的战场上磨砺而来的。只有不间断地训练，才能提升单兵作战能力，练就一支战斗力过硬的队伍。本章主要就现代军队日常训练的相关问题进行解答。

→ 概 述

为了能在战场上生存并战胜敌人，军人需要通过各项训练不断磨炼自己的身体机能和心理素质。无论是刀剑相搏的冷兵器时代，还是枪炮齐鸣的热兵器时代，各国军人都很重视的一项训练，就是体能训练。

军人的体能是战斗力的重要构成因素之一。良好的体能是完成作战任务的基础。由于士兵要在很多恶劣环境中与敌人进行力量和耐力的角逐，没有好的体能，不仅难以自保，更难以完成任务。体能训练一向被认为是各种战术训练、技术训练的基础，且通常在军事训练中作为相对独立的基础训练阶段而存在。体能训练对增强心理素质也有重要的作用，拥有强健体魄的军人，面对各种困难和紧急情况的应变能力都比较强，从而在信心、勇气上高人一筹。

体能通常也称体力，是指进行运动或劳动所需要的身体能力，既包括运动能力，也包括劳动能力和其他形式的身体活动能力。对军人而言，除身体活动能力外，还需要适应各种环境和应付突发事件的身体和心理方面的能力。因此，军人的体能，是指在体力劳动、训练和其他它活动中能够有效地发挥作用，并且还有足够的精力应付任何可能发生的紧急事件的能力。也就是说，军人的体能除了体力以外，还包括适应及应急的能力。

军人的体能要求主要包括以下内容：①耐力素质。这是军人体能的重要组成部分之一，它能够在训练和工作时，保证工作肌肉获得足够的氧气，从而产生人体活动所需的能量。高水平的耐力素质可以满足身体持续活动的需要，不致过早疲劳，并有助于负荷训练后的快速恢复。②肌肉力量与肌肉耐力。肌肉力量是指肌肉或肌肉群克服阻力，一次收缩所产生的最大力量。肌肉耐力是指肌肉或肌肉群长时间以最大力量重复运动的能力。③柔韧素质。柔韧素质是指关节和任何联合关节在正常范围内最大活动的能力，以及指关节活动的幅度。良好的柔韧性，有助于军人更有效地完成诸如搬运、攀登、跳伞、跑步等体力任务，并减少损伤。④对抗性素质。对抗素质是指军人在外界压力和环境变化中正常发挥体能水平的能力。

另外，现代高技术战争对军人体能还有其他要求：一是抗眩晕能力。

现代战争战区广阔，军人的行动已不再是两条腿走天下。军队的高度机动与快速推进，使军人必须适应几个小时以至数十个小时的车载、舰载、空运，抗眩晕能力受到考验。尤其是登陆作战，士兵由于舰船在大风大浪中的摇摆颠簸会发生呕吐现象，严重者会丧失战斗力，因而机体的抗眩晕能力更为重要。二是野外生存的适应能力。现代战争已打破了地域界限，士兵可能会面临各种恶劣环境。部队远离营区，后勤补给随时可能受阻，孤立无援、无水无粮的情况随时可能出现。核生化武器投入战场，动物、植物、水源也将受到严重污染。因此，军人野外生存适应能力也是现代战争对军人体能的客观要求。

受限于个人经验，部分新兵对体能的理解存在误区，而错误的思想往往会导致错误的行为。因此，要正确理解军人体能的内涵，就必须纠正以下几个错误观点：

（1）将军人的体能简单地理解为一般的身体运动能力，如奔跑、跳跃、投掷等。因此，有人错误地用"米数、秒数、个数"来作为衡量军人体能的标准。如练习投弹，有的士兵动作单一，片面强调投掷的米数，使其左右臂发展不平衡。从单方面看，投弹的米数确实增加了，但从整体能力上看，他的协调性和灵活性下降，使之体能下降。因此，要正确理解军人体能这一概念，用科学的方法指导训练。

（2）认为体力不如智力重要。有人认为高技术战争是拼技术、拼智慧、拼人才的战争，体力的作用不突出，也不重要。事实上，现代战争作战空间广阔，战机转换迅速，作战手段变化多端，条件更加复杂，特别是在地形不熟、气候恶劣、后勤保障不力的战场条件下，对军人的耐力、适应力、灵敏度等身体素质和勇敢、坚韧、顽强、刻苦的精神素质提出了新的更高的要求。即便在和平时期，要完成训练、施工、执勤、生产劳动、抢险救灾等任务，也不能没有强健的体魄。

（3）认为技术决定一切。信息化时代，各类高技术装备的广泛运用的确对战争形态产生了较大影响，再加上媒体的极力渲染，有人对现代战争产生了"技术决定一切"的错误认识，认为武器装备的优劣是决定战争胜负的唯一因素，而政治思想教育、作风养成和体能训练，都可以减少甚至省略。这是一种错误的观念，科技含量再高的武器装备，也需要高素质的军人去操纵。

除了体能训练，现代军人还必须进行思想品德教育、荣誉感培养、意志训练、克服恐惧训练、团队精神训练、减压训练、战俘训练、假想敌训练、野外生存训练等不同类型的训练，以此提高自己的单兵作战能力。

负重行军的陆军士兵

俯卧撑是陆军体能训练中的代表项目

陆军士兵参加射击训练

→ 各国军队如何训练新兵

新兵是军队的新鲜血液，新兵训练则是军队军事训练的基础工作、战斗力建设的奠基工作，是士兵从普通人成长为合格军人的起点。世界主要国家的武装力量从培养合格战斗人员目标出发，都会采取不同的方法激发新兵训练热情，提高新兵训练质量，他们的做法各具特点。以下是美国、俄罗斯、英国的军队所采取的新兵训练方法。

1）美国

美国许多军人在服役期间都有在海外执行任务的经历。为了让新兵下到部队后更好地完成战场任务，美军相关训练课目往往按最新战场经验设置，基本战斗训练安排有白刃格斗、翻越障碍、高楼攀登、溜索过河，以及三天两夜负重60千米奔袭等，让新兵体验近似真实的战场感受。

与此同时，美军还十分重视应用模拟仿真技术组织新兵训练。如在战术对抗训练中配备激光交战模拟器，增强对抗的真实性；有意识地制造声、光、电、烟、血等效果，锻炼新兵的胆魄；利用"完全沉浸式训练模拟仿真系统"，让新兵在虚拟环境下，感受战场环境，并根据具体情况作出各种反应动作，以提高其战斗能力。

美军新兵训练中心经常对新兵所训的课目进行严格的考核，达不到标准者不准进入下一阶段的训练。每个训练阶段中连续两次考核不合格者，会被要求重新学习或退伍。据统计，美国陆军新兵训练淘汰率最高曾达到 8.2%，海军陆战队等作战强度大、执行特殊任务的军兵种，其淘汰率更高。

休息中的陆军女兵

2）俄罗斯

俄军新兵入伍后，通常会采取先训后补的方式，在教导队或培训中心接受 5～6 个月的军事基础训练。待新兵全部掌握基本的战术技术技能后，再补入作战部队，集中接受 1 个月的强化军事训练。

在教导队或培训中心期间，新兵通常要进行单兵训练和初步的战术训练，掌握共同的战术技术基础知识。他们要接受入伍教育以及共同条令、武器装备基本知识、队列、轻武器射击、军事体育等共同训练；战术队列作业、野外驻训等初步战术训练，以及战术作业、战斗射击、按方位角前进、克服障碍、核生化防护和战场救护等专业训练。

在这个过程中，新兵要经过严格的考核评定，然后进行分流。一部分训练成绩优秀，并表现出一定的组织能力者进入军士训练队，按照军士训练大纲进行军士培训，成绩合格者补入作战部队，担任班（车）长或专业技术职务。一部分入伍前有技术专长或反应灵活者进

陆军士兵参加手枪射击训练

入专业兵分队，进行分类专业训练。其余人员进入普通分队进行训练。这种边训练边分流的方法，可以有效调动新兵的训练积极性，使每一个新兵的优势得到充分发挥，做到人尽其才。

3）英国

英军的兵员比较缺乏，新兵素质差异较大。为了使具有各种素质基础的新兵都能尽快适应部队生活，英军明文规定，要以各种措施调动和保护新兵的训练积极性。

由于一些技术战术课目动作单调，反复训练往往会使新兵产生厌烦心理，慢慢地就会失去对训练的兴趣。为此，英军特别注重实际操作和带战术背景的训练。组织者常常把轻武器射击训练与野战技巧、基础战术动作训练结合起来进行，使新兵在进行射击训练的同时，学习运动、观察、目标识别、判定距离、伪装和隐蔽等技能。在轻武器射击训练中，新兵通常是练一段时间，就打上几发子弹检验一下前面训练的效果。英国陆军部队的新兵在通过最后考核前，要打百余发子弹，英国海军部队的新兵则要打上千发子弹。

为了调动新兵的训练激情，英军还为新兵设置了冒险性训练项目，如登山、攀岩、潜水、滑雪、跳伞，以及到极地寒区、热带丛林、沙漠地带进行野外生存训练等。这些措施不仅激发了新兵的训练热情，而且还增强了团队精神，培养了新兵克服困难的勇气和信心。

陆军新兵

→ 现代军队如何进行体能训练

军人体能水平的高低，除受先天遗传因素的影响以外，主要还取决于后天的系统化、科学化训练。训练是否科学、有效，直接影响军人体能水平的高低。

海湾战争等局部战争证明，在现代高技术战争条件下，战争的突然性、快速性、剧烈性与日俱增。军人在战场上的生存环境发生了巨大变化，需要军人拥有强壮的体魄、坚强的意志，不但对军人的体能要求没有减弱，反而对体能水平和训练质量提出了更高的要求。要求通过体能训练，使军人从力量、速度、耐力素质到灵敏、协调素质，都达到一个新的高度，尤其是军人的抗晕能力、抗疲劳能力、野战生存能力和高负荷的心理承受能力，在现代战争中显得尤为重要。对外界各种复杂环境的适应能力及心理承受能力，将直接影响军人其他身体素质在战争中能否充分发挥作用。只有全面、均衡发展，才能真正提高军人的体能水平，并在战争中得以充分发挥，提高部队的战斗力。

目前，世界各国军队都十分重视体能训练。美国、俄罗斯等军事强国都将体能达标作为军人的最低职业要求，并建立和完善相关制度机制，使军人体能训练走向科学化、制度化、规范化。美军秉持"军人即士兵"的基本理念，并将其贯穿于部队训练与院校教育之中。美军提出要将作战部队官兵打造成"作战士兵"，目标直指未来战场。美国陆军野战条令《身体准备训练》中明确指出，身体训练的根本目的是满足战争需要，要紧紧围绕作战需求与战场环境展开，体能训练周期要与作战准备周期保持一致，以确保最佳的身体准备状态。美国陆军、海军陆战队等提出作战体能的概念，将体能与作战直接联系，并对战斗行为进行动作分析，进而制定相应的体能训练措施。

俄军认为，体能准备是作战准备的基本构成，体能训练的目的是确保军人的体能状态能够满足遂行作战任务和其他军事任务需要。2014 年 3 月，俄罗斯发布总统令，恢复实施"劳动与卫国体育制度"。俄罗斯一系列体能训

陆军士兵参加体能训练

练改革动作的背后，是其对现代战争中军人体能训练价值与作用的重新审视与定位。

2013 年 4 月，加拿大国防部颁布实施最新的体能训练计划，明确体能训练要基于作战需求。此前，加拿大军队对过去 20 年间加拿大军人400 多种军事动作行为进行了分析研究，梳理出 20 多种满足作战需求的体能训练项目，并将其列入训练计划，具有很强的实战性和针对性。

为了让军队的体能训练取得良好效果，美国、俄罗斯等军事强国还建立了完善的体能训练管理体制。美军实行分军种领导管理体制，以陆军为例，美国陆军训练与条令司令部和部队司令部均设有专门机构，负责制订军体训练条令条例、训练计划；师旅级单位编配专职人员，负责制订具体计划、提供训练保障、监督训练实施、评估训练效果；营连级单位编配体能教练，负责组训实施，据估算，体能教练人数有 3000 余人。美国陆军颁布的涉及体能训练的条令条例高达 29 部，其内容涉及体能训练的方方面面。此外，美国陆军体能训练法规延续性强，1919 年颁布的指导军人体能训练的战术级条令《身体训练》，迄今为止已进行过 12次修改（2012 年，该条令更名为《身体准备训练》），从未中断。

俄罗斯国防部于 2009 年和 2013 年相继颁布和修订了《俄罗斯联邦武装力量体能训练条例》，详细规定了体能训练的内容方法、条件建设、器材标准配置和奖励措施等，指导性和可操作性很强。俄军总参谋部设体育训练局，各军区（舰队）、集团军、旅（团）设体育训练主任，各部队配备专职体能教练员，全军编制 2400 名体能教练员，其中旅级单位编配分管不同项目的专职军体教官 10 ～ 15 人。

以色列军队的体能训练由总条令与训练局统辖，各级司令部和部队配备专业军官，负责制订所属部队体能训练计划和指导；配备体能训练教员，负责训练计划的具体实施；配备体能训练骨干，协助教员组织日常体能训练。

对于军队体能训练的配套设施，各国军队也有明确的建设标准和要求。俄军对团、营、连三级单位体能训练器材、场地设施保障标准都进行了规范，其中，团级单位规定要有体育（球类）馆、田径场、游泳池等 18 类 27 种场地及配套设施，连级单位要有单双杠、哑（杠）铃等 14种训练器械和 17 种考核器材。以色列军队专门负责全军体能训练的第八训练基地，在全国设有 36 个训练中心，均建有基本训练场及配备相应器材设施，便于部队就近参加训练和测试。

为切实提高体能训练效率，美军、俄军等均强调体能训练要紧紧围绕作战任务，训练计划必须坚决遵循军人身体准备和战斗力生成规律。美国陆军将体能训练划分为新兵强化阶段、提高阶段和保持阶段3个阶段，运用阶段性训练方法组织体能训练；根据部队作战准备周期制订相应的周期化体能训练计划；训练计划按年、月、周、天予以区分，并由训练与条令司令部颁布实施。俄军根据完成不同作战任务的身体需求，设置了体操、擒拿格斗、翻越障碍、田径、滑雪、军事实用游泳6大类60个训练课目。

通过俯卧撑锻炼体能的陆军士兵

陆军士兵进行双杠训练

如何正确进行热身运动

热身运动是指在主要活动之前，以较轻的活动量，先行活动肢体，为随后更为强烈的身体活动做准备，目的在于提高随后激烈运动的效率和安全性，同时满足人体在生理和心理上的需要。

热身运动能使士兵充分调动运动系统的活力，为即将进行的剧烈运动做好准备。其作用具体体现为以下几点：①可使体温升高。提高肌肉的弹性、反射速度和收缩速度，从而能有效地预防肌肉拉伤。②可使肌肉毛细血管扩张，减少外周阻力。增加肌肉中的血供应。在较高体温情况下，血红蛋白和肌红蛋白能释放更多的氧，从而增加肌肉的有氧供应。③热身运动可以使关节腔内分泌更多滑液以减轻关节面软骨间的摩擦，减少进行剧烈运动时造成的关节软骨损伤。④可以提高韧带的柔韧性，有效地预防韧带的撕裂伤。

热身运动能使士兵的大脑反应速度提高，能及时对参与运动的主动肌（收缩肌）和对抗肌（放松肌）进行精细调节，有效地防止肌肉韧带拉伤。热身运动还能使士兵的大脑皮层处于兴奋状态，提高人体的警觉性，避免发生意外损伤。此外，热身运动还能缓解体能训练前的紧张心理，为顺利训练做好心理准备。

各国军队在体能训练前进行的热身运动并没有固定的内容，但都会遵循一定的原则来进行，以便取得良好的训练效果。一般来说，热身运动的原则有以下几点。

（1）热身运动的时间和运动量要适宜。热身运动是为训练做准备的，不能时间过长、运动量过大，以免导致体力消耗过大，影响体能训练的正常进行。而如果时间太短、运动量太小，则不能获得热身效果。

（2）热身运动的内容选择要有针对性。如果体能训练的内容是长跑，那么热身运动就应该安排一些与跑步相关的项目，如小步跑、高抬腿跑、后蹬跑和加速跑等。这种做法的好处是便于引起与体能训练内容相应的人体生理变化，提高人体有关中枢神经的兴奋性。

（3）热身运动的强度和密度。动作幅度的大小、步频的快慢都应循序渐进，做到由简到繁、由易到难、由慢到快、由小到大。热身运动既要有一般性的热身运动，也要有针对性的练习，使身体各主要器官都得到充分的活动。

（4）热身运动应注意形式新颖有趣。长期固定的热身运动内容，会让士兵感到单调枯燥甚至产生厌烦心理，这样对调动士兵的训练积极性十分不利，同时也降低了热身运动的效果。因此，热身运动要通过各种途径，采取丰富多彩、变化多样的方式进行练习。

陆军士兵进行热身运动

→ 如何提升士兵的耐力素质

　　军人的耐力素质指的是人体长时间进行肌肉工作的能力，也可被看作对抗疲劳的能力。在训练和实战中，士兵要经常进行长时间的激烈运动，体能消耗颇大，肌体极易出现疲劳现象，耐力差、体力减弱就会使士兵速度缓慢、反应迟钝、攻防失措，处于被动挨打的境地。只有耐力好、体质强的士兵，才能始终在行动中有条不紊。耐力训练是单兵训练中的重要内容，普通部队如此，特种部队更甚，世界各国特种部队选拔新兵时均会进行耐力测试。

　　士兵的身体活动诸如跑步、行军、游泳、滑雪、划船、爬台阶等，都会对心血管系统和呼吸系统提出特别严格的要求。在训练和实战中，这些系统给肌肉提供氧气，其中大部分氧气用于供应肌肉收缩所需的能量。任何连续使用大肌肉群 20 分钟或更长时间的活动，都会对这些系统提出更高的要求。正因为如此，耐力训练时应采用形式多样的训练方法来改善心肺功能。在这些训练方法中，跑步是主要的方法之一。与其他训练一样，跑步也要系统化。在每周的训练中，以下各类训练要交替进行。

1）快速跑

快速跑是以最快的速度跑完规定距离，通常是50米和100米。快速跑的要领是后蹬充分，前摆幅度大，步频快，重心移动平稳，两臂摆动配合好。进行快速跑时，最初不要背负任何东西，之后逐渐增加负重。每次训练时要仔细计时，然后在下次训练时试着在相同时间内跑完更远的路程。

2）长 跑

长跑，即长距离跑步，路程通常在5000米及以上。各国军队的长跑距离往往设定为5000米左右，如2011年美国陆军司令部颁布训练规范《身体准备训练》，其新兵训练项目中废除了刺枪术和8000米长跑，改为3英里（约4830米）长跑。5000米作为中跑的上限和长跑的起点，正好在一个体能的临界点。以5000米为限，小于这个距离，可以练习快速冲锋；大于这个距离，可以练习长距离行军。能跑5000米的士兵，更容易适应作战中不同战术跑的要求。另外，也有战略方面的原因，一个步兵连的作战半径通常是5000米，步兵连配备的中型迫击炮的射程是5000米，步兵载具战场投放的最大距离是5000米，后方补给点和医疗站的设置距离往往也是5000米。

正在进行长跑训练的陆军士兵

3）耐力跑

耐力跑是一项有氧代谢的长距离跑步运动，一般建议选择地形变化大和有挑战性的山路，如果可能最好有不同的路面（如草地、沙地、碎石等）。这种训练方式一般都要有负重，而且尽可能跑远一些。这意味着在运动中要不断地在跑步和快走之间变换以防疲劳，士兵在快走时不应感到放松，而要快速大步前进，同时摆动双臂。在这个过程中，要利用不同方法辨明方向，经历各种天气状况。

除了跑步，基本体操训练也是一种非常有效的训练方法，它不仅可以士兵提升耐力，还可以增强其力量和柔韧性。在进行跑步和体操训练的同时，还可以穿插进行游泳等相对温和的训练，尤其是海军陆战队、特种部队等需要执行两栖作战任务的部队。

在战场上奔跑的陆军士兵

→ 如何提高士兵的柔韧性

柔韧性是指人体关节活动幅度以及关节韧带、肌腱、肌肉、皮肤和其他组织的弹性和伸展能力，即关节和关节系统的活动范围。柔韧性可以分为主动柔韧性和被动柔韧性。主动柔韧性是指利用肌肉可以使关节活动的范围，被动柔韧性则单纯是指关节活动的最大范围。需要明确的是，主动柔韧性不可能超出被动柔韧性的活动范围。

影响柔韧性的因素有关节骨结构，关节周围组织的体积，韧带、肌腱、肌肉和皮肤的伸展性。其中，最后一项与提高柔韧性关系最大。柔韧性不仅决定于结构的改变，也决定于神经对骨骼肌的调节，特别是对抗肌放松、紧张的协调。协调性改善可以保证动作幅度加大。

士兵的柔韧性得到充分发展后，人体关节的活动范围将明显加大，关节灵活性也将增强。这样做动作就会更加协调、准确、优美，并可以减少由于动作幅度加大、扭转过猛而产生的关节、肌肉等软组织的损伤。提高柔韧性通常采取以下两种方法。

1）主动或被动的静力性伸展法

主动或被动的静力性伸展练习是一种行之有效且比较流行的伸展训练方法，它是缓慢地将肌肉、肌腱、韧带拉伸到有一定酸、胀和痛的感觉位置，并维持此姿势一段时间，一般认为停留 10 ～ 30 秒是理想时间，每种练习应连续重复 4 ～ 6 次。这种方法拉伸缓慢，可以较好地控制使用力量，比较安全，尤其适合于刚开始训练的人。

2）主动或被动的动力性伸展法

主动或被动的动力性伸展练习是指有节奏、速度较快、幅度逐渐加大地多次重复一个动作的拉伸训练方法。主动的弹性伸展是靠自己的力量拉伸，被动的弹性伸展是靠同伴的帮助或负重借助外力的拉伸。利用主动或被动的动力性伸展法进行练习时，所用的力量应与被拉伸的关节的可能伸展能力相适应，如果大于肌肉组织的可伸展能力，肌肉或韧带就会被拉伤。在运用该方法时用力不宜过猛，幅度一定要由小到大，先做几次小幅度的预备拉伸，再逐渐加大幅度，从而避免拉伤。

陆军士兵进行柔韧性训练

陆军士兵通过瑜伽锻炼柔韧性

柔韧性训练必须遵循一定的原则进行，例如，进行较大强度肌肉伸展练习前，必须做热身运动，使身体微微出汗；肌肉伸展产生了紧绷感或感到疼痛时就应该停止练习，防止拉伤；每种姿势练习的时间和次数应逐渐增加，随着柔韧性在锻炼过程中的提高，练习强度应逐渐加大；

柔韧性练习要持之以恒才能见效，如果柔韧性练习停止一段时期，已获得的效果就会有所消退；每次伸展练习之后，应做些相反方向的练习，使供血供能机能增强，这有助于伸展肌群的放松和恢复。

→ 军人要熟知哪些枪械概念

军人要想熟练掌握枪械射击技能，就必须对枪械的自动原理和相关概念有所了解。现代军队使用最广泛的枪械就是突击步枪和冲锋枪。

突击步枪能实现自动发射，是基于以下原理：扣动扳机后，击锤打击击针，击针撞击子弹底火，点燃发射药，产生火药气体，推动弹头沿膛线向前运动，弹头经过导气孔时，部分火药气体通过导气孔源入导气箍，冲击活塞，推动推杆，使枪机向后，压缩复进簧，完成开锁、抛壳等一系列动作，并使击锤处于待发状态；枪机退到后方时，由于复进簧的伸张，使枪机向前运动，推动下一发子弹入膛、闭锁。此时，由于击锤已被击发阻铁卡住，不能向前打击击针。若再次发射，必须先松动扳机，然后再扣动扳机。

冲锋枪如果进行单发射击，其自动原理与突击步枪基本相同。如果进行连发射击，则必须先将保险机定在连发位置。射击时，只要不松开扳机，击发阻铁就无法卡住击锤，击锤可反复打击击针，实现连发。

与枪械相关的概念，最重要的就是后坐、直射和弹道。后坐是指发射时枪械向后运动的现象。发射药燃烧时，产生的气体同时会向各个方向挤压。挤压膛壁的压力被膛壁所阻，向前的压力推动子弹前进，向后的压力抵压弹壳底部枪机，使枪向后运动，从而形成后坐力。后坐力对于单发射击影响较小，但对于连发，因第一发子弹射击后产生的后坐力，使枪发生移动，改变了瞄准线，所以影响较大。因此，在连发射击时，士兵必须掌握一定的连发射击规律和据枪要领，只有这样才能提高命中精度。

直射是指瞄准线上的弹道高度在整个表尺距离内不超过目标高度的发射方式。这段射击距离叫直射距离。直射距离的大小是根据目标的高低与弹道的低伸程度所决定的。目标越高，弹道越低伸，直射距离就越大；目标越低，弹道越弯曲，直射距离就越短。通常情况下，突击步枪和冲锋枪对人头目标的直射距离为 200 米，对人胸目标为 300 米，对半身目标为 400 米。在射击过程中，对在直射距离内的目标可以不变更表尺分划，瞄准目标下沿射击，以增大射速，提高射击效果。

弹道是指弹头脱离枪口在空气中飞行的路线。弹头在飞行中，一面受地心引力的作用，逐渐下降；一面受空气阻力的作用，越飞越慢。这两种力的作用，使弹头的飞行路线形成一条不均等的弧线，升弧较长、较直，降弧较短、较弯。

与弹道相关的概念还有危险界、遮蔽界和死角。危险界是指弹道高没有超过目标高的一段距离。目标暴露得越高，地形越平坦，弹道越低伸，危险界就越大，目标就越容易被杀伤。目标暴露得越低，地形越复杂，弹道越弯曲，危险界就越小，目标就越不易被杀伤。遮蔽界是指从弹头不能射穿的遮蔽物顶端到弹着点的一段距离。死角是指目标在遮蔽界内不会被杀伤的一段距离。遮蔽物越高，目标越低，死角就越大。反之，则死角越小。危险界、遮蔽界和死角有很大实用意义，是士兵在作战时隐蔽自己和选择有利射击位置必须考虑的因素。

突击步枪开火瞬间

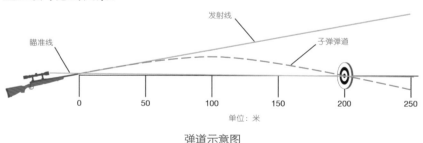

弹道示意图

现代军队如何进行射击训练

在现代战争中，战斗机、导弹等重型武器发挥了巨大作用，军队理所当然非常重视它们，但是战争毕竟是人的战争，阵地需要人去占领，作为单兵装备的轻武器在战争中有着不可替代的重要性，轻武器是军队必备的重要装备之一，是打击敌人、保护自己的有力武器。特别是在步兵与敌人的交锋中，能否一枪命中，直接关系步兵的生命安全，所以射击的命中率尤为重要。而要提高射击命中率，离不开大量的射击训练。

　　射击有多种类型，按枪种有步枪射击、手枪射击、机枪射击等，按射击方式分有慢射和速射。慢射以静为主，静动结合。速射以动为主，动静结合。但是从整体上看射击属于以静力性为主的灵敏耐力性项目，要求肌肉长时间处于等长收缩状态。这一状态会对人肌体产生一系列影响。

　　射击是一项准确性极高的项目，要求士兵在高度协调性和一致性的条件下完成射击动作，这就要求大脑皮层对肌肉活动有极高的调控能力。射击也是一项技术复杂的项目，士兵不仅要有高度的灵活性，而且要有高度的一致性，这要求士兵的大脑皮层兴奋和抑制的转换保持极快的速度，同时神经过程的灵活性要高，而且士兵必须建立牢固的动力定型并达到高度自动化程度。

　　射击技能具有"易学难精"的特点。一个射击初学者，要学会据枪、瞄准直至击发全套动作并命中目标，在一定时间内就可以掌握，但是连续精确命中十环，却很困难。射击动作并不是单纯的肌肉感觉，而是与视觉、听觉、触觉、平衡觉和本体感觉密切相关的。它的复杂性还体现在士兵的内在感觉上。这种内在感觉不同水平的士兵，对动作细节的精确分化能力有较大的差异。

　　美军对射击训练格外重视，训练频率、强度非常高，以便所有士兵实现随时都能上战场的目标。频繁的高强度军事演习，是检验平时训练成果的重要手段。此外，美军还加强培训体系，请参加过实战的官兵担任教官，传授宝贵的实战经验。毕竟真正上了战场，士兵不仅要对周围地形、目标方位距离等进行综合判断，还要应对各种突发事件，因此平时射击训练不能简单地停留在掌握基本动作要领上。美军为满足在山地环境下的作战需要，还特别设置了山地俯仰射击训练。这种训练不仅在美国本土进行，在抵达山地环境之后，美国部队还要有针对性地进行临战训练，以提高官兵的射击水平。在美军各个军种里，海军陆战队尤为重视枪械射击技术，要求全员通过457米精度射击考核。

　　在现代军队的射击训练中，通常会用到两种靶子，即胸环靶与头靶。

胸环靶一般宽 52 厘米，长 54.5 厘米，十环的白心宽 10 厘米，其他每个环间隔 5 厘米，整个靶纸大小基本上与一个人胸部以上大小相同，主要用于射击训练和考核。头靶的面积比胸环靶小，宽约 50 厘米，肩头左高右低，用来模拟敌人在战壕中和掩体中露出头部和肩部的情景。头靶往往会被设计成迷彩色，以便使靶子与环境融为一体，增加士兵发现目标和瞄准目标的难度。

与常规部队相比，特种部队的射击训练强度和危险性更大。"信任射击"就是各国特种部队普遍采用的一种极端训练方法，主要用于锻炼士兵之间的信任度和配合度，以及有无辜人员在场时的枪法和胆量。具体训练过程是战友之间互为射手和配手，在一定距离上交替射击对方身边的靶子。虽然这项训练的射击距离都不太远，但是在立姿、无依托的条件下，光是准确射中人头大小的目标已经不容易，何况还要克服巨大的心理压力——靶子旁边站着战友，只要准星稍微偏一点，就可能造成误伤。

某些特种部队还会进一步增加"信任射击"的难度。例如俄罗斯特种部队曾经公开过射击训练画面，在靶场上，两名教官在射手和靶子之间不停走动，士兵需要避开教官命中靶子，并且还要不断改变射击点。法国国家宪兵特勤队也有一项著名的训练项目：一名队员站立靶前，环绕他的身体设置 9 个气球靶，在他对面则是 9 名狙击手使用 9 支大威力狙击步枪向他瞄准。这种训练项目被称为"人体描边"，其目的是演练多名恐怖分子挟持人质时，特种部队多名狙击手分别瞄准不同目标，同时开火将其狙杀的场景。除了"人体描边"，法国国家宪兵特勤队还会进行实弹对射，两名队员各自穿着防弹衣，使用转轮手枪在 20 米外对射，它被形象地称作"决斗"。由于训练方式非常残酷，法国国家宪兵特勤队组建以来在训练中牺牲的人数甚至超过了实战中的阵亡人数。

正在进行射击训练的海军陆战队士兵

陆军士兵参加突击步枪射击训练

使用 M249 轻机枪射击的陆军士兵

陆军狙击手正在进行射击训练

→ 爆破训练的内容是什么

爆破是利用炸药的爆炸能量对介质做功，完成预定军事任务的一门技术。在现代战争中，爆破以破坏威力大、反应迅速、效率高、机动性强的特点得到广泛应用。爆破可用于实施破坏作业，破坏具有军事意义的通信系统、后勤补给系统、交通运输系统及其相关设施；可用于构筑筑城障碍物和地雷场，阻碍、迟滞敌军机动；还可用于克服障碍物作业，在各类障碍物中快速开辟通路，保障己方机动。此外，还可用爆破法构筑各类工程、掩体，加速土石方作业进度。用军用制式爆破器材和炸药包打坦克、炸工事，又可直接杀伤敌方有生力量。

按爆破对象，爆破可分为土石爆破和结构物爆破。按装药与爆破目标的相对位置，可分为内部爆破和外部爆破。外部爆破又可分为接触爆破和非接触爆破。在土石方工程作业中，常用的爆破方法有抛掷爆破（又称飞散爆破）、松动爆破、压缩爆破、定向爆破、光面爆破、预裂爆破等。爆破器材包括炸药、火具、制式药块、爆破器、起爆器、检测仪表、爆破工具以及核爆破装置等。爆破器主要有爆破筒、爆破穿孔器、炸坑器和火箭爆破器等，这些爆破器材是根据特定用途专门设计制造的制式装备。

军用爆破器材的主要发展趋势是研究时间紧迫情况下实施快速爆破的方法；建立各类爆破的理论模型、相关程序软件及数据库，做到输入现场地形、地质、材料性能、炸药性能、要求效果等原始数据，即可得出装药配置与装药量设计，并显示不同方案爆后效果模拟；研究供特种部队使用的携带方便、设置快速、一次性完成预期功效的爆破器材系列和多功能的起爆器材系列；研究扩大军用爆破器材在军事领域内的应用。

一般而言，爆破训练是各国陆军工程兵专业技术训练的重要组成部分。其目的是提高工程兵运用爆破技术遂行工程保障任务的能力。主要内容包括爆破基础训练、爆破应用训练和爆破行动训练。爆破基础训练主要有炸药及爆炸理论的学习，常用炸药和火具的使用，起爆和传爆方法的设计，爆破装药的设计，制式爆破器材的使用等训练；爆破应用训练主要有土壤与岩石爆破，构件爆破，桥梁爆破，道路、铁路、管线的爆破，码头、拦水坝、机场、房屋的爆破，筑城障碍物和工事爆破，大型武器装备及军用设施的爆破，水中爆破，拆除爆破等训练；爆破行动训练主要有爆破法快速开设防坦克壕，水际滩头障碍物的爆破，工程破袭行动等训练。

爆破训练一般在专业训练场或野外实施。按照先讲解示范、后分班分组练习，先练基础动作、后进行实爆作业的步骤进行。

美国陆军士兵进行爆破训练

陆军士兵正在进行爆破训练

→ 5000 米越野跑为何广受推崇

在现代军队的训练项目中，有一个项目叫作全副武装 5000 米越野跑，这种越野跑不仅是对军人体能的训练，同时也在训练其耐力。在很多国家的军队中，都少不了这项训练。

全副武装 5000 米越野跑的历史还要追溯到一战时期。在一战爆发之初，大多数国家的陆军仍然是由徒步步兵和骑兵构成，这就需要士兵用自己的双脚奔赴战场。在那个缺乏现代医疗手段和科学的食物配给的时代，长途徒步奔袭必然会给军队带来严重的非战斗减员，有的部队甚至需要徒步行军数百千米才能从集合地点来到战场之上，如果没有铁路可用，就意味着他们必须花费半个多月时间才能走到战场，体能早已提前耗尽。

与此同时，重机枪和野战炮广泛列装于欧洲各国。因此，经过了疲劳的长期徒步行军，又在战壕里担惊受怕度过每一天的步兵们，在跨出战壕发起突击后，必然会遭遇对方密集的火力齐射。饱受饥饿、疾病、疲劳摧残的步兵们，在敌方重机枪、野战炮、地雷阵、毒气弹的攻击下往往伤亡惨重。索姆河战役第一天英法联军就有6万多人伤亡，超出了坎尼会战和博罗金诺战役的单日伤亡人数。这样一来，步兵能否安全通过敌方的火力网，就成了一个必须面对的问题。

在高海拔地区负重徒步行军的陆军士兵

　　由于一战时期航空侦察还不普及，无线通信也很不可靠，因此部队在遭到敌人进攻时，必须要求炮手看到目标才能发射炮弹。在欧洲的平原地形环境里，一个高度约6米的瞭望塔能够看到的目标不会超过6千米，而如果只是一个骑马的侦察兵（头顶距离地面约2.5米），他能看到的距离不过3千米。因此，在那个时代，防守方通过前线隐蔽观察哨和主阵地瞭望塔，最多只能看到5千米距离内的敌军，而进攻方也利用这一点，在发动战斗的前夜隐蔽机动到敌方5千米的边界线上待命，等候总攻命令下达，然后便冲向敌军。

　　同时，由于当时通信不良，指挥层级较多，前线发现敌人后，通过传令兵逐级上报，最快也得20分钟让炮兵和重机枪做好发射准备。如此一来，在敌方对己方开火之前，就是己方士兵拉近距离的最好时间。

而要让士兵背负沉重的步枪和手榴弹冲过这片即将变成地狱的战场的手段，就是让士兵们在和平年代就必须习惯于 5 千米的越野跑步。因为体能良好的士兵，会大幅提高长途行军的效果。这就是 5 千米越野跑诞生和在各国军队传承至今的历史原因。

陆军士兵参加全副武装越野跑

→ 机械化步兵为何练习障碍跑

自从第一次马恩河战役中法国人率先将出租汽车用于调动部队开始，利用汽车调动士兵便成了一个主要的发展方向。然而，单纯把步兵拉到战场只能降低长途跋涉时的体能消耗，并不能够提升他们冲击敌方防线时的生存系数。因此，开发一款能够支援士兵们突破敌方火力封锁的装甲车辆，便成了近百年来各个国家军备部门的持久追求。各国机动化步兵从单纯的"机械代步""步坦协同"，发展成"步兵乘车作战"，再到"步兵下车协同作战"，经历了漫长的发展历程。

二战时，美国、苏联、德国、英国、法国等主要强国都开始了自己的机械化建军更新换代。在战争爆发之初，绝大多数国家还只是用卡车运输步兵，在战斗前将步兵运送到敌方火炮射程之外（通常是 5 千米），然后步兵跟随坦克发动冲锋。这样的部队被称为"摩托化部队"，他们只是乘车代步，节约了徒步走向战场的体能和时间。但是，当士兵们进入对方射程的那一刻起，就无法再得到己方的掩护，必须独力冲破敌人的封锁。而对方的远程火炮也会采用"炮火遮断"战术，用密集的火炮弹雨将敌方突击矛头的装甲部队和跟进的步兵切断，从而孤立并歼灭闯入阵地的敌方装甲部队。为此，德国首先提出了"装甲掷弹兵"的概念。

以如今的标准来看，只配备 Sd.Kfz.251 装甲输送车（还没有顶盖）的装甲掷弹兵只能算是摩托化部队，但是它开创了一个新的纪元——步兵从此可以坐在装甲载具里通过最危险的地域了。由于 Sd.Kfz.251 装甲输送车具备钢制装甲，采用越野能力优于卡车的半履带底盘，能够让步兵跟随坦克进攻时得以避免被对方遮断射击的火炮弹片击伤，也可以抵御大部分 7.92 毫米以下口径枪械的射击，这样一来，装甲掷弹兵就可以在敌方阵地跟前下车作战。同时，Sd.Kfz.251 装甲输送车比起无武装的卡车，还配备了 1 挺 MG34 通用机枪作为车载火力，这意味着乘坐它的装甲掷弹兵下车后，仍然能够得到它持续的火力压制支持。因此，装甲掷弹兵在得到装甲输送车、突击炮和坦克的支援后，就可以有效突破缺乏重型反坦克火力和坦克力量的敌方战壕防线，从而让德军的"装甲矛头"顺利刺穿敌方防线，为后继部队打开通道。得益于此，德军在法国战役和巴巴罗萨行动中占尽先机。

二战以后，机动化步兵发展迅速。1965 年，苏联推出了一款划时代武器——BMP-1 步兵战车。自此，机动化步兵迎来了真正的高峰，即所谓的"机械化步兵"时代。BMP-1 步兵战车之所以是一款革命

Sd.Kfz. 251 装甲输送车

性的武器，与它的技术特点和技战术配合密切相关。首先，BMP-1 步兵战车自身火力比起以往的 BTR-60、M113 装甲输送车有了本质性的提升，从只有高射机枪进化到了 73 毫米低膛压火炮、7.62 毫米并列机枪和反坦克导弹，而且车身在具备三防、无准备浮渡能力的同时，还设置了多个射击孔，可以让士兵乘车时对外扫射敌人，这使机动化步兵的作战手段更加多元化，从 Sd.Kfz.251 装甲输送车时代的下车作战为主变成了乘车作战，让整体突破更快速、更安全，这对于核战争下的全面污染环境是非常必要的。其次，由于 BMP-1 步兵战车自身就配备了能够打击装甲车的反坦克导弹和打击地堡的 73 毫米低压炮，BMP-1 步兵战车无须人员下车即可像一辆小坦克一样独立作战，大大拓宽了适合战场的范围。

BMP-1 步兵战车

虽然装甲输送车、步兵战车极大地降低了步兵通过死亡区域的危险系数，但是并不代表它能够代替步兵完成所有的任务。因此，步兵战车会在敌人进入我方突击步枪射程的条件下，放出里面的步兵参与最后的突击。考虑到突击步枪有效射程在 400 米以内，所以这一阶段，步兵的体能训练重点便从耐力转为短距离的障碍突击。

由于越接近敌方防线，敌方的火力密度和障碍物密度也越大，所以不但要求步兵拥有良好的体能，还需要敏捷、灵活的身体，以及机警的头脑。士兵们需要在班长指挥下，快速识别前方区域的危险程度，挑选出最安全的路径发动突击，以突破敌方的重重封锁。所以，目前各国陆军普遍练习的 200 ～ 400 米障碍跑，包括矮墙、堑壕、梅花桩、绳网、高桩铁丝网等一系列障碍，这就是战场上最常见的设置于阵地面前的障碍群。步兵只有在训练时掌握这些技能，才不会对布满尖刺和地雷等障碍物的战场束手无策。

行进中的 M2 "布雷德利"步兵战车

→ 如何进行车辆倾覆训练

坦克和装甲车是现代陆军装甲部队的核心装备，在地面战斗中发挥着极其重要的作用。对于步兵部队来说，军用车辆同样是必不可少的重要装备。按兵种的不同，士兵也需要掌握与车辆相关的驾驶、乘坐或者逃生技能。

　　目前，世界各国军队充分运用以计算机为核心的现代模拟技术，实现了军事训练目标的跃升，以期以最大的效费比实现战斗力的有机生成。21世纪以来，随着军队现代化的发展，大批轮式新型装备进入军队，车辆驾驶员训练的需求量大大增加，各国针对轮式车辆模拟训练开发出大量适用于本国的模拟训练器。

　　虽然，"开车"并不是每名士兵都需要学习的技能，但如何安全地"乘车"，是每个人都绕不开的训练课目。美国陆军有一项训练课目称为"车辆倾覆训练"，其训练过程是通过特殊的车辆倾覆模拟装置让士兵学会在载具倾覆时的应对策略。在伊拉克、阿富汗等国家的一些地区，路边炸弹是美军车队的头号威胁，一些简易爆炸装置的威力虽然无法直接摧毁军用车辆，但足以让军车翻覆，美军士兵需要学习在这样的情况下该如何应对。美国陆军使用的车辆倾覆模拟装置其实是将一辆"悍马"装甲车的车体安装在旋转轴上，通过旋转使"悍马"装甲车"翻车"。有人戏言，这种装置看起来就像是一台巨大的"滚筒洗衣机"。

在沙漠中快速行驶的"悍马"装甲车

行进中的装甲运兵车

→ 为何要进行野外生存训练

20世纪初，飞机的诞生大大改变了战争的形态，让战争升级为海陆空立体模式。在一战时，英、德两国的飞行员大多贵族出身，而欧洲贵族自古推崇骑士精神，所以他们往往不会射杀跳伞的敌军飞行员。因为战机被毁后，飞行员就相当于失去武器，没有了抵抗能力，属于退出战斗的非武装人员，他们和伞兵有着本质的区别。一战中，德国王牌飞行员曼弗雷德·冯·里希特霍芬击落过80架协约国飞机，但从未射杀过跳伞的飞行员，后来他被地面英国士兵射中心脏坠机，英国人还为这个"敌人"举行了隆重的葬礼。

到了二战时期，最初德国空军仍禁止攻击跳伞逃生的敌方飞行员，而美军方面，德怀特·艾森豪威尔也曾签署命令，不得刻意攻击跳伞的敌方飞行员。随着战争进程的不断推进，战斗愈发惨烈，这种约定俗成的规定逐渐被打破。日本从一开始就认为跳伞和投降属于类似的行为，根本不值得尊重和保护。在太平洋战场上，日本甚至还把射杀跳伞飞行员作为一个射击课目来训练，并在战斗中射杀了大量美军飞行员。对此，美军也展开了报复行动。美军第 8 航空队司令吉米·杜立特就支持并鼓励下属——即使日军的飞机已经被击落，也不要放过那些在降落伞下或是落地后的家伙。

　　二战中，美国陆军航空队（美国空军前身）的飞行员在被击落或被迫随机着陆后被俘或死亡的概率很高，美军深刻认识到野外生存的重要性。1948 年，美国空军战略司令卡蒂斯·鲁梅依主持会议，首次讨论野外生存训练大纲问题，并先后建立了陆上、极地、热带、水上、丛林地区五所生存训练学校。其中陆上生存训练学校为基础教育学校，其余四所为实战训练学校。其目的就是训练和指导飞行员如何在各种危险状况或环境下生存，在被俘后如何逃脱。

　　冷战时期，随着军事科技的发展，战场作战环境更为复杂，航空兵部队遂行作战任务更加繁重和艰巨，飞行员面临的威胁更大。无论平时还是战时，遇险飞行员极有可能落入海洋、寒带、沙漠、高原和热带丛林等恶劣环境中，若无必要的生存知识和技能，生命必将受到威胁。因此，英国、俄罗斯、德国和日本等国也都相继建立了野外生存学校。这些学校的训练内容大同小异，主要包括跳伞、弹射救生、个人救生装备、各种环境条件下的生存方式、自救互救知识、心理训练等。在基础理论学习结束后，学校往往会把学员空投到有代表性的旷野，进行具有战术背景的野外生存训练，以提高其野外生存能力。

士兵正在交流野外生存经验

士兵在野外生存训练中试吃昆虫

　　与此同时，参加野外生存训练的学员也不再局限于飞行员，侦察兵、特种兵、海军陆战队员等兵种也会参加训练。特种兵通常在与主力隔绝的敌占区进行小组或单兵活动，行动的特殊性决定了特种兵所涉足的空间及环境也变得更加多元化，也决定了获得给养的可能性大大减少，这就要求特种兵必须能应付各种人为或自然造成的意外困难。为了生存，为了安全，为了在任意地点完成各种异常艰巨的任务，特种兵必须掌握能在任何环境条件下生存的各种技能。

　　事实证明，野外生存训练的作用非常大。在英阿马岛战争中，由于英国海军陆战队战前每年均到挪威北部海岸进行为期3个月严寒环境条件下的适应性训练，使部队无论是在生理上，还是在寒带的作战心理上都积累了丰富的经验，具有很强的适应力。因此，在1982年的马岛战争中，部队虽经万里输送，战区天寒地冻，部队上岛后仍能冒着呼啸的寒风，负重达50千克，在泥泞的马岛上跋涉几十千米，以旺盛的斗志保证了战争的胜利。而阿军则相反，由于他们缺乏这方面的训练，尽管在家门口作战，还是有大多数人难以适应恶劣的气候，加之其他因素，战斗力大减，最终导致了失败。

　　1995年6月2日，美军飞行员斯科特·奥格雷迪在波黑执行巡逻任务时，被塞族导弹击落。在孤立、缺水断粮的条件下，他成功在野外生存了6天，最终被营救。除其他因素外，一个最重要的原因就是他曾在生存学校接受过严格的野外求生和逃生技能训练，使其具备了一定的生存技能。

　　时至今日，随着高技术的不断发展和在军事领域的广泛应用，使现代战争出现了许多与以往不同的新特点，也对现代条件下的航空作战和特种作战提出了更高的要求。因此，世界各军事强国仍然没有放松对特殊兵种的野外生存训练。

陆军士兵参加野外生存训练

→ 如何进行野外生存训练

由于各个国家所处的地理位置不同，军队担负的职责和战略也不同，所以在野外生存训练的内容上也存在一定的差异。

以美军为例，其野外生存训练可分为室内教学与野外实践两个阶段。室内教学的主要目的是使学员了解野外生存的知识，并消除恐惧心理。这一阶段主要讲授有关野外吃、住、自救等方面的知识，并放映关于山野丛林生活的电影、幻灯片来介绍作战区域的地理环境，以及各种可能遇到的动植物。

野外实践的主要目的是让受训学员将室内所学的知识运用于实际。在食品断绝的前提下，训练学员利用简便器材猎捕野兔、野猪、蛇；用肩章、领章、针、骨头做成鱼钩来钓鱼；采食野果、野菜；以及"钻木取火"和利用竹筒做饭等应急条件下就地取食的生存技能。此外，还要学会就地取材搭设临时的篷帐和床铺，以及利用野生药用植物医治伤病等。

目前，美军野外生存训练课程一共有 3 个级别，即 A 级、B 级和 C 级。最初，每一名在美国空军服役的作战人员，至少必须通过 A 级训练。后来，美国空军参谋长迈克尔·莫斯利对空军的训练水平提出了更高的要求，他要求所有的空军人员必须通过 B 级训练。B 级课程的主要目标是训练如何躲避中等危险程度、避免成为敌军俘虏的能力。现在，B 级课程还引入了先进的计算机辅助训练技术。

由于日本是岛国，所以日本航空自卫队很重视训练飞行员在跳伞或迫降到海上后如何脱险和生存。内容包括室内教学、地面训练和海上实习。地面训练有海上一般生存方法，救生衣和各种救生艇的使用，应急处置法，信号的使用，海上可食用动植物及防鲨鱼等危险鱼类的一般知识，耐水服的正确使用，创伤、晕船、溺水等急救处置方法。海上实习有学会穿戴救生衣、鞋、飞行服游泳，落水后因强风而被伞拖拉时的解脱方法等。

除美国和日本外，其他国家的野外生存训练也各有特点。总的来说，各国野外生存训练的主要内容可分为 3 个方面：①基本军事技能的训练。这部分内容包括战术、射击、伪装、设伏、识图、体能训练等，使学员具备良好的单兵个体素质和强壮的体魄。②全面的心理素质训练，良好的心理素质能使学员在遇险时做到临危不乱，坚定求生的意志和信念，克服孤独、恐惧、饥饿、疲劳、伤痛等一切困难。良好的心理素质能够增强战胜恶劣环境乃至死亡的勇气，使学员能创造性地应用所学到的各种技能灵活有效地处置所遇险情，化险为夷。③野外生存技能的训练。这部分内容包括自救、互救、定向、求救联络、建隐蔽所、寻找食物和水源、采集野生植物、狩猎、自力脱险、规避风险、隐蔽与反隐蔽等生存技能的训练。

为了培养和提高特殊兵种濒临绝境的生存能力和自救能力，各军事强国都在加强训练基地的建设工作。在训练基地内，针对未来高技术条件下局部战争的特点，科学设计、构建和设置训练场地，根据战场环境，充分运用高科技成果，将声、光、电、烟和火融入基地建设之中。逼真地模拟复杂、残酷的战场环境，使基地建设达到野战化，以提高被训练人员的心理适应能力。同时，运用先进的信息采集、数据传输和综合处理手段对训练实施指导、监控和评估，使野外生存训练基地科学化、系统化，发挥基地训练的最大综合资源效能。

陆军士兵学习野外烹调

陆军士兵学习钻木取火

→ 如何培育士兵的核心价值观

无论什么样的核心价值观，只停留在纸面上便毫无意义，只有让每名士兵都切实领会核心价值观的含义并以之指导行动，才能让核心价值观发挥应有的作用。因此，世界各国特别是美国、俄罗斯等军事强国在加速推进军事变革、发展新型武器装备的同时，更加注重军事"软实力"建设，尤其是士兵核心价值观的培育，力求以此凝聚军心、提升军力。

美军思想教育的内容包括很多方面，如爱国主义教育、军人道德节操教育、时事形势教育、部队传统荣誉教育等，其中最重要的是士兵价值观教育。以美国陆军为例，价值观教育是新兵训练的重要内容。新兵基本战斗训练可分为三个阶段，每个阶段历时 3 周，各阶段训练内容中，"价值观训练"这一课目都占很大比重。在各个不同阶段，随着新兵成熟程度的变化，教育内容和要求也会随之发生变化。

除了新兵训练，美国陆军也会坚持对老兵进行价值观教育。在杰克逊堡美国陆军训练中心，陆军价值观被制成标语牌、宣传画，广泛张贴在办公楼走廊、训练场道路、连队宿舍、士兵餐厅等处。美国陆军士兵随时随地都处在陆军价值观的环境氛围中，自觉或不自觉地就会受到熏陶。此外，美国陆军还会开展强化价值观的活动，如背诵《士兵守则》，高唱国歌、军歌等。

与美国陆军相似，美国空军也专门开设了价值观课目，教材就是《美国空军核心价值观》。该教材详尽地阐释了美国空军核心价值观的定义、内容、重要性和贯彻核心价值观的策略方法等。美国空军要求，"核心价值观应该成为从初级训练学校到高级职业军事学校教育和训练的主题，必须融入到教育和训练中去"，且"需要连续不断地讲授""要自始至终地向所有空军人员传授并实施核心价值观"。

价值观的培育、形成是一个综合过程，仅靠课堂讲授是远远不够的，需要在教育训练、日常生活等方面共同努力。美军对此非常清楚，十分注重把它融入部队生活的方方面面。在学校中讲授的东西，在训练场上也要讲授并付诸实践；在训练场完成的内容也要在更高级的教育和训练中重新讲授和强调。

在接受训练的士兵

→ 如何进行思想品德教育

　　世界各国军队虽然都非常重视军人的思想品德教育，但每个国家所采取的教育方式各不相同。以美军为例，其对军人的思想品德教育范围十分广泛，内容涉及政治倾向、行为准则、军人传统、价值观念等各个方面。然而，美军并没有设立专门的教育机构和专职的教育人员，而是采取灵活多样的方式，利用各种适当的机会和场合，将思想品德教育纳入各级领导机构和人员的工作职责，融入军队的管理、训练、作战等各项工作中，渗透到军人的学习、工作、生活等各个领域中。

　　美军条令规定，各级部队要整理和利用好自己的历史，发挥其对官兵的教育作用，连一级要建立本部队的历史档案，团一级部队应设立专门的档案室。在美国各地特别是美军战斗、工作、生活过的地方，建有大量纪念性雕塑或标志，用以记录美军的作战历程、名人格言、部队警句等。为了使对军人的思想品德教育有法可依，美军还颁发了相关条令，如《军人行动指南》《军人行为规则》《品格指导纲要》等。与此同时，美军还经常邀请一些经验丰富的退休军官到院校和部队给学员、军官、士兵讲课，内容涉及国际形势、国家政策、军事历史、军队传统、军人道德等。

除了美军，以色列军队的思想品德教育方式也颇值得一提。以色列国防军创立于 1948 年，是中东地区国防预算最高的军队之一，拥有丰富的作战经验，在建国半个世纪以来参与了五场大型战争和多次小型冲突。在人员上，以色列国防军的主要优势是其人员训练的精良品质以及完善的制度，而不是人员的数量多寡。世界上权威的军事专家们一致认为，以色列国防军的质量优势来自超常的训练和坚定的信念，而坚定的信念源于一贯的思想政治工作。

在以色列，一个人的社会地位在很大程度上取决于其从军服役的态度和经历。如果一个人曾在空军等精锐部队服役，并且在服役期间立下战功，那么他的前途将非常光明。正因为如此，以色列青年十分乐意加入精锐部队，哪怕这些部队的伤亡率远高于普通部队。以色列国防军的新兵，在入伍前首先要经过一段时间的思想政治教育，以使其认识到自己肩上将要承担的责任——保卫国家，不再使同胞们过从前那种苦难屈辱的生活。而新兵入伍后，要先接受系统的思想教育。民族主义和爱国主义是思想教育的重中之重，一方面通过展览等形式让他们了解有关以色列国防军的历史，另一方面通过聆听由具有多年实践经验的军官所主讲的讲座来学习如何遵守军队的组织纪律。这两项通过后，新兵才会被分配到各部队。

士兵正在参加军事训练

士兵正在山区作战

→ 如何培养士兵的荣誉感

荣誉感是激发军人战斗意志、提高战斗力以及维护部队稳定的关键因素。一名真正的军人往往为荣誉而奋战、为荣誉而献身。荣誉感培养历来是激发军人责任感、使命感和维持军心的重要途径，古今中外任何强大的军队无一例外。拿破仑曾说："只要有足够的勋章，我就能征服世界。"克劳塞维茨也表示："在一切高尚的感情中，荣誉心是人的最高尚的感情之一，是战争中使军队获得灵魂的真正的生命力。"其道理正在于高度的荣誉感能激发部队的士气，焕发出其无与伦比的战斗力。

荣誉感的生成主要来自职业自豪感、成就感，而职业自豪感、成就感又源自军人的价值观。军事文化对军人荣辱感的形成，有熏陶、引导作用。世界各国在营造军事文化、培养军人荣誉感方面都采取了许多措施。有美国"军官摇篮"之称的西点军校向来把对学员的荣誉教育放在突出位置，该校学员章程规定：每个学员无论在什么时候，无论穿军装与否，无论是在西点军校内还是在西点军校外，也无论是担任警卫、宿舍值班员还是执勤军官等职务，都有义务、有责任履行自己的职责和义务。任何人在履行职责时，出发点都不应是为了获得奖赏或避免惩罚，而是出于发自内心的责任感。西点军校不断地以西点历代的伟大人物为典范，从而激励学员更加尊重西点的传统，更加珍惜他们身为西点人的荣誉地位。

韩国军队同样十分重视对士兵的荣誉教育。韩国军队安排的荣誉教育时间并不多，每周只在周末安排两小时，但是荣誉教育的氛围却异常浓厚。用韩国国防部官员的话说，战斗力首先来自对祖国的忠诚、对荣誉的珍惜以及强烈的自信。韩国国防大学也把"祖国、荣誉、知性"作为校训。为增强军人的荣誉感，从国防部到连队，历任主官

身穿礼服的军校学员

的照片都置于最明显的位置；全天候飞行员、全能训练手的照片也张贴在荣誉栏里；历史上获得的荣誉，如奖状、奖杯等，则以精致框架摆放在过道上或会议室里。

世界各国军队设立的各类勋章，更是培养和激发军人荣誉感的绝佳方式。例如，美国政府在 1862 年 7 月设立的荣誉勋章是美国最高军事奖章，颁授范围面向美国武装力量所有分支的成员，包括陆军、海军、空军、海军陆战队和海岸警卫队，获奖者必须"在与合众国的敌人进行的战斗中，冒着生命危险表现出超乎寻常的英勇无畏精神"。其他国家也有类似的奖章，如英国嘉德勋章、法国荣誉军团勋章、德国铁十字勋章、日本大勋位菊花章颈饰、朝鲜金日成勋章等。

美国荣誉勋章（从左至右依次为陆军、海军/海军陆战队、空军式样）

英国嘉德勋章

法国荣誉军团勋章

→ 如何培养士兵的勇气

在战争中，精神因素是影响军事行动进程和结局的重要因素之一。对于士兵来说，勇敢是尤为重要的品质。恩格斯在《德国战争短评》中说："枪自己是不会动的，需要有勇敢的心和强有力的手来使用它们。"军队要想赢得胜利，除了统帅的指挥正确，就是士兵要有敢于面对危险的勇气，具体说来就是要遇事果断、敢于负责。一旦士兵产生恐惧心理，做什么事都不会有效果。

20世纪50年代，人们对如何判断和区别战场上的勇敢者与怯懦者这一问题进行了多次研究。一般认为，勇敢者：通常比怯懦者长得高，身体健康结实，擅长体育活动；通常比怯懦者的智力高，平均智商为91；人格独立，有主动精神，不内向；通常比怯懦者的职衔高；能承担其行动的责任；即使在枪林弹雨中也能保持镇静，思维清晰；与怯懦者比较，能作出快速的反应；不管是职位还是直接负责的分队指挥官不在的缘故，能够本能地追求行使领导作用；有支援整体小组的倾向；不需要外界压力就有参与暴力活动的倾向。

怯懦者：在任何战斗中仅发挥最小的作用，一旦战斗开始，常常退出并远离战斗；在枪林弹雨中，沉默寡言，需要有较大的外在动力方能采取行动；回避执行任务，懒散；屈服于精神恐怖，易患精神疾病；易患间歇性的抑郁和失望症；智力通常比勇敢者差，平均智商为78；看待事物凭主观想象，而不是面对现实。

在未来的高技术战争中，高技术、高威力、高杀伤性武器装备的使用，全天候、全天时、立体化的战场厮杀，使战场环境更加复杂恶劣，战斗更加激烈残酷，从而对军人的心理素质提出了更高的要求。因此，各国军队依托现代心理学，采取了多种专门的措施去培养士兵的勇气。有关实验表明，同样的危险刺激因素重复 2～3 次，可使 96% 的士兵大大减弱畏惧心理，而人在艰险恶劣条件下的耐受力、生存能力和自制力，经过适应性训练更会有惊人的提高。美国、俄罗斯等军事强国非常注重模拟训练，通过逼真的训练场景，使士兵在一定程度上接受战场的实际考验，从而在真实的战斗中不至于惊慌失措。

在某些国家的军队中，勇气训练的方法非常极端。例如，美国海军陆战队常常训练士兵喝眼镜蛇的血液，一是为了锻炼胆魄，二是为了训练士兵的丛林生存技巧。俄罗斯特种部队有一个特殊的训练方法：士兵两人一组，一个穿防弹衣，一个不穿防弹衣。不穿防弹衣的士兵向穿防弹衣的士兵身体射击，然后穿防弹衣的士兵向不穿防弹衣的士兵身边的靶子射击。白俄罗斯安全部队要求士兵能用头撞碎烧烫的石板。

美国陆军投入较多的资源，建立了肯尼迪特种作战中心与学校，作为专门对士兵进行心理作战训练的基地。该基地能够进行陆军各级部队和人员的心理作战训练，其中对士兵的心理作战训练又区分为多个层次，并且采取不同的训练方法。在单兵训练方面，该校开设了心理战军事专业高级单兵训练课程、心理战课程等。

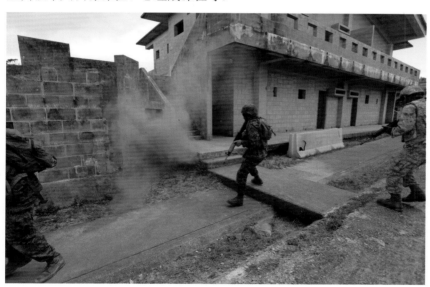

士兵在巷战训练中模拟爆炸情境

士兵展示其捕获的毒蛇

士兵用头撞碎烧烫的石板

→ 军人如何克服恐惧心理

对于军人来说，恐惧是很容易出现的心理现象。因为在瞬息万变的战场上，军人随时随地面临着各种危险，前一刻还在并肩作战的战友，下一刻就有可能被炸得血肉模糊。尤其是在敌我力量悬殊或战局不利时，恐惧心理很有可能像瘟疫一样蔓延全军，导致战事失利。

美国陆军上将乔治·巴顿从步入军界起，就把美国第三任总统托马斯·杰斐逊的一句名言作为自己的人生格言："不让恐惧左右自己。"他认为这是军人能够勇猛无畏的根本因素。巴顿发现自己虽然勇敢，但在危险面前并非毫无顾虑。为此，他有意进行了大量的锻炼，以克服恐惧心理。例如，在骑术练习和比赛中，巴顿总是选择最难越过的障碍和最高的跨栏。此类锻炼为巴顿日后成为一代名将打下了坚实的基础。

战争中士兵的恐惧心理源于缺乏教育，缺乏经验，缺乏对"死亡是战争必须付出的代价"的理解。其实，只要方法得当，恐惧也可以化为勇气。

在战争中，如果参战的士兵自己

以勇猛顽强著称的美国陆军上将乔治·巴顿

都无法战胜内心的恐惧心理，那么就算投入再多的人力、物力也无法战胜敌人。历史上，一些军队的指挥官会把那些临阵逃脱的士兵杀掉，然后用烈酒来消除剩下的士兵心中的恐惧。军事历史学家约翰·基根曾指出，在 15 世纪的阿金库尔战役以及 19 世纪的滑铁卢战役中，很多士兵要不是喝醉了，根本就无法参战。即使是现在拥有先进军事科技的美国，指挥官仍然要依赖一些原始的手段来激励士兵。

德国电影《最后的桥》（1959 年）中因恐惧而哭泣的德国少年兵

现代战争中，要想引导士兵进入战争状态，需要比陈词滥调和铁腕手段更多的东西，尤其是科学的心理训练方法。经过适当训练，具有恐惧心理的士兵可以转化成长为作战勇敢的士兵，突破个人的极限。

要想克服恐惧心理，士兵首先应该加强自己的意志锻炼，即保持镇静并面对现实。具体就是要尽量训练自己在面对引起恐惧的事物时保持镇静，先不要自己恐吓自己。每个人都有害怕的事物，这并不是什么羞耻的事情，要学会接受这个现实，并充分发挥自己的主观能动性。积极主动地面对现实，恐惧心理通常得以消除。

军事训练本身也会产生恐惧心理，其在不同训练阶段的表现：训练动员阶段，心理失去平衡，情绪过分紧张，意念中无限放大训练的危险性，惊慌、焦急，甚至心跳加快、四肢颤抖；训练进行阶段，紧张情绪难以控制，动作僵硬变形，体能处于瘫痪状态，有的人甚至会意志动摇、逃避训练等。训练恐惧心理通常有以下几种类型：①知觉型恐惧心理。由于对训练难度产生错觉而引起心理紧张。②智力型恐惧心理。由于对训练缺乏科学的认识而产生畏惧心理。③动机型恐惧心理。由于对训练目的认识不清，害怕流血受伤。④抑制型恐惧心理。由于个人的应变能力差，感到难以处置紧急情况。

克服训练恐惧心理，一般应从以下几个方面做起：①转移注意力。快节奏的训练生活能让士兵感到充实，可以针对士兵的不安心理，召开军事民主献计献策会，周密地制订训练计划。士兵每天记训练日记，可以有效地终止负联想机制，从而减缓和消除训练中产生的恐惧心理和紧张心理。②加强心理训练。人的心理对熟悉的事物、对预先有了精神准备的事件，一般不会恐惧。反之，便会害怕。充分利用声、光、电、烟等模拟手段来营造训练气氛，进行模拟训练，由于诱因多次出现，人的心理会重复受到刺激，训练场上就可消除和减弱恐惧心理。③增强心理素质。通过培养军人必须具备的基础心理素质，使所有士兵适应训练中的困难和挫折，消除惊慌、恐惧、丧失信心等消极心理因素。④提高训练水准。士兵技艺高超、心理容量大，适应性就强，就可以有效地消除恐惧、紧张心理。因此，在训练中，不可因为迁就个别士兵的恐惧心理而降低训练标准，要引导士兵懂得，只有熟练掌握手中武器，训练场上才更安全。

士兵对险难课目训练的害怕与担心，从心理学上说是一种"险难畏惧感"。这常常是在从事某一项危险而艰难的工作之前，由于过分看重其危险及艰难，加之勇气不足、把握不大，而产生的持续性精神紧张或惊恐。

要战胜这种畏惧感，首先要认识到完成险难课目不一定会出现危险情况。同时，要认识到紧张畏惧与出现危险是高度关联的，越紧张越容易出现危险，越有勇气越容易成功。此外，还要做好训练前的技术准备，包括学习有关常识，与别人交流有关的经验，掌握正确的动作要领，进行必要的应激反应训练，提高自己的灵敏度。

必要时，还可以用"系统脱敏法"消除畏惧心理。一般来说，人们最惧怕的东西也是人们最敏感的东西。比如有人怕蛇，所以对蛇特别敏感。根据这种原理，如果把对某事物特别敏感的心理消除了，其惧怕体验就会随之消失。这种方法在心理学上就叫系统脱敏法。其训练步骤是把能够引起畏惧的具体刺激按由弱到强的顺序排列，先让畏惧者接受弱一级的刺激，等其对此逐渐适应不再惊恐了，再增加刺激强度，直到畏惧者的恐惧心理完全消失或勇气大增为止。

对于恐惧心理，最有效的消除办法就是人精神上的天然"解毒剂"——勇敢的精神、正确的思想、自信的意念和乐观的态度。不要等恐惧的思想深深地侵入脑海后，才去用"解毒剂"。一旦先用勇敢的精神、正确的思想、自信的意念和乐观的态度填充了头脑，恐惧的思想就无法侵入。当不祥的预感、恐惧的思想在心中萌芽的时候，切不可纵容它们，使之逐渐滋长蔓延。应当立即转换思想，向着与恐惧忧虑相反的方向去思考。

士兵在训练中生饮蛇血

士兵如何树立自信心

自信心是一种反映个体对自己是否有能力成功地进行某项活动的信任程度的心理特性，是一种积极、有效地表达自我价值、自我尊重、自我理解的意识特征和心理状态，也称为信心。自信的士兵即使与部队失去联系，或断绝了未来的信息源时，他们也不会轻易陷入绝望的境地。所以灌输自信是预防不良压力的重要手段。当然，自信应建立在多方面的基础之上。

（1）要相信自己的决策能力。部队受过良好的训练，即使部队的领导牺牲或不能参加战斗，仅凭充分的决策训练，其他所有人员均可立即接替其职务。美国海军陆战队就奉行这一原则，所有新兵自进入训练营时，就随时需要独立做出决策。

（2）自信心来自战友的支持。以小组为单位进行训练的部队，其成员亲密无间、相互信任。在战斗中，这种信任能转换成动力，因为谁也不想令自己的同伴失望，不想损害团体的荣誉。士兵在训练和战斗中互相扶持，他们通常都十分热爱自己的小组并期望其壮大，动机十分明确。当这种动机进一步升华时，战争压力反应就很难乘虚而入，因为士兵都抱有为战友战斗的宽广胸襟，并且看淡个人得失。

（3）自信心来自出色的战术、技术能力。对于士兵来说，熟练使用各种武器是一项基本的技能，美国海军陆战队、"海豹"突击队的训练都要求新兵熟练地掌握全球军队使用的各种重要武器，完整地掌握部队的各种装备。只有这样，士兵在面临紧急问题时才不会惊慌失措。例如，英军特种兵就经常拒绝使用英军制式的SA80突击步枪，这种步枪常常出现令人烦恼的机械故障。他们喜欢使用久经战斗考验的武器，多自行选择美国的M16突击步枪和英国老式的L1A1半自动步枪。

（4）要充分发挥领导者的作用。无论对个人还是对整支部队而言，领导者在激励士兵建立自信心或使士兵丧失自信心方面都具有举足轻重的作用。领导者应该时常关心士兵的身心健康，尤其要保证士兵的睡眠和食品供应。根据美国陆军对睡眠课题的研究，如果无法保证较长的正常时间睡眠，那么只需在战斗打响之前用20～30分钟的时间小睡一下，便可大大消除士兵因睡眠不足引起的困倦，使其有信心面对激烈的战斗。另外，领导者的鼓励和引导也是树立士兵自信心的重要途径。

在战场中的陆战队官兵

→ 如何进行意志训练

意志是人自觉地确定奋斗目标，并支配行动去克服困难以实现预定目标的心理过程。军人之所以能够在战斗中屡建奇功，就在于他们具有坚强的意志。意志对军人的行动具有两方面的调节作用：一是发动行为，二是控制行为。发动行为是推动军人为达到预定的军事行动目的而采取的行为，如勇敢、顽强、坚韧不拔、舍生忘死地战斗，直至夺取胜利；控制行为是制止和预定目标相矛盾的行为，如抑制怯懦、软弱、退缩、逃跑的行为。发动行为和控制行为是相互联系而统一的行为，它们共同实现对军人行动的支配和调节。

意志不仅对军人的行动有调节作用，对军人的情绪和心理状态也有调节作用。从军事心理学来看，军人头脑之所以清醒，正是由于意志控制了不良情绪的结果。因此，坚强、勇敢的意志品质对完成军事任务有十分重要的作用。越是激烈残酷的战争，越是需要过硬的战斗意志。一支具有优良传统的部队，往往具有培养英雄的土壤，士兵们相互影响，久而久之便会养成同样顽强的性格和气质。一名又一名意志顽强的士兵，就可以共同组成一支百折不挠的部队。

有人认为，信息化时代的高技术武器装备极大地改变了战争形态和作战样式，已经不需要士兵上阵肉搏，所以也不再需要培养士兵英勇顽强、不怕牺牲的战斗精神。这种观念显然是站不住脚的。无论什么样的战争，人都是战争胜负的决定因素。士兵的意志品质，既是战斗力形成的催化剂，也是战斗力的重要组成部分。从现代战争的特点来看，高技术武器装备的技术性能越高，功能越齐全，对人的要求就越高，越需要发挥人的主观能动性。特别是高技术武器的杀伤力、破坏力大大增强，更需要参战人员具有顽强的战斗精神。

有关研究表明，一个人优良意志品质的积淀，15% 来自外部的教育和熏陶，85% 来自自我调节和约束。坚强的意志，必定要经过艰苦磨炼。军人战时坚强的意志有赖于平时的训练和养成，在进行意志训练时，应着重从以下几个方面入手。

1）训练意志的自觉性

自觉性是一种极其可贵的意志品质，它是军人自觉地调节和控制自己的行动，使之达到预期目的的意志过程。军人意志的自觉性建立在坚定的信仰之上，只有确立了坚定的信仰，行动才有目的，才能使一切军事活动处于计划、规划和谋划之中，才能主动克服困难，努力钻研技术战术和指挥艺术。自觉性高的军人能自觉地管理自己、约束自己，不受外界无关事物的干扰，不屈从周围的压力，自主地坚持实现目标。有自觉性的军人，不用别人暗示和督促，就能独立地发现问题并行动。自觉性还表现在军人对错误目标的自觉检查和主动修正上，即便曾出现过错误，也能及时地总结经验，纠正错误，吸取教训，使行动趋于合理化。

2）训练意志的坚毅性

军人意志的坚毅性主要有以下几种表现：①顽强。即在战斗中勇于承受强大的压力和打击，并靠自己的意志力量使敌人屈服。②坚定。即在任何情况下都不会被困难所吓倒，信念坚定不移，行动始终如一，无所畏惧地实现既定目标。③坚持。即能在较长时间内，为实现既定目标坚持不懈地奋斗。值得注意的是，意志坚毅并不意味着刚愎自用。知错而不改，这也绝不是意志坚毅的表现。

受伤后仍谈笑自若的陆军士兵

3）训练意志的果断性

果断性是军人必不可少的意志品质。军人在战争中不仅要有沉着的性格、冷静的头脑，更要有果断的作风，绝对不能优柔寡断。训练意志的果断性应注意以下几点：①善于当机立断，不优柔寡断。高技术条件下，战场机动性空前增大，战机稍纵即逝，所以要求军人必须迅速果断地采取行动。②善于随机应变，不可生搬硬套。战场态势千变万化，随时可能出现意外状况，因此在执行既定方案时，应善于根据变化的形势，改变行动战术。③审时度势，避免草率。战场上的当机立断和随机应变，应建立在纵观全局的基础之上。盲目自信、一意孤行都不是真正果断的表现。

4）训练意志的独立性

独立性是指军人倾向于自主地确立目的、作出决定、采取行动的意志品质。独立性强的士兵，在行动中能独立地根据环境和条件确定相应的行动目标，同时既不易受外界的影响而改变自己的目的、计划和方法，也不拒绝一切有益的意见和建议。独立性是军人重要的意志品质，应对各类突发事件、完成各类困难任务，以及战场环境对单兵作战的要求，都离不开意志品质的独立性。如果缺乏独立性，士兵往往会盲目顺从、墨守成规、消极等待，在战场上必将被动挨打。

5）训练意志的自制性

自制性是指善于控制自己的情绪，抵制不符合目标的内心欲望和不良情绪的干扰。自制性是衡量军人意志能力的重要标志。军人意志的自制性表现在其能够用理智去支配自己的感情、欲望和注意力，使之符合军事活动的需要。同时，还应有意识地同心理上的厌倦、疏懒、灰心、畏惧、恐慌等消极情绪做顽强斗争，防止意志防线的崩溃。

要想培养上述 5 种重要的意志品质，可以从以下几个方面来进行。

（1）树立远大的目标。这样有利于激发心理潜能，使人观察敏锐、记忆持久、思维深刻、想象丰富，并使人情感充沛、兴趣集中，为实现目标锲而不舍。

（2）从小事做起。坚强意志的养成要靠千百件小事的锻炼实现。只有在小事中磨炼自己，才可能在重大事情上表现出坚强的意志。

（3）难易适度。经常为自己设置一些需要一定意志力才能克服的困难，以坚决的态度克服它，并总结成功的经验。

（4）坚持锻炼。体能训练不仅可以使人身心健康，而且能磨炼人的意志。士兵在体能训练中克服的困难越大，意志就会磨炼得越坚强。健全的体魄也是使意志行动更易于实现的必备条件。

（5）重视榜样的力量。将伟大人物、英雄模范及先进典型作为自己学习和模仿的榜样，学习他们的先进事迹。另外，还可收集格言、警句，用以鞭策自己。

（6）勤于自省。自省是不断完善自我、不断超越自我、不断升华自己的人格和思想的一个必不可少的过程。

攀爬险峻雪山的陆军士兵

→ 如何培养团队精神

当今社会，分工与合作的团队意识逐渐被更多的人所提倡和遵循。在这样的团体中，一节连着一节、一环扣着一环，谁也离不开谁。在军队中，士兵之间的合作同样也非常重要，只有互相协作的士兵才能构成作战团体，战斗力也会成倍提高，可以完成同样数量却各自为战的士兵们所不能完成的任务。

熟悉世界战争史的人都知道：1260年，马穆鲁克大军在巴勒斯坦和叙利亚附近的艾因贾鲁打败了蒙古大军，这是蒙古大军西征过程中第一次在野战中被对手全歼。马穆鲁克是中世纪服务于阿拉伯哈里发的奴隶兵，主要效命于埃及的阿尤布王朝。后来，随着哈里发的式微和阿尤布王朝的解体，他们逐渐成为强大的军事统治集团，并建立了自己的布尔吉王朝，统治埃及达 300 年之久。从十字军东征时代到拿破仑战争以前，马穆鲁克奴隶兵是一支令人闻风丧胆的军队。然而，这样一支凶悍的军队却被拿破仑的军队击败了。

众所周知，马穆鲁克兵精于骑术，而法国人却是欧洲最不善于骑术的民族，拿破仑本人就是一个不高明的骑手，他的骑兵和马匹质量也很一般。可以说，马穆鲁克兵的单兵作战能力远超法国兵。那么，为什么最后获得胜利的却是法国军队？答案就是团队协作。拿破仑曾说："2 名马穆鲁克兵绝对能打赢 3 名法国兵；100 名法国兵与 100 名马穆鲁克兵势均力敌；300 名法国兵大都能战胜 300 名马穆鲁克兵；而 1000 名法国兵则总能打败 1500 名马穆鲁克兵。"这是因为拿破仑的骑兵经过正规的整体训练，富有纪律性，在作战中能够始终保持严整的队形。而非正规的马穆鲁克骑兵虽然在骑术和刀法上占有绝对优势，但是他们队形散乱、行动不协调、缺乏纪律素养。两军相交，马穆鲁克骑兵就抵挡不住法国骑兵的冲击，由单兵格斗的优势变成了整体较量的劣势。

现代战争中，团队协作依然具有重要意义。因为个体的力量是有限的，而团队的合作则可以实现个体难以达成的目标。一个性格、能力互补的团队，气氛和谐的团队、相互信任的团队，拥有强大的战斗力。智者千虑必有一失，每个独立的思想相互碰撞、相互激发、相互补充，就可以产生超常的智慧。既然是团队合作，每个人都在其中，每个成员都要为了共同目标而奋斗。团体成员都要主动地承担一部分压力，甚至为了最终的目的，主动牺牲个人的利益。这种因为相互信任的合作，甘愿为大局损失个人利益的合作，必将产生出无与伦比的整合力，使团队的能力迅速放大，

深谙团队协作重要性的拿破仑

直至取得最终的胜利或者达到最终的目的。

二战后，世界各国进行了大量的军事心理学研究。为了解多大规模的小分队最有助于士兵的稳定、统一和保持战斗意志，研究人员在战斗前线进行了细致的调查。他们发现，当一个分队规模太大时，凝聚力就开始减退，因为部队人数太多，不可能在所有人之间建立个人联系。理想的小分队应由 3～8 名士兵组成。在人数相对较少的小分队里，士兵们的态度、期望和战斗目标更容易趋向一致。也就是说，每名士兵在评价自己时也能用同样的标准来衡量他人，这又反过来使整个小分队更具战斗力，因为不存在薄弱环节。士兵一起训练、一起战斗，也一起经历失去同伴的悲伤。正因为这样，他们相互间常常建立起无比坚实的信任关系。他们拥有特殊的战术能力，每当他人更胜任从事某一项工作时，他们会立即让位给他。

陆军小分队

美国海军陆战队参与大规模的多兵种行动时，不论部队规模多大，他们始终会遵循所谓的"三个原则"。"三个原则"是指海军陆战队长官仅对 3 人或 3 支下属部队承担责任。因此，每名海军陆战队士兵隶属于一个 3 人战斗小分队，一名海军陆战队下士对这个战斗小分队负责。

一名中士就要控制 3 个战斗小分队组成的一个班，一名上士或中尉就要领导 3 个班组成的一个排。尽管在军队编制的级别上，每上一个级别人员数量都要扩大，但这种体制意味着每一个人对某一群人来说只负有限的责任。采用这种方式所获得的结果，便是美国海军陆战队士兵之间有一个精心编织的关系网，每位士兵仅关注与他最近的 3 人网。这一体制不仅孕育了美国海军陆战队久负盛名的集体荣誉感，而且还有助于有效、明确地进行决策，这显然是部队成功的决定性因素。

当然，培养士兵团队精神的方法远不止这些。总的来说，培养士兵团队精神要用事业来凝聚、用品德来感召、用感情来维系。

陆军士兵在训练中相互扶持

→ 如何进行减压训练

现代战争中，炮兵和空军的打击距离非常远，并且具有较高的精准度和极大的杀伤力。即便是位于战线后方的士兵，也没有安全感可言。另外，为了保持战争的节奏，无法休息、无暇吃饭、光线昏暗、气候恶劣、远离同伴等恶劣的作战环境也给士兵造成了极大压力。在信息化战争中，卫星定位系统、计算机辅助火炮测距仪、地对空导弹防御系统和密码通信等工具都要求士兵操作时必须全神贯注，这也加剧了士兵精神耐受力的衰竭。

二战以来，在战争中罹患精神疾病的士兵不在少数。例如，海湾战争后，美、英等国参战的士兵有相当一部分患有"海湾战争综合征"。这是一种在高技术战争条件下，由于遭受武力打击和心理打击而发生的心理疾病。许多士兵在战后出现了精神压抑、疲劳、头痛、失眠、腹泻、记忆力衰退、注意力分散、肌肉和关节疼痛、呼吸障碍等各种身体不适的综合症状。这种疾病具有传染性，如果不能得到及时治疗和遏制，将会对部队战斗力造成致命性的打击。

海湾战争中的陆军士兵

伊拉克战争中，美军也有不少士兵自杀身亡，还有部分士兵因心理压力问题被遣送回国。有关专家指出，很多伊拉克战场上的年轻士兵感到战争似乎没有尽头，军方也没有及时部署足够的后备役部队。因此，绝望情绪很容易在部队中蔓延，从而导致士兵产生轻生的念头。

伊拉克战争中的陆军士兵

战争造成的物质损失，可以通过重建来弥补。而战争给士兵带来的心灵创伤，将长久难愈。无论训练多么艰苦，也无论意志多么坚强，很少有士兵对战争创伤具备完全的免疫力。很多士兵平时训练时一般不会感到紧张，如果参加实战演练或者面对真正的战争时，就会感到不同程度的紧张。战争的直接经历会给人造成心灵伤害，那些间接的经历也会让人承受痛苦。一些曾经在某些地区发生冲突后执行维和任务的士兵，他们目睹了当地人所承受的苦难，这也将给他们的心灵造成深深的创伤。

承受较大作战压力的士兵，在心理反应、生理反应、行为反应等方面会有不同表现。心理反应方面，表现为注意力集中、思维敏捷、情绪被适度唤起，这是适度的反应，有助于士兵适应环境。但过度的心理反应，如过分抑郁、烦躁、焦虑、愤怒、沮丧、健忘等，会使士兵自我评价过低、自信心减弱，表现出消极被动、无所适从。

生理反应方面，主要表现在中枢神经、内分泌系统和免疫系统等。比如心率加快、心肌收缩力增强、血压升高、呼吸急促、各种激素分泌增加、消化道蠕动和分泌减少、出汗等。这些生理反应，可以调动机体的潜在能量，增强机体对外界刺激的感受和适应能力，从而使机体能更有效地应付外界环境条件的变化。但过度的压力则会使士兵产生口干、腹泻、呕吐、头痛、口吃等不良生理反应。

人的行为反应可分为直接反应与间接反应。直接的行为反应是指人直接受到紧张刺激时，为了消除或远离压力源而作出的反应，或者奋斗，或者逃避。间接的行为反应是指为了减少或消除压力引发的不良情绪体验所采取的消极行为。总的来说，其症状因人而异，典型的症状包括焦虑、好斗、冷漠、抑郁、饮食失调、腹泻、疲劳、记忆丧失、情绪波动大、恶心、自我贬低、语言障碍、发抖、逃避现实等。

在现代军队中，特种部队面临的作战压力无疑是最大的。特种部队的活动几乎都是在最易诱发战争压力的条件下进行的，而且特种部队通常以小队的形式投入战斗，有时甚至需要单兵作战，应对战争压力时没有任何人可以倾诉，相反还要面对长时间警戒的孤独乏味。此外，身体负重较大，经常睡眠不足，会严重消耗特种兵的体能和积极性。然而，特种部队出现精神疾病患者的概率远比普通部队低，战争压力反应现象也远少于普通部队。

特种兵成功克服战争压力的秘诀就在于他们平时接受过严格的训练和战争考验。特种部队会在训练方案中尽量保证真实性，从而使士兵感受到真实战争的恐怖性。例如，英国特别空勤团建造了一种被称作"杀人屋"的训练场地，后来被世界各国的反恐特种部队所采用。这是一种室内的实弹射击场，它所使用的墙壁与楼板材料可以安全地承受近距离的实弹射击。在援救人质的演习中，特别空勤团会安排一些士兵扮演被关在"杀人屋"中的人质，而恐怖分子则由与真人一般大小的人形牌充当，遍布"杀人屋"的各个角落。演习过程中，特别空勤团士兵会使用实弹射击，也会使用眩晕手榴弹这样的非致命武器。由于光线昏暗、场面混乱，难保不会出现意外伤亡事故，但只有这种残酷的训练才会让士兵从容面对战争压力，在实战中成功地生存下来。

此类训练的好处非常明显。首先，使用实弹有助于士兵习惯自己的武器在特定物理空间中打响时的声音和感觉。其次，在射击距离之内有一个活生生的人体目标，这种方式有助于士兵接受自己行为的后果。最后，扮作人质的人员本身也可受到锻炼。在保持镇静和警惕的同时，他们也能适应擦肩而过的子弹的"嗖嗖"声。所以，此类训练必须多次重复进行，直至最后对战斗的渴求成为士兵的第二天性。以后一旦士兵真实地投入战斗，他的大脑就绝不会像从未受过此类训练的人那样容易受到伤害。

陆军士兵在"杀人屋"中进行实弹训练

→ 为何要进行战俘训练

　　战俘是战争的直接后果之一，哪里有厮杀，哪里就会有战俘，这是胜负双方都无法避免的尴尬。为此，许多国家的军队都会专门进行战前被俘训练，尤其是海外服役人员。

　　美国的战前被俘培训，跟其全球作战的行为有关。据美国退伍军人事务部统计，从一战到伊拉克战争，美军共被俘 142246 人，不到 88%的人能返回美国，其中 11% 的人在被俘过程中死去。20 世纪 80 年代前，美军海外士兵被俘后，其行动指南主要遵循美军《军人行为准则》。这仅是一种原则性的指南，许多士兵依旧缺乏必要的精神力量来应付被俘。为此，美国在 1981 年建立了战俘训练学校，主要训练课程为 SERE 训练，专门教士兵如何当战俘。SERE 训练的主要内容是"生存"（Survival）、"躲避"（Evasion）、"抵抗"（Resistance）、"逃跑"（Escape），而这也是训练名称的由来。

SERE 训练的作用是让落入敌手的士兵有能力生存下去，同时在被俘时保持坚定信念，即对同伴不离不弃、不接受特殊对待、不与敌人合作。士兵被俘后最大的恐惧，往往不在于肉体折磨，而是对未知的恐惧。很多士兵不知道接下来会发生什么，对同伴也缺乏信念。战俘训练，可以帮助士兵弥补这一心理空白。因 SERE 训练在战场自救方面成效显著，各主要西方国家纷纷效仿。直至今日，它仍是西方军队海外服役人员的标准训练项目。

参加 SERE 训练的陆军士兵

自创建以来，美国战俘训练学校的训练内容不断演进。"9·11事件"后，内容更加丰富。培训课程中，除了最早的战争俘虏，还包括和平时期政府拘留和人质扣留两种场景，但后两种场景的训练强度，跟 SERE 训练还是无法相提并论的。

美国战俘训练学校中的模拟战俘营不准外人出入，保密极其严格。模拟战俘营与真实的敌军营地相差无几，有瞭望塔、铁丝网、水泥房监狱和金属笼子。甚至还伪装出墓地，上面插着十字架，以营造恐怖氛围。营地里发生的一切关于"俘虏"和"看守"之间的行为，都是由专业人士精心编排的。"敌军"穿外国军队服装、说外国语言，压榨甚至剥夺被关押者的睡眠时间和食物，反复播放刺耳音乐，并运用二战期间的对敌策略来进行审问。在营地里，如厕需要通报，获准就在地上挖个洞解决。

SERE 训练一共持续 19 天，前 10 天为课堂教学，讲述"生存""躲避""抵抗"和"逃跑"四项训练的要领，而剩下的 9 天将进行实践训练。根据训练计划，在生存训练中，受训者要学会在很少甚至无水与食物的条件下，靠雨水、地沟水（甚至脏水）、树叶、野草、野兽和昆虫存活下来，而且要保持战斗力。受训者被扔在植被繁茂的原始森林中，同时还要躲避配有追踪犬的"敌军"。为增加训练难度，受训者被剥夺口粮，食物必须自己寻找。这意味着，受训者要懂得哪些动植物可食、可抓以及如何抓捕，懂得取水、保温、防虫等方法，并能处理简单的伤病。

在躲避训练中，受训者要学会在负伤的情况下，如何躲避敌人的追捕，以及在无弹药的情况下，使用可能得到的锐器、硬物，甚至徒手与敌人搏斗。

在抵抗训练中，受训者要学会在被俘以后，如何经受敌人的种种折磨。由于保密需求，躲避训练的具体细节很少为外界所知。在这里，受训者吃不饱、睡不足，再加上不断的盘剥与审问，承受着体力、心理和情绪上的三重折磨。

至于逃跑训练，目前还没有可靠的、能轻易得来的从监狱逃跑的法则。事实上，即或是有，法则本身也不会永远都富有成效，而对那些不能严格遵守这些法则的战俘来说，可能还会造成严重的后果。在逃命的时候，无论是在监狱牢房，还是在规避追捕者的过程中，士兵必须有明确的目标和强烈的生存欲望，这是摆脱困境的先决条件。一个成功的逃跑计划要靠运气，也要靠判断力才能如愿以偿。战俘要注意监狱中对自己有利的，可以加以利用的规律。在此基础上，在脑海中建立起一幅监狱是如何运行，何时、何地守卫设防较少的轮廓图。此外，还要有一个周密的逃跑计划，并在脑海中反复演练，加入各种意外，以便检查计划的有效性。在考虑逃跑的期间，这种基本的精神准备工作能激发逃跑的欲望和动力。

SERE 训练可分为 A、B、C 三级，以 C 级难度最大。C 级的培训对象主要包括特种兵、伞降信号兵、王牌飞行员、机组成员等。这些人共同的特点便是被俘风险高。SERE 训练之所以有效，是因为在承受压力和痛苦的过程中，人会获得免疫能力。通俗来讲，即一个人身体承受的冲击越多，他的承受力越强。经过了仿真战俘营的训练后，士兵往往更愿意战死沙场，因为"被俘"后遭受的折磨让他们刻骨铭心。

战俘训练并非美国一国专有，德国、日本、韩国、委内瑞拉等国家也有相应的培训。德国联邦国防军士兵在接受被俘训练时，会被放逐到一个完全陌生的地方，没有配给食物，全靠自己寻觅充饥。被"敌军"俘虏后，还会被剥光衣服羞辱，忍受100分贝的噪声。"敌军"想方设法让他们睡不着觉，例如对其用冰水浇身等。

陆军士兵在模拟囚室中进行抵抗训练

SERE 训练中被"俘虏"的陆军士兵

→ 如何进行假想敌训练

在和平时代，用模拟的对手——假想敌来训练部队，以提高单兵战斗能力，是各国军队正在积极探索并在训练领域逐渐推广的一条经验。在这方面，美国、俄罗斯及一些西欧军事强国无论是在思想观念上还是在训练实践中都已走在世界前列。

20 世纪 70 年代，美国在军事领域进行了大刀阔斧的改革，其中一项措施就是从那些接近实战环境的训练基地中培养一个逼真的对手来磨砺自己。实战环境与和平环境差别极大，为使部队具有适应实战需要的作战技能与心理素质，就要在近似实战的环境中进行逼真的训练，尽可能提高训练的实战化程度。正是这种思想催生出遍布美国本土的各种类型、不同规模的多功能训练中心或训练基地，同时也催生出专职假想敌部队"第 32 近卫摩步团"。

"第 32 近卫摩步团"由美国陆军第 31 机械化步兵团的第 6 营和第 73 装甲团的第 1 营组成，这支部队完全按照苏军的作战方法进行训练，身穿苏军军服，使用苏军武器装备，按苏军的战法实施"战斗"。后来，这支假想敌部队表现得非常出色，在训练基地的对抗训练中常常将受训者逼入绝境。这种对抗训练大大提高了演习人员的参演积极性，而且可以使美军士兵和部队懂得敌人在战场上怎样行动，从而在作战中明确如何避开敌人的强点，利用敌人的弱点打击对方。这种训练为美国陆军部队提供了在实战条件下进行训练的机会。

除了"第 32 近卫摩步团"，美国陆军公开的假想敌作战单位还有"第 11 装甲骑兵团"和"第 509 步兵团"等。"第 11 装甲骑兵团"的总部位于加利福尼亚州欧文堡国家训练中心，虽然名为"装甲骑兵团"，但现在已经被组织为一个多兵种的作战团队。

经过一段时间的对抗训练后，美国陆军在设置的假想敌部队进行的模拟训练中摸索总结出许多有价值的经验。在演习中，全编制地运用假想敌需要耗费大量的训练资源，因此，假想敌在演习中可缩小编制以减少费用。假想敌的人员、装备可临时从其他部队抽调组建，其数量和规模取决于部队提供支援人员的能力，通常假想敌 1 个士兵代表 3 个敌兵，

1 辆坦克代表 1 个坦克排，但具体比例要依据假想敌演练课题内容、作战环境、训练时间、装备和人员来确定。美国陆军通过逼真视觉模拟、音响效果模拟，逼真地显示出战场情境，然后通过这些进行训练，检测各种武器的使用效果，并分析数据，进行综合作战效能评估。

美国陆军假想敌训练的课题非常全面。美国陆军野战训练条令中就明确规定：假想敌部队应掌握有效的情报收集程序、电子战技术、作战保密措施、欺骗措施、非常规战技术等多种技能。例如，"第 32 近卫摩步团"每次对抗演练的基本课题就有 6 个，演练时间在 9 个昼夜以上，有时持续 1 个月。此外，美国陆军假想敌训练的形式比较灵活，训练要求很高，假想敌部队甚至会完全照搬别国军队的作息时间和饮食习惯。

与美国相比，其他国家的假想敌训练在形式和内容上基本大同小异，但因经验、科技、军费等方面的差异，训练水平也有高有低。

美国陆军"第 11 装甲骑兵团"标志

训练中的陆军士兵

→ 何为数字化部队训练

随着科学技术的不断发展，人类社会已逐步由工业时代迈入了信息时代。世界军事领域正在发生一场新的军事革命，21 世纪的军队将是数字化军队，21 世纪的战争也将是数字化战争。其最明显的标志就是数字化部队的出现。

在数字化战争中，各级指挥部的指挥手段全是数字化的图像系统。在每架战斗机或运输机上，在坦克内、炮手位置上以及每个士兵的头盔上，都安装有摄像机，摄像机能随时将作战情况、敌方情况、友邻部队情况等信息发送回前线指挥部，其以数字化图像的方式进行发送。而指挥部则通过计算机把命令转换成数字化图像，同时迅速将命令传送到各种武器装备和士兵们的数字化图像荧屏上，并随时跟踪。

数字化部队实现了指挥、情报、侦察、预警、通信、电子对抗的一体化和主战武器的智能化，具有机动灵活、指挥效能高等特点，是适应未来信息化战争要求的新型作战部队。数字化部队与一般部队的根本区别在于将兵力和兵器通过通信技术数字化、武器装备智能化、作战系统网络化等方式连接为一个整体，从而实现指挥的实时化和侦察打击的一体化，大大提高了部队的战斗力。

数字化部队的内涵是以最先进的数字化装备，将战场与作战保障及战斗勤务结合为一个整体，将战略构想、军备军训条令条例与每个士兵结合为一个整体，将战斗部队、预备役部队与社会民众结合为一个整体。实现部队数字化，一方面是指从单兵到整体的武器装备实现数字化，另一方面是指战场信息实现数字化，实现信息资源共享。部队数字化要使部队既能凝聚成一个高度的整体，发挥整体威力；又能发散为无数个集会单元，发挥单兵作战能力。

数字化部队与传统部队最大的不同，就在于它是以数字技术为支撑的新型军队，以数字通信技术联网，集战场信息获取、传输及处理功能为一体的部队，真正实现了军队作战的网络化。部队的各作战单元，既是信息的共享者，也是信息的采集者、制造者。部队可以很方便地实现战场纵向、横向和任意点对点的信息传输。

与传统的军队相比，数字化部队能从"指挥与控制系统组成的一体化互联网络"中，及时地掌握战场所发生的一切。各级指挥官能直接通过"互联网络"调用各自所需的信息，掌握敌我双方情况，及时下达作战指令，也能发送自己掌握的战场情况，传递情报。各战斗成员也能通过特定的"战术互联网"相互了解、相互联系，遵循上级的意图，充分发挥主观能动性。这样就能提高反应速度，争取作战行动的时间，始终对敌保持进攻态势。各种火力单元对目标的定位、锁定、攻击都能根据战场信息反馈自动完成。

与普通士兵相比，数字化士兵装备了先进的单兵计算机和数字化通信设备，极大地加强了各军兵种间的战斗协同能力。由于装备了热成像仪、激光瞄准器、远距离听力装置、GPS接收机等先进装置，数字化士兵在作战、通信、定位、敌我识别等方面都得到了较大的改善，极大地提高了单兵综合作战能力。此外，数字化士兵的防护能力也得到了显著增强。

目前，在数字化部队建设方面，美国陆军的成果较为突出。高速发展的计算机技术、网络技术、仿真技术和人工智能技术推动着美国陆军数字化部队的改革和发展，美国陆军依托这些先进的技术，在数字化部队训练中不断探索新的训练方式。20世纪70年代，美国陆军开始将模拟训练器材应用于部队训练的各个方面。20世纪80年代以来，美国陆军更加重视适合于实战要求的作战模拟系统的研制与开发，这是数字化部队建设和训练的一项重要内容。美国陆军认为，使用模拟系统进行训练有训练具所需空间小、不破坏环境、动用部队少、花费经费少等诸多优点。迄今为止，美国陆军已能够模拟数十种武器装备的操作使用和相应的战术演练。

美国陆军主要的训练模拟系统如下所述。

1）计算机推演训练

目前，由部队或单个人员即时根据作战环境和条件而进行的计算机兵棋推演，已经成为美国陆军师以上部队指挥与参谋人员最有效的训练方式，并且取得了一些宝贵经验。美国陆军将进一步完善模拟推演技术，以增强训练的有效性。美国陆军计划进一步扩大此种方法的使用范围，力争使其成为训练旅、营级指挥与参谋人员的有效方式。

2）虚拟现实训练

虚拟现实训练是一种让部队或装备在模拟的特定战场环境和条件下所进行的作战演练方式。这种演练利用虚拟现实技术，可营造出数字化部队训练需要的"人工合成作战环境"，从而使受训者不是被动地观察计算机图表或与实际景物有一定差距的图像，而是在一个虚拟且十分逼真的三维世界，在视觉、声觉、触觉等人的全部感觉的作用下，如身临其境般全身心地投入到训练中。在遂行作战任务前，可以使用这种训练方式让部队适应环境、检验作战预案或者分析武器装备的使用效能等。

此外，美国陆军进行数字化部队训练，一般结合数字化部队与非数字化部队之间的对抗演习和高级作战试验，其内容主要有以下几个方面。

训练中的陆军数字化士兵

1）操作装备训练

武器装备的数字化是数字化部队的一个重要特征。因此，学会熟练地操作和使用数字化装备是数字化部队士兵的首要任务。士兵们必须熟练操纵配有计算机处理单元、显示设备和数据输入装置的武器，以及装有新研制的数字化设备的主要作战平台。

2）作战协同训练

美国陆军数字化部队是包括轻步兵、装甲兵、炮兵、工兵、化学兵等诸多兵种高度合成的部队，并且还拥有各种数字化作战系统。因此，为发挥整体作战效能，进行作战协同训练必不可少，而这种协同训练活动主要在连、营、旅级进行。军官应学会使用指挥控制系统，士兵应能熟练操作数字化装备并掌握基本的战术技术技能。数字化部队的信息传输与处理快、作战节奏快、各种作战行动转换快，因此美国陆军要求在训练中各作战单元的协同动作要有高度的紧凑性、简捷性、快速性。通过结构协同训练，可使数字化部队的所有作战单元和武器系统形成一个整体；实施功能协同训练，可以使数字化部队在作战中能够快速而高效地侦察目标、发现目标、跟踪目标、定下决心、攻击目标和进行毁伤评估。

3）人员素质训练

在武器越来越先进的条件下，美国陆军十分重视人的作用，尤其强调指挥员高超的指挥艺术以及参谋人员较高的专业素质。美国陆军要求，针对指挥员和参谋人员素质的训练应是数字化部队训练中的一个重要方面。在指挥员训练中，重点培训他们的信息利用能力、协同指挥能力和独立作战能力。

除了美国、英国、法国等国家外，印度、日本、韩国等国家也都在大力发展自己的数字化部队。

陆军士兵进行作战协同训练

陆军士兵正在操作数字化设备

第 3 章
装 备 篇

　　单兵装备是指单个士兵使用的武器装备，传统的单兵装备比较简单，一般包括随身携行的武器、弹药、作战服和装具。而信息化时代，单兵装备在功能上发生了质的飞跃，装备重量也在不断增大。本章主要就单兵装备相关的问题进行解答。

→ 概 述

单兵装备，是指士兵使用的武器装备。冷兵器时代的单兵装备为刀、枪、剑、戟，矛、盾、盔、甲等。热兵器时代的单兵装备为枪械、手榴弹、地雷、榴弹发射器、火箭筒等单兵武器，以及个人防护装备、生存保障装备、观瞄装备等。其中，单兵武器无疑是最重要的一种装备，它直接决定了单兵战斗力的强弱。

单兵武器，顾名思义就是单个士兵就能使用的武器，这里的"使用"包含携行、瞄准、开火三个方面。单兵武器的重量、体积、后坐力必须可以由一名或多名士兵承受。士兵是军队的基本组成部分，士兵的战斗力决定着一支军队的整体战斗力。因此，单兵武器性能越优良、功能越齐全，士兵的战斗力和生存能力就会越高。

现代战争中，主战坦克、战斗机、潜艇、火炮和导弹等重型武器是决定战争进程和结果的关键装备，但是短兵相接的近战仍然存在，就算在信息化战争中也不例外。因此，单兵使用的近战武器仍然是现代军队不可缺少的重要装备。现代军队使用的单兵武器主要分为枪械、爆破武器和冷兵器三大类。枪械包括突击步枪、狙击步枪、卡宾枪、手枪、冲锋枪、轻机枪、通用机枪、霰弹枪等；爆破武器包括手榴弹、地雷、榴弹发射器、便携式导弹、火箭筒等；冷兵器包括匕首、刀、弩、斧、铲等。值得一提的是，虽然冷兵器在热兵器时代已经不是主要作战武器，但因其具有隐蔽性、便携性和多功能性，所以仍然在特种作战中发挥着重要作用。

在单兵武器中，枪械是品种最多、数量最大、适应性最强的一种武器，在军事史上也曾发挥过重要的作用。枪械是步兵的主要武器，也是其他兵种的辅助武器，主要用于打击无防护或弱防护的有生力量。战场上只要有步兵的存在，单兵武器的代表——枪械就不会消失。因此，世界各国仍在积极地研制和装备新型枪械，尤其是美国、俄罗斯、英国、意大利、德国和奥地利等枪械生产大国，它们生产的枪械种类更多，功能也更齐全。

装备狙击步枪的陆军狙击手　　　　　　　陆军机枪手

→ 步枪的优劣是否依旧重要

　　步枪是单兵肩射的长管枪械，主要用于发射步枪弹杀伤暴露的有生目标，也可用刺刀、枪托格斗，有的步枪还可发射枪榴弹，具有点面杀伤和反装甲能力。步枪是现代步兵的基本武器装备，按自动化程度，可分为手动步枪、半自动步枪和全自动步枪，而现代步枪多为自动步枪；按使用的子弹，可分为大威力子弹步枪、中间型威力子弹步枪及小口径子弹步枪；按用途，可分为普通步枪、卡宾枪、突击步枪和狙击步枪。卡宾枪的枪管比普通步枪短，子弹初速略低、射程略近。突击步枪是具有冲锋枪的猛烈火力和接近普通步枪射击威力的自动步枪，其特点是射速较高、射击稳定、后坐力适中、枪身短小轻便。狙击步枪是一种特制的高精度步枪，一般为半自动或手动操作，多数配有光学瞄准镜，有的还带有两脚架，装备狙击手，主要用于射击敌方的重要目标。

　　在现代战争中，重武器已经成为主角，轻武器不再发挥决定性作用，但是绝大多数战争都会发生地面作战行动，所以还是需要一些优秀的轻武器。一支优秀的步枪，对于步兵来说依然很重要。例如美国发动的伊拉克战争和阿富汗战争，虽然迅速击败了对方并建立了新政权，但是从此陷入了长久的战乱之中，美军一直面临着不间断的地面作战的挑衅，其中最常见的就是治安战。但是治安战不同于常规作战，对火力有很大的限制，不能随意使用重武器，在这种情况下，步枪等轻武器自然是较好的选择。

　　经过长期的实战检验，美军发现 M4 卡宾枪在沙漠、山地等环境中的表现并不出色，由于枪管较短，导致发射药做功不足，因此 M4 卡宾枪在射程、弹道等方面均不如使用同种子弹的 M16 突击步枪。即使是 M16 突击步枪，在中远距离交战也有些勉强。因此美军开发了很多新的武器项目，M14 EBR、SR25 等步枪就是在这种背景下诞生的。此外，美军还研发了新的 6.8 毫米弹药，意图从根源上解决制式步枪的部分性能缺陷。

近年来很多国家都在研发新型步枪，原因就在于现有的步枪或者弹药等已经无法满足新的作战需要。例如捷克军队此前装备的是 Vz.58 突击步枪，该枪缺乏模块化改装能力，而且弹药老旧，所以后来推出了 CZ-805 突击步枪将其取代。未来，步枪将会是步兵作战系统的一个组成部分，需要将其有机地和其他武器结合起来用于实战。

手持 M4 卡宾枪的陆军士兵

士兵使用 M16 突击步枪进行射击训练

海外各国军队主要现役步枪

名称	原产国	口径	全长	枪管长	重量
M16 突击步枪	美国	5.56 毫米	986 毫米	508 毫米	3.1 千克
M82 狙击步枪	美国	12.7 毫米	1219 毫米	508 毫米	14 千克
M40 狙击步枪	美国	7.62 毫米	1117 毫米	610 毫米	6.57 千克
M110 狙击步枪	美国	7.62 毫米	1029 毫米	508 毫米	6.91 千克
TAC-50 狙击步枪	美国	12.7 毫米	1448 毫米	736 毫米	11.8 千克
M4 卡宾枪	美国	5.56 毫米	840 毫米	370 毫米	6.5 千克
AK-74 突击步枪	俄罗斯	5.45 毫米	943 毫米	415 毫米	3.3 千克
AK-12 突击步枪	俄罗斯	5.45 毫米	945 毫米	415 毫米	3.3 千克

续表

名称	原产国	口径	全长	枪管长	重量
SVD 狙击步枪	俄罗斯	7.62 毫米	1225 毫米	620 毫米	4.3 千克
VSS 狙击步枪	俄罗斯	9 毫米	894 毫米	200 毫米	2.6 千克
SV-98 狙击步枪	俄罗斯	7.62 毫米	1200 毫米	650 毫米	5.8 千克
SA80 突击步枪	英国	5.56 毫米	785 毫米	518 毫米	3.8 千克
AW 狙击步枪	英国	7.62 毫米	1180 毫米	660 毫米	6.5 千克
FAMAS 突击步枪	法国	5.56 毫米	757 毫米	488 毫米	3.8 千克
FR-F2 狙击步枪	法国	7.62 毫米	1200 毫米	650 毫米	5.3 千克
HK G36 突击步枪	德国	5.56 毫米	999 毫米	480 毫米	3.63 千克
HK416 突击步枪	德国	5.56 毫米	797 毫米	264 毫米	3.02 千克
MSG90 狙击步枪	德国	7.62 毫米	1165 毫米	600 毫米	6.4 千克
AR70/90 突击步枪	意大利	5.56 毫米	998 毫米	450 毫米	4.07 千克
AUG 突击步枪	奥地利	5.56 毫米	790 毫米	508 毫米	3.6 千克
SIG SG550 突击步枪	瑞士	5.56 毫米	998 毫米	528 毫米	4.05 千克
FN FAL 自动步枪	比利时	7.62 毫米	1090 毫米	533 毫米	4.25 千克
Galil 突击步枪	以色列	7.62 毫米	1112 毫米	509 毫米	7.65 千克
CZ-805 突击步枪	捷克	5.56 毫米	910 毫米	360 毫米	3.6 千克

第 3 章

→ 突击步枪为何小口径化

二战后期，德国研制出 StG 44 突击步枪，这是世界上第一款真正意义上的突击步枪。由于德国濒临战败，StG 44 突击步枪在二战中并没有发挥多大作用。二战结束以后，StG 44 突击步枪由于自身性能的局限，很快退出了历史舞台。冷战时期，苏联 AK 系列和美国 M16 系列逐渐成为全球突击步枪中的两大代表性枪族。此外，德国、法国、比利时、奥地利和瑞士等国也不乏经典之作，突击步枪的性能越来越出色，在战争中发挥的作用也越来越大。

冷战时期，突击步枪的一大发展趋势就是小口径化。二战期间，自动步枪的大量应用让美国意识到 7.6 毫米步枪弹连发时的精度太低，于是在二战结束后，美国便开始研制小口径步枪弹及小口径步枪。1964 年，美军将发射 5.56 毫米口径步枪弹的新式步枪命名为 M16 突击步枪，开创了步枪小口径化的先河。

随着 M16 突击步枪在战争中显出优势，各国看到了小口径步枪的优点，因而各国军队掀起了一股步枪小口径化的热潮。随着时代的发展，小口径步枪逐渐演变成三个系列，即采用 5.8 毫米步枪弹的中国步枪，采用 5.45 毫米步枪弹的俄罗斯步枪，采用 5.56 毫米步枪弹的北约国家步枪。突击步枪小口径化具有以下优点：

（1）减轻士兵负重。使用小口径步枪可使士兵在不增加负荷的前提下，大幅度提高弹药携带量，增大其在战场上的火力持续能力，对保障作战胜利具有重要意义。

（2）提高射击精度。小口径弹药一个突出的优点是后坐冲量小，这样就容易操作和使用步枪，提高步枪的射击精度和点射命中率。

（3）增大杀伤威力。小口径弹药初速高，弹头进入肌肉组织后翻滚、变形，因此其侵彻力和杀伤威力也较大。

（4）扩大杀伤区域。小口径步枪的弹道低伸、直射距离远，故小口径步枪在 300 米内的杀伤区域比同级较大口径步枪大得多。此外，士兵在近战时，可不变更表尺进行射击，增强了火力密集度。

（5）有利于战时后勤供应。小口径弹药由于体积小、质量轻，使用同样的运输工具时，后勤运输量可成倍提高。所以在战时，使用小口径步枪可节约大量的人力、物力和财力，有利于后勤供应。

使用 5.56 毫米 M16 突击步枪的士兵

使用 5.45 毫米 AK-74 突击步枪的特种兵

→ 犊牛式设计为何流行

犊牛式（Bullpup），即无托结构，是一种枪机和弹匣位于扳机后方、没有真正意义上的后托的枪械结构设计。这种枪械是枪械史上的重大变革，它并不是真正"无托"，而是有一个内部构造更为复杂的"枪托"——机匣。也就是说，去掉了传统的枪托，直接以机匣抵肩。这种结构实质上是将机匣及发射机构包络在硕大的枪托内，握把前置，弹匣和自动机后置，从而在保持枪管长度不变的前提下，缩短了全枪的长度。这是犊牛式最为显著的特点。尽管冲锋枪、霰弹枪、机枪都有采用犊牛式设计的例子，但最常见的犊牛式枪械还是步枪。

世界上最早使用犊牛式设计的枪械是 1901 年的桑尼克罗夫特式栓动卡宾枪。1918 年法国造出了第一支犊牛式的半自动步枪——弗孔 - 默尼耶式步枪。1936 年，法国人亨利·德拉克尔设计了一支犊牛式冲锋枪。二战后，波兰出身的枪械设计师卡奇米日·亚努谢夫斯基在英国恩菲尔德工厂里设计出了第一支犊牛式自动步枪——EM2 步枪。由于设计存在缺陷，上述枪械都没有被大量采用。直到冷战时期，更成功的设计和改进才使犊牛式枪械流行起来。1978 年，奥地利联邦军，成为世界上第一支采用犊牛式枪械作为主要战斗武器的军队。至此以后，许多国家纷纷效仿，包括法国、英国、澳大利亚和以色列等国。

犊牛式枪械的优点是在相同的枪管长度、有效射程和弹道特性下缩短枪械整体长度和减轻重量。因此较方便士兵进出装甲车辆，或在装甲车辆内部操作 / 向外射击；在城镇、室内等狭窄环境条件下，犊牛式枪械在灵活性上也较有优势，可以同时兼顾在广阔地形（射程）及在城镇、室内、丛林狭窄环境（相对短、灵活、快速反应）的需要。由于犊牛式枪械重心靠近射手身体，其转动惯量较小，所需瞄准时间较短。犊牛式枪械的枪身短，力矩也短，因此射手较易控制枪身的稳定。由于枪身重心多在或贴近控制扳机的手掌上，有需要时，犊牛式枪械较便于单手携带，有的犊牛式枪械甚至可以单手、两点控枪（手与肩头）射击。

当然，犊牛式枪械也有不少缺点。它不能随时左右手互换射击，其抛弹壳口相当贴近射手脸部，所以只能在射手的其中一边（左或右）射击；又因其若在另一边射击的话抛出的弹壳会击中射手脸部，所以射手只能在一边射击。而大部分人都习惯以右手控制扳机射击，所以大量生产时便都设计成以右手控制，例如英国的 SA80 突击步枪，习惯用左手的人必须改为用右手。部分枪械（例如比利时 FN F2000 突击步枪）使用特殊机构将弹壳推送至枪身前方抛出来解决这个问题，而比利时 FN P90 冲锋枪则是将退弹口设在下方。

因为犊牛式枪械枪身较短，致使用传统准星进行瞄准的话瞄准基线较短，射击远目标时有所不足，所以通常需要加装光学瞄准具，从而增加了采购成本。犊牛式枪械的机匣在枪身尾端，重心也偏后，故射击时容易造成枪口上跳。如果出现膛炸的问题，射手的面部将会受到严重伤害。此外，犊牛式枪械不可采用弹链方式供弹，因为弹链供弹需要枪身左右两侧都没有阻碍。对于轻机枪、通用机枪等枪械来说，不能采用弹链方式供弹，就失去了持续的火力优势。

英国 SA80 犊牛式突击步枪

比利时 FN F2000 犊牛式突击步枪

法国 FAMAS 犊牛式突击步枪

比利时 FN P90 犊牛式冲锋枪

→ 反器材步枪有何作用

　　反器材步枪是一种特殊的大口径狙击步枪，破坏效果高于普通狙击步枪。反器材步枪的主要作战对象是敌方的装甲车、飞机、舰船、雷达、工事掩体、油库等有一定防护能力的高价值目标，也可以用来在远距离杀伤敌方作战人员，能轻松打穿防弹玻璃、防弹背心。由于火力强大，其弹药击中人体后就会使被击中者肢体分离。

美国 M82 反器材步枪

　　反器材步枪脱胎于两次世界大战之间流行的反坦克步枪，口径一般为 12.7 毫米到 20 毫米。因为口径大，反器材步枪的质量也大，为保证射击精度，往往要使用前脚架才可以射击，也有少数型号可以做到抵肩射击。为了减轻质量和提高精度，反器材步枪大部分都牺牲了自动机构，有些弹仓内甚至只有一发子弹，因此射击后需要较长时间装填。反器材步枪的枪管较长，其枪管可以随时拆卸和组装。

南非 NTW-20 反器材步枪

　　现代战场上，轻型步兵战车以及各种类型的通信、指挥、运输、雷达、后勤保障车辆等轻型装甲目标日益增多。传统的步兵轻武器在远距离上对付这些目标时，存在着步枪、轻机枪射程近、威力小，中、小口径狙击步枪威力弱、杀伤效果差，单兵反坦克火箭发射痕迹大、有效射程不足、精度差，重机枪重量大、后坐力大，自动榴弹发射器破甲威力有限等缺陷；而便携式反坦克导弹等高技术武器则造价过高，无法大量装备。具有射程远、威力大、精度高等显著优点的反器材步枪使为单兵作战提供了一种打击轻型装甲目标及车辆的有效武器。

克罗地亚 RT-20 反器材步枪

→ 步兵单位如何使用通用机枪

20 世纪初，各国自动武器装备逐渐分化为轻机枪、重机枪两大门类。重机枪一般为步兵营、团（二战后降低到连）的火力中枢，负责 1500 米内压制火力，装备三脚架和大量弹药，持续性对敌人进行压制；轻机枪则为连、排的行进间伴随自动火力（后来降低到班），使用两脚架便于机动，和步兵分队一起跃进，对友军进行伴随火力支援。因此，在当时的进攻理论中，往往是步兵分队在后方的大炮进行火力轰炸后，在炮兵营的徐进弹幕和己方营团级三脚架重机枪的掩护下向前推进，直到锋线离开本方固定火力支援范围停止，然后步兵就地挖掘战壕，以轻机枪继续压制，同时后方重机枪开始拆装向前运输，重新架设后掩护部队继续推进。

由于重机枪的强劲火力，英国、法国在一战后的《凡尔赛和约》中严禁战败的德国持有三脚架水冷式重机枪。德国被迫以各种方式绕开管制，以两脚架轻机枪为名发展新的机枪，但这种机枪预留了三脚架的安装接口，在装载三脚架、配合快拆枪管后，这种机枪又可以获得堪比三脚架水冷式重机枪的压制火力。这种"轻重两用机枪"具有出色的通用性，所以被称为通用机枪。至此，现代机枪基本定型。

在二战时期的编制序列中，步兵班通常会装备 1 挺两脚架轻机枪，由 2 人小队操纵，一人为正射手，携带机枪和部分弹药；一人为副射手，携带备用枪管和更多的弹药。当正射手伤亡时，副射手则接替射击。如果两人都不能作战，则由步兵班其他人员接替射击。例如德国步兵班一般是班长和副班长持 MP 40 冲锋枪，步兵持 Kar98k 步枪，还有 2 名（有时是 3 名）机枪手，持有 1 挺配备两脚架的 MG34/42 通用机枪。在连和营一级，则保留了一战时期的重机枪班编制。例如德国连队里的机枪排有若干个机枪班，一个班有 4 ～ 6 个人，拥有 1 挺加装三脚架的 MG34/42 通用机枪和大量弹链。虽然表面上步兵连和步兵班都装备 MG34/42 通用机枪，但连级机枪因为有三脚架，所以能够保证1200 ～ 1500 米射程，而班一级两脚架机枪只能保证 600 ～ 800 米射程，所以两者是不能完全被取代的。

随着各种武器制造技术的发展，冲锋枪、自动步枪、装甲车开始投入战场。由于装甲车能够携带机枪和火炮，而且移动速度远超人力携带的重机枪，所以从二战中后期开始，三脚架重机枪的地位逐渐被步坦协同的装甲车、坦克上的机枪所取代。

虽然装甲部队使步兵中重机枪的重要性不如以往，但由于冷战后各国大量裁撤装甲部队，步兵也向高机动、特种化发展，因此包括美军在内，很多发达国家的军队仍然大量存在不依托装甲力量（尤其是重装甲力量）而遂行作战的问题。在这种背景下，步兵连一级仍然需要一些配备三脚架的中口径机枪。根据 2017 年美国编制表，美军每个连装备了 8 挺 M240 通用机枪，营武器排装备 4 挺 M240 通用机枪，武器连装备 8 挺 M240 通用机枪，4 个连及营部连一共装备 36 挺机枪。美军一个正常步兵营有 12 个步兵排，每个排可以获得 3 挺 M240 通用机枪，以及每个连可以获得 1 挺带有三脚架的 M2 重机枪支援。

美军每个 M240 通用机枪组编制有 3 人，包括射手，负责携带通用机枪和射击；副射手，负责携带三脚架，战时负责更换弹链和枪管；弹药手，携带备用弹药和步枪，负责警戒。1 个机枪班有 2 个对等火力小组，故美军 1 个机枪班拥有 2 挺配备三脚架的 M240 通用机枪。不过加强给步兵排的时候，大部分 M240 通用机枪射手会选择用两脚架作战。

陆军士兵使用 M240 通用机枪

配备三脚架的 M240 通用机枪

据调查，虽然多数情况下美军的 M240 通用机枪仍然以两脚架模式作战，但是三脚架的使用频率也很高。在美军步兵单位中，通用机枪是一种"以三脚架机枪编制为日常编制，实战使用根据情况在两脚架和三脚架机枪之间切换"的武器。

→ 冲锋枪为何被称为堑壕扫帚

一战爆发后不久，作战形式便从机动战转为阵地战，西线战场形成了长度超过 600 千米的筑垒堑壕系统。当时重机枪处于统治地位，防守方明显占据优势，没有人愿意冒着枪林弹雨冲向敌人的壕沟，战局只能僵持下去。

攻守双方都发现自己手中的武器没有一件是真正称手的，重机枪虽然可以连续射击，但是需要几个人相互配合才能操纵，而且把重机枪抬出战壕，跟着步兵冲锋根本就是不可能完成的任务；步枪虽然射程远、火力足，但是当时的手动步枪只能单发射击，火力密度不大，火力持续性也不够；手枪虽然大部分都已经实现半自动，但是射程太近，在 20 米以内的极近距离才能发挥作用。双方都迫切需要一种既能像机枪一样进行快速连发射击，又能像步枪一样便于携带的轻武器。在这样的实战需求下，冲锋枪应运而生。

1916 年，德国开始研制使用手枪子弹的自动武器，用于配合渗透突破堑壕的突击战术。这种武器于 1918 年开始批量生产并装备部队，定名为 MP 18 冲锋枪，设计者为雨果·施迈瑟，由伯格曼兵工厂生产。冲锋枪是介于手枪和机枪之间的武器，比步枪短小轻便，便于突然开火，具有射速高、火力猛的优点，适于近战和冲锋时使用。

冲锋枪在一战末期最后几场大规模战役中开始显露其价值，德军为执行突击群战术的步兵配备了大量冲锋枪，并且成功对协约国军队造成了威胁。当时，德军的暴风突击队是冲锋枪的主要使用者，他们的标准战术就是以步兵分队的方式，携带 MP 18 冲锋枪和手榴弹进行快速突破。在堑壕内的短距离作战中，火力的投射量远比精准度更重要，手持 MP 18 冲锋枪的暴风突击队士兵无疑是恐怖的象征。它们被协约国士兵称为"堑壕清道夫"，而 MP 18 冲锋枪也被称为"堑壕扫帚"。然而，冲锋枪在战略上的优势尚未完全显露时，一战便宣告结束。因此冲锋枪并未在战场上对当时步兵的作战方式产生全面性影响。

德国 MP 18 冲锋枪

二战才真正是冲锋枪发展的黄金时代，此一时期参战各国都设计和生产了大量性能先进的冲锋枪，例如美国的汤普森冲锋枪、德国的 MP 40 冲锋枪等。就连在战前将冲锋枪视为"土匪兵器"而不屑生产的英国陆军，也在开战以后大量生产和配发被戏称做"水喉管"的斯登冲锋枪，而苏联也以 PPSh-41 冲锋枪为主力，甚至比步枪更广泛装备部队，有些部队更以 PPSh-41 冲锋枪为唯一枪械。除了上述强国，个别工业基础较强的小国也研制和装备了冲锋枪，其中最有名的当属芬兰索米冲锋枪，它引领了北欧和苏联的冲锋枪潮流。

美国汤普森冲锋枪

二战期间，冲锋枪在战场上大放异彩，成了各国士兵手中得心应手的武器，无论是防守阵地，还是发起冲锋，冲锋枪都能起到非常大的作用，极大地弥补了手动步枪火力不足的缺陷。但是，二战末期由德国率先研制的突击步枪仍然成为轻武器历史上的革命性发明，动摇了传统的步枪以及冲锋枪在军队中的地位。

德国 MP 40 冲锋枪

英国斯登冲锋枪

　　冷战后期，冲锋枪衍生出新的枪械概念，如 FN P90 及 HK MP7 等个人防卫武器（Personal Defense Weapon，PDW）。这是美国在 1986 年提出的轻型枪械计划，要求可以连发、操作简单、尺寸和重量不大于当时的制式冲锋枪。PDW 主要用来替换当时北约成员国所装备的制式冲锋枪及某程度上代替手枪作为非前线军人的防卫性武器。

　　从国外单兵武器发展势头来看，常规冲锋枪已被小口径突击步枪所取代，而微型冲锋枪、轻型冲锋枪、微声冲锋枪等仍有用武之地，主要供特种部队和特警队使用。

苏联 PPSh-41 冲锋枪

芬兰索米冲锋枪

→ 军用霰弹枪为何越来越少

　　霰弹枪是指无膛线（滑膛）并以发射霰弹为主的枪械，有些霰弹枪为了精准度（发射独头弹时）会更换有膛线的枪管。霰弹枪的外观和尺寸与步枪相似，但明显区别是枪管更粗大，口径一般达到18.53毫米（12号）。

　　霰弹枪作为军用武器已经有相当长的历史，早期有膛线的前装步枪虽然精度较好，但每次重新装弹都比滑膛枪慢，所以各国军队均以滑膛枪为主力。18世纪后膛步枪和19世纪定装弹药出现后，有无膛线都不影响装弹效率，滑膛枪才不再作为制式武器。之后，专门用来发射霰弹的霰弹枪出现了，最初仅用来射击快速移动的空中目标，如鸟类和定向飞行泥碟靶等。

　　到了一战时期，手动步枪与同时期的手枪相比射速太慢，不太适合堑壕战，美国军队需要一种可以手持着冲锋或防御阵地的枪械，这种枪械必须在短时间内能发射多枚弹头。因此，采用泵动式设计的温彻斯特M1897霰弹枪便被美军大量采用，并在堑壕战中发挥了巨大作用，比同盟国使用的冲锋枪火力更强。一战结束后，美国军队甚至推迟了接受汤普森冲锋枪的计划，而改为装备温彻斯特霰弹枪。至于同期的自动步枪因为过于笨重，多用作支援进攻或阵地防御，并当作轻机枪使用。

　　在近距离以弹头计算，霰弹枪能一次发射多枚弹头，以一般作战用的鹿弹为例，每个鹿弹有 9 ～ 12 个直径 7 ～ 8 毫米级的弹丸，每个弹丸的能量相当于普通的手枪弹。即使是以发射率计算，当时的泵动式霰弹枪因为只需要前后拉推动作，射速远高于使用旋转后拉式枪机的手动步枪。

温彻斯特 M1897 霰弹枪

由于霰弹枪装弹量小，装弹速度慢，远距离的精度较差，所以在一战后有较多国家开始接受冲锋枪，而二战时更出现了突击步枪并在战后被各国广泛采用，其火力及压制能力都比霰弹枪更强，因此大部分国家的军队都减少了霰弹枪的装备数量。不过霰弹枪是近战的高效武器，火力猛、杀伤面宽，特别适合特种部队、守备部队、巡逻部队和反恐部队使用，所以并没有彻底退出军用枪械的大舞台。

装备霰弹枪的陆军士兵

→ 转轮手枪为何在军队失宠

经历了漫长的发展岁月，手枪这种小巧的轻武器一直在不断演变，不断进步，不断成熟。其间经历了火门手枪、火绳手枪、转轮发火手枪、打火手枪、燧发手枪、击发手枪、转轮手枪几个重要的演变过程。

转轮手枪的转轮设计早在燧石枪时代就已经出现，英国人以利沙·科利尔于 1818 年取得转轮燧石枪的英国专利。早期转轮手枪大多枪管笨重，或者无法防止转轮逆转，所以没有太大的实用价值。1835 年，美国人塞缪尔·柯尔特改进前人的设计，获得英、美两国的专利。

柯尔特 M1873 转轮手枪

与过去的转轮手枪相比，柯尔特转轮手枪有如下独特之处：弹仓作为一个带有弹巢的转轮，能绕轴旋转，射击时，每个弹巢依次与枪管相吻合。转轮上可装 5 发子弹，枪管口径为 9 毫米。而且它采用当时最先进的撞击式枪机，击发火帽和线膛枪管，尺寸小，重量轻，结构紧凑，功能完善。

19 世纪中期，定装枪弹出现后，史密斯·韦森公司创造性地发明了"通透转轮"技术并申请了专利，力压柯尔特转轮手枪一头。通透转轮是相对于早期火帽击发式转轮手枪的转轮弹膛而言的。早期的火帽击发式转轮手枪采用分装枪弹，其转轮弹膛相应地被分为两部分，前部分装发射药及弹丸，后部分装火帽，两部分之间通过一个细小的传火孔连通，而史密斯·韦森公司设计的转轮，其转轮弹膛是通孔，故称"通透转轮"。

由于美国相关专利法案的保护，柯尔特公司只能看着史密斯·韦森公司的转轮手枪一步步抢夺市场。19 世纪 70 年代，在史密斯·韦森公司的通透转轮专利失效之后，柯尔特公司马上就继承了通透转轮手枪的制造历史，从而促成了转轮手枪一代经典的诞生——柯尔特 M1873 手枪。

转轮手枪结构简单，操作灵活，受到各国官兵的喜爱，19 世纪中期以后，这种手枪更是风靡全球，不少国家都在研制和生产这种手枪，许多军官都以拥有一支转轮手枪而自豪。19 世纪末，转轮手枪的发展达到顶峰。

虽然转轮手枪威力强大，可靠性较好，但是载弹量不足和装弹速度慢是转轮手枪先天的缺陷。1892 年，奥地利首先研制出 8 毫米的舍恩伯格手枪，这是全球公认的第一把自动装填手枪。早期半自动手枪多使用固定式弹仓或类似转轮手枪的弹巢供弹，因此没有太大优势。

1893 年，德国工程师雨果·博查特设计出了世界上第一支投产的半自动手枪——博查特 C93 手枪，该枪使用肘节式起落闭锁的机制，弹匣供弹，提供了强大的火力、较高的精度及射速。自博查特 C93 手枪之后，半自动手枪登上了历史舞台。

1898 年，格奥尔格·鲁格改良了博查特 C93 手枪的可拆式弹匣，并摒弃了早期自动手枪的平衡装置，设计出鲁格 P08 手枪，成为半自动手枪的一种新指标。这种手枪被德国军队选作制式手枪。

1900 年，美国轻武器设计师约翰·勃朗宁发明了以套筒（滑架）上膛的 M1900 半自动手枪，解决了早期半自动手枪因上膛不便所引起的安全性问题。勃朗宁与柯尔特公司及比利时赫尔斯塔尔国营工厂长期合作，设计了多款经典半自动手枪，包括后来被多国选为制式手枪的 FN M1903 手枪和柯尔特 M1911 手枪等。

德国鲁格 P08 半自动手枪

比利时 FN M1903 半自动手枪

美国柯尔特 M1911 半自动手枪

一战时，半自动手枪被多个参战国使用，因为可拆式弹匣设计能够保障子弹的清洁，而且载弹量和射速上也胜过了转轮手枪。在当时的堑壕战中，步枪需要以手动方式完成复进过程，而且尺寸过大，不方便在狭小的壕沟战斗中使用，而手枪是唯一能在短时间内发射的个人枪械。直到一战末期，冲锋枪、霰弹枪和火焰喷射器等武器被用于堑壕战，才稍为降低了手枪的作用。

一战中，自动手枪充分展示了转轮手枪无可比拟的优越性，从而令各国军方刮目相看，也充分认识到发展自动手枪势在必行，从此现代手枪的发展进入了一个崭新的时期。交战间期，各国都在不遗余力地发展具有本国特色的手枪，各种新式手枪层出不穷。

二战中，手枪是参战各国不可缺少的武器装备。在这场规模空前的战争中，小小的手枪虽然并不引人注目，但也经受了战火的考验，发挥了应有的作用，并涌现出很多结构新颖、性能优良的自动手枪。

毫无疑问，自动手枪已经成为世界手枪发展的主流。其主要表现在以下几个方面：一是自动手枪的结构原理已趋成熟，设计更加完善。自动原理以枪管短后坐式和自由枪机式为代表。在枪管短后坐式自动原理中，闭锁方式主要采用的是枪管偏移式原理。在结构设计上又可分为3个流派：以比利时勃朗宁大威力手枪为代表的凸耳式，以美国 M1911 手枪和苏联 TT-33 手枪为代表的铰链式，以德国 P38 手枪为代表的卡铁摆动式；二是手枪的口径基本上有 3 种，即 9 毫米、7.62 毫米、11.43 毫米。其中又以 9 毫米口径最为常见；三是自动手枪的优越性能越来越为人们所认同，影响越来越大。在参加二战的各个国家中，除英国外基本上都装备了现代自动手枪，转轮手枪已经风光不在。这一切都对现代手枪的发展产生了深远的影响。

美国 M9 半自动手枪

时至今日，世界各国军队装备的手枪几乎都是半自动手枪，而转轮手枪则主要用于执法、狩猎等。

→ 现代榴弹发射器有何特点

榴弹发射器是一种发射小型榴弹的轻武器，因其体积小、火力猛，有较强的面杀伤威力和一定的破甲能力，主要用于毁伤开阔地带和掩蔽工事内的有生目标及轻装甲目标，为步兵提供火力支援。榴弹发射器集枪炮的低伸弹道和迫击炮的弯曲弹道于一体，可对掩蔽物后（如山丘背后）的目标进行超越射击，也可对近距离目标进行直接射击。榴弹发射器使用的弹种较多，主要有杀伤弹、杀伤破甲弹、榴霰弹以及发烟弹、照明弹、信号弹、教练弹等。

　　榴弹发射器的发射原理可分为 3 类，即常规发射原理、高低压发射原理和瞬时高压原理。常规发射原理，也称为高压原理，其原理与枪炮相同，发射药直接装在药筒内，击发后火药气体推动弹丸运动做功。此类弹药结构简单、技术成熟，但膛压高、后坐力大，发射痕迹明显。高低压发射原理是一种高压燃烧、低压膨胀做功的发射原理，其突出特点是火药利用率高、装药燃烧完全、膛压低、后坐力小、噪声低。瞬时高压原理，也称弹射原理，发射时无声、无光、无烟，具有良好的隐蔽性。

　　按发射方式，榴弹发射器可分为单发榴弹发射器、手动榴弹发射器、转轮榴弹发射器、半自动榴弹发射器、全自动型榴弹发射器等。单发榴弹发射器是采用单发式设计的榴弹发射器，可分为肩射型和附加型两种。这类榴弹发射器需要预先装填和手动退壳，没有供弹具，因结构简单、本体轻便而成为主流的榴弹发射器。手动榴弹发射器是采用手动枪机原理设计的榴弹发射器，需要手动上膛，通常装有管状弹

使用 M320 肩射型榴弹发射器的陆军士兵

使用 Mk 47 全自动型榴弹发射器的陆军士兵

仓或弹匣。转轮榴弹发射器使用和左轮手枪类似的转轮原理，但弹巢由发条装置（不由扳机）带动旋转而（榴弹）逐个击发。半自动榴弹发射器为自动装填及退壳、单发射击的榴弹发射器，通常以弹匣为供弹具。全自动型榴弹发射器也称榴弹机枪，与机枪、自动步枪等武器类似，利用火药燃气做功实现自动连续发射。通常采用弹鼓或弹链供弹，配属步兵时一般使用三脚架，也常见架设于各种战斗车辆和直升机以及内河巡逻艇上作为支援火力。

→ 火焰喷射器为何销声匿迹

火焰喷射器是一种用来喷射长距离可控火焰的装置，也被称为火焰枪、喷火器。第一种火焰喷火器由德国人菲勒德于1901年所发明。火焰喷射器主要以油瓶、压缩装置、点火装置以及喷火枪组成。起初只是用作演习教材而被设计出来，德国军方认为有实战意义，因而被用于实战。起初菲勒德的火焰喷射器设计十分笨重，威力不足，射程也太短，所以进行了多次改进。1912年，德国军方挑选48名现役消防员组成手提式火焰喷射器的第一支火焰兵分队，成为世界上最早装备火焰喷射器的军队。其实早于1898年，俄国工程师基格尔就向俄军提供了手提式火焰喷射器的设计图，只不过俄军认为这种武器不切实际，导致德军占尽先机，令协约国在战争中蒙受重大损失。

一战时期德国军队装备的火焰喷射器

一战时，德军使用石油混合油液作为火焰喷射器的燃料，射程只有10米并且较为笨重。1915年2月26日，法军在凡尔登地区初次遇上喷火器的烈焰。同年7月30日，英军在弗兰德地区霍格的战壕尝到石油混合橡胶及硫磺的地狱之火。在两天的战斗中，英军 35 名军官及 715 名士兵阵亡，霍格的战斗结束后，火焰喷射器被写入战斗报告之中。吃尽苦头的英法两国开始研发自己的火焰喷射器，法国人比较现实，抄袭德国人的设计并在 1917 年到 1918 年配备到军队中使用。英国人制作出重达两吨的火焰喷射器，并在索姆河地区部署了 4 具，它们被固定在防御工事内，前面是双方对峙的无人杀戮区。1917 年索姆河战役打响，德军的反击炮火消灭了 2 具火焰喷射器，而余下 2 具则在英军清除德军第一道防线后失去原有的作用。

二战时期苏联军队装备的 ROKS-3 火焰喷射器

二战时期美国军队装备的 M1 火焰喷射器

霍格的成功令德军更加重视火焰喷射器的运用，他们将火焰喷射器编成 6 人小组，每组配备 3 具火焰喷射器，分配在协约国的整个前沿阵地，主要在德军发动攻击时清除协约国的第一道防线。1917 年德军对火焰喷射器再次改良以及减轻重量，并改装多次使用的点燃信管，使火焰喷射器的机动性以及射击频率得到提升。尽管如此，德军火焰喷射器对英法联军仍然失去奇袭性，因为英法联军对火焰喷射器抱持有足够的警戒心，当德军火焰兵出现时，英法联军会优先以火力消灭火焰兵，一旦俘虏火焰兵就立刻处决。再加上无法提供远距离宽正面的持续火力，导致这种优势的战壕兵器再无法发挥出霍格战役中那种决定性的作用。在整个一战中，德军发动了 650 次火焰喷射器攻势，相反英法联军的同类攻势为零。

二战时期，主要参战国都装备和使用了火焰喷射器。1942 年，美国哈佛大学率先使用凝固汽油令火焰喷射器射程得到强化。二战后期，为了攻克日军在太平洋各岛屿上修筑的地下要塞，美国曾将火焰喷射器投入硫磺岛战役与冲绳战役中，除了以火焰攻击日军士兵，同时使用了火焰喷射器的燃烧特性，将日军地下要塞的氧气燃烧殆尽，用以窒息被困在地堡内的日军。

苏联也大量使用了火焰喷射器（尤其是在城市战中），并且改装了许多装甲车辆使其成为专职的喷火载具。与其他国家不同，苏联还专门生产制式喷火坦克，如 T-34 和 T-55 喷火坦克等。相比之下，德国绝大多数火焰喷射器由单兵携带，喷火小组由 2 ～ 3 人组成，并且只有一人携带火焰喷射器，其余人员扮演观测员角色。喷火手只配置手枪以及冲锋枪用作自卫。值得一提的是，火焰喷射器装备笨重，容易成为狙击手的攻击目标，而且被俘的喷火手多数被当场处决。

火焰喷射器主要用于攻击火力点，消灭防御工事内的有生力量，杀伤和阻击冲击的集群步兵。火焰喷射器喷出的油料形成猛烈燃烧的火柱，能四处飞溅，顺着堑壕、坑道拐弯粘附燃烧，杀伤隐蔽处的目标，并有精神震撼作用。由于燃烧要消耗大量的氧气和产生有毒烟

二战时期英国军队装备的 No.2 火焰喷射器

气，能使工事内的人员窒息。在攻击坑道、洞穴等坚固工事时，火焰喷射器具有其他直射武器所没有的独特优势。

二战以后，美军在多场局部战争中都使用过火焰喷射器。20 世纪 80 年代以后，随着步兵武器的进步，传统的火焰喷射器越来越不适应现代战争的需要，曾经立下赫赫战功的喷火兵也逐渐退出历史舞台。1987 年，美军终止使用火焰喷射器并停止生产，其技术转移并运用在反坦克火箭的燃烧弹上。其他国家的军队也逐渐淘汰了火焰喷射器。

→ 手榴弹为何没有被淘汰

手榴弹是一种用手投掷的弹药，因 17 世纪到 18 世纪欧洲的榴弹外形和碎片类似石榴和石榴子，故得此名。尽管现代手榴弹的外形有的是柱形，有的还带有手柄，其内部也很少装有石榴子一样的弹丸，但仍沿用了手榴弹的名称。

手榴弹一般由弹体、引信两部分组成。现代手榴弹不仅可以手投，同时还可以用枪发射。按用途，手榴弹可分为杀伤、反坦克、燃烧、发烟、照明、防暴手榴弹以及演习和训练手榴弹，杀伤手榴弹又可分为防御（破片）型和进攻（爆破）型两种；按抛射方式，手榴弹可分为两用（手投、枪发射或布设）、三用（手投、枪发射和榴弹发射器发射或布设）、多用等。

手榴弹既能杀伤有生目标，又能击毁、击伤坦克和装甲车辆。它体积小、重量轻，携带、使用方便，曾在历次战争中发挥过重要作用。随着科学技术的发展以及作战思想的改变，手榴弹的地位尽管不如两次世界大战时那样突出，但作为步兵近距离作战的主要装备之一，在现代战争条件下仍具有重要的使用价值。目前，世界各国军队几乎都装备有手榴弹，只是装备的型号、数量以及装备的对象有所不同。

手榴弹的优势就是使用灵活，可以说手榴弹是所有单兵武器中使用最方便、最灵活的一种武器，用途也很广泛。手榴弹在防御作战中的效果也很可观，能够有效打击进攻之敌。美军防御作战中就是依靠手榴弹的威力阻止敌人进攻。美军在陷入包围时的典型战术就是由多名士兵组成环形防御圈，依托机枪和手榴弹进行防御作战。在对手缺乏重武器的情况下，这个环形防御圈非常有效，而手榴弹是主要的防御武器。

美国 M67 手榴弹

手榴弹作为步兵手里少有的重型弹药，也可以用来进攻。在步兵没有足够强大的攻坚火力时，手榴弹可以起到非常重要的杀伤作用。对处于战壕中的敌人进行打击时，手榴弹的效果远比枪械好。在反轻装甲目标方面，手榴弹也优于步枪，特别是对车辆的打击效果更好。手榴弹既可以设置成绊雷，也可以组合成集束手榴弹，对装甲车、敌方火力点、碉堡等重要目标进行打击。

陆军士兵投掷 M67 手榴弹

→ 地雷为何难以完全禁止

地雷是一种埋入地表下或布设于地面的爆炸性武器，具有便于制造、廉价高效的特点。早期的地雷基本上是以杀伤人员和车辆为目标的，但随着战争方式的改变，地雷逐渐成为有效的战术武器，例如破坏交通运输、迟滞敌方进攻、限制敌方行动、防御预警、消耗对方资源等。地雷的种类和型号多种多样，其战术目的和用途也多种多样，例如反步兵地雷、反坦克地雷、反步兵跳雷、区域控制地雷、反人员智能地雷、定向地雷、多用途地雷等。

由于战争中地雷可给交战双方军人及平民造成严重的伤害，1997 年 9 月 17 日，国际地雷大会在挪威奥斯陆举行。会议通过了《关于禁止使用、储存、生产和转让杀伤人员地雷及销毁此种武器的公约》。

俄罗斯 MON-200 地雷

同年 12 月 3 日，121 个国家的代表在加拿大的渥太华签署了这一公约，因此该公约又称《渥太华禁雷公约》。

《渥太华禁雷公约》在得到 45 个国家批准后于 1999 年 3 月 1 日正式生效。该公约的宗旨是立即、全面禁止杀伤人员地雷。公约规定，缔约国在任何情况下都不得使用、发展、生产、获取、保留或转让杀伤人员地雷，唯一例外是各国可为排雷培训目的，保留或转让少量杀伤人员地雷；现存的所有杀伤人员地雷将在公约生效后的 4 年内予以销毁，现有雷区在 10 年内清扫干净；各缔约国应将本国执行公约的措施、库存和境内布雷的详细情况及销毁计划等向联合国秘书长提交年度报告；如缔约国之间就履约问题产生疑问时，可提出澄清要求，甚至可要求赴该国进行"实情调查"。

从《渥太华禁雷公约》的签署国情况来看，世界各主要军事大国基本没有在公约上签字，并不受公约的约束，因而未来的战争中地雷仍是一种广泛应用的武器。全面禁止杀伤人员地雷的彻底实现可能需要一个漫长的过程，其主要原因有下述两个。

美国 M18A1 "阔刀" 地雷

（1）公约并没有很好地解决对人道主义关切和主权国家正当自卫军事需求的平衡问题。地雷具有制造容易、操作简便、造价低廉、隐蔽性较强等优点，是许多国家依然广泛使用的一种有效的防御武器，在阻止敌人进攻和防守己方领土方面仍起着无法替代的重要作用。因此，在目前阶段全盘否认杀伤人员地雷的正当军事价值，有损于一些国家、特别是边境线比较长的一些发展中国家的安全利益。

（2）扫除和销毁地雷耗资巨大。截至 2021 年，在全世界 70 个国家埋有约 6000 种、1.1 亿枚地雷，储存约 1 亿枚。虽然每年扫除 10 万枚，但每年的部署速度却高达 200 万～500 万枚。据估计，销毁 1 枚地雷需要花费 300～1000 美元，很多国家难以投入大量经费用于扫除和销毁地雷。

陆军士兵在布设 M18A1 "阔刀" 地雷

→ 照明弹为何能在天空滞留

　　照明弹是指弹体内装照明剂用以发光照明的弹药，照明剂则由金属可燃物、氧化物和粘合剂等数种物质构成。金属可燃物主要用镁粉和铝粉制成。镁粉和铝粉燃烧时，能产生几千度的高温、发射出耀眼的光芒。氧化物是硝酸钡或硝酸钠，它们燃烧时能放出大量的氧气，加速镁、铝粉燃烧，增强发光亮度。粘合剂大都采用天然干性油、松香、虫胶等原料制成，它能将药剂粘合在一块，起缓燃作用，保证照明剂有一定的燃烧时间。照明剂放在照明剂盒内，盒的下端连接有降落伞。

　　照明弹配有时间引信和抛射药。当弹丸飞到预定的空域时，时间引信开始点火，引燃抛射药，点燃照明剂，抛射药产生的气体压力将照明剂和降落伞抛出弹外，降落伞可在空气阻力作用下张开，吊着照明盒以每秒 5 ～ 8 米的速度徐徐降落、燃烧，使亮光照亮地面。

　　照明弹发出的的光非常亮，一发中口径照明弹发出的光，亮度可相当于 40 万～ 50 万烛光，持续时间为 25 ～ 35 秒，能照明方圆 1 千米内的目标。在战斗中，士兵们可借助照明弹的亮光，迅速查明敌方的部署，观察己方的射击效果，及时修正射击偏差，以保证进攻的准确性。在防御时，可以及时监视敌方的活动等。

被照明弹照亮的城镇

→ 火箭筒为何深受欢迎

火箭筒是一种发射火箭弹的便携式反坦克武器，主要发射火箭破甲弹，也可以发射火箭榴弹或其他火箭弹，用于近距离打击敌方装甲目标、杀伤敌方人员、摧毁敌方工事等。火箭筒多采用肩扛发射方式，也可采用跪姿发射或卧姿发射方式。

在形形色色的反坦克武器中，火箭筒由于体积小、重量轻、使用方便、破甲效能高，一直被各国军队当作重要的单兵反坦克武器。虽然从20世纪60年代开始，反坦克导弹逐渐成为反装甲的主要武器之一，但是对于单兵来说，单兵反坦克导弹的成本过于高昂，无法大量装备部队，因此一般步兵的主要反坦克武器还是火箭筒。

火箭筒由火箭弹和发射筒两部分组成。火箭弹是发挥威力的战斗部，而带瞄准镜的发射筒，则通过士兵的瞄准赋予火箭弹以一定的发射方向。

火箭弹是靠火箭发动机推进的非制导弹药，一般由战斗部、引信、火箭发动机和稳定装置等组成。由于弹头靠火箭发动机的反作用力推进，发射筒不承受任何压力和后坐力，自然结构简单、成本低廉，以至于世界各国的火箭筒大多都是一次性使用型，发射筒兼具包装筒，发射后即可丢弃，有利于步兵轻装战斗。

以瑞典 AT-4 火箭筒为例，它是预装弹射击后抛弃的一次性使用武器，采用无后坐炮发射原理。该火箭筒由发射筒、铝合金文丘里喷管、击发机构、简易机械瞄准具、肩托、背带和前后保护密封盖等部件组成，发射筒由铝合金内衬外绕浸涂合成树脂的玻璃纤维制成。AT-4 火箭筒的突出特点是采用高低压药室结构，发射药装在高强度铝合金高压室内，固定在发射筒尾部中央。发射时，发射药在高压室内充分燃烧，

装备 RPG-7 火箭筒的士兵

陆军士兵使用 AT-4 火箭筒

形成高压，然后进入低压室（铝制内衬发射筒）内，并在低压下膨胀做功，拉断高压室与弹丸之间的解脱销，将弹丸射出。

AT-4 火箭筒配用空心装药破甲弹，其战斗部的主装药为奥克托金，采用铝或铜铝复合药型罩，经过优化设计，破甲后能在车体内产生峰值高压、高热和大范围的杀伤破片，并拌有致盲性强光和燃烧。引信的脱机雷管安全装置，可防止意外起爆。

AT-4 火箭筒作为单兵无后坐力反装甲武器，不仅造价便宜，还能有效地对付高价值的坦克、装甲车辆、登陆艇、直升机、飞机和碉堡工事，同时还能减轻后勤负担，可以说是一种性价比极高的单兵反坦克武器，所以获得了多个国家的认可。

→ 第三代反坦克导弹有何特点

二战末期，德国设计的 X-7 反坦克导弹（又名"小红帽"）堪称反坦克导弹的鼻祖，只是因为德国过早战败，致使该导弹尚未投入使用就停止了试验和生产。但是，X-7 反坦克导弹先进的设计思路，精准而有效的打击能力，引起了反坦克武器设计师的极大关注，同时也开创了单兵反坦克导弹的发展历史。

二战后至 20 世纪 60 年代初，苏联、英国、法国等国以德国的 X-7 反坦克导弹技术为基础，先后研发出多个型号的反坦克导弹，它们均采用目视瞄准跟踪、手控指令、导线传输为基本制导模式，对射手的要求比较高，操作比较困难，命中概率也只有 50% ～ 70%，被后人称为第一代反坦克导弹。

20 世纪 60 年代至 70 年代末期，美、苏、法等国家相继加大了对单兵反坦克导弹的研发力度，研制出命中率普遍在 90% 以上的第二代反坦克导弹。此类导弹采用红外半自动制导方式，射手操作简便，受外界条件影响小，采用管式发射，射程为 25 ～ 4000 米。其代表作有美军的 M47 "龙" 式反坦克导弹、法德联合研制的 "米兰" 反坦克导弹等。

进入 20 世纪 80 年代后，精确打击成为现代高技术兵器发展最热门的话题，单兵导弹得到了前所未有的发展，世界主要发达国家相继推出了以 "发射后不管" 为特征的第三代单兵反坦克导弹，例如美国 FGM-148 "标枪" 反坦克导弹、法国 "米兰" 反坦克导弹。其他国家大多处于改进第二代、发展第三代的过渡时期，一方面尽力改进现役的第二代单兵反坦克导弹，另一方面又根据未来战场的作战需求，加紧研发第三代单兵反坦克导弹。

FGM-148 "标枪" 反坦克导弹是反坦克导弹发展史上的一个里程碑，其最大的特点就是 "发射后不管"。美国军方认为，与驾束制导系统和光纤制导系统相比，"发射后不管"的主要优点是它大大提高了近距离作战中参战人员的生存能力。FGM-148"标枪"反坦克导弹的弹头使用纵列锥形装药弹头，并针对贯穿反应装甲而制造。该导弹有两种发射模式，攻顶模式主要用于反敌方主战坦克和装甲车，正面攻击模式主要用于打击敌方工事及非装甲目标。在进行攻顶作战时，该导弹以 18 度的高低角发射，惯性助推装置完成助推的时间仅需几秒钟。经测试，FGM-148"标枪"反坦克导弹使用顶部攻击模式可轻易摧毁 M1"艾布拉姆斯"主战坦克。

FGM-148"标枪"反坦克导弹发射瞬间　　装备"米兰"反坦克导弹的陆军士兵

→ 现代军队为何还要装备冷兵器

　　冷兵器一般指不利用热能打击系统（火药、炸药）、热动力机械系统和现代技术杀伤手段，在战斗中直接杀伤敌人、保护自己的武器装备。火器时代开始后，冷兵器已不是作战的主要兵器，但因具有特殊作用，故一直延用至今。在现代军队中，仍被大量使用的冷兵器主要有刺刀、战术刀、工具刀、匕首、军斧、军铲等。

　　不同于冷兵器时期，现代战争中的冷兵器不再需要大杀四方、伤敌无数，它们主要作为辅助武器，朝着轻巧便携的方向发展。与枪械相比，冷兵器的性价比极高，制造一把手枪的费用可以制造多把匕首或刺刀。随着制造水平的提升，冷兵器的杀伤力也不容小觑。以刺刀为例，现代刺刀普遍带有血槽。这种设计不仅可以节省材料、减轻刀身重量，还能增加刀刃强度。最重要的是血槽可以平衡压力和放血，一把没有血槽的刺刀刺入人体后，如果不及时拔出，暂时不会导致大出血，抢救及时还能生还。但有血槽的刺刀刺入人体后，会顺着血槽向外冒血甚至喷血，人会因为迅速大量失血而死亡。另一方面，没有血槽的刀刺入人体后不易拔出，而有血槽的刀刺入人体后不会被肌肉完全包裹，故很容易拔出。

冷兵器拥有不俗的杀伤力，并且轻便小巧，现代战争中虽然不会作为主力武器，但是它们的位置无法取代。在执行一些暗杀、潜行任务时，冷兵器的效果远比我们想象的要好得多，毕竟刺刀断刃可比子弹卡壳的概率小得多，加上没有弹药的限制，冷兵器更能持续作战。就像科幻电影《星河舰队》中士兵与长官的对话一样："长官，我不明白，在核战争中我们只需要按下一个按钮就能解决战斗，何苦要练匕首？"长官转身用一把匕首将士兵的手紧紧钉在墙上，并对他说："敌人的手掌受伤就不能按下按钮。"

冷兵器还有一个作用就是培养士兵的血性胆气。冷兵器蕴含着一支军队历代传承下来的战斗精神。两军对垒，在武器装备势均力敌的前提下，最后比拼的就是交战双方士兵的血性胆气。精神和士气因素，无论是古代军队，还是现代军队，都体现着一支军队的军魂。战场上，当一名士兵面对张牙舞爪的敌人，如果他连挺起刺刀、奋力突刺的勇气都没有，即使给他最先进的武器装备，也难以取胜。

在步枪装上 OKC-3S 刺刀的士兵

陆军特种兵练习匕首格斗

→ 单兵通信设备有何特点

从古至今，通信联络都是决定战争胜败的关键因素之一。它是保障军队指挥系统正常运转的基本手段，因此要求迅速、准确、保密、不间断。现代战争广泛应用高技术兵器，作战空间广阔，部队高度机动，作战样式转换频繁，战机稍纵即逝，军事信息量大，电子斗争激烈，从而增加了军队指挥对军事通信的依赖性和完成军事通信任务的艰巨性。

为了最大限度地提高作战和指挥效率、减少伤亡，在参战士兵及与友邻部队之间、士兵与火力支援及其后勤支持、救护、空中力量及指挥机构之间、甚至士兵与运行于外层空间的卫星之间都迫切需要实现实时、便捷和有效的信息沟通。单兵通信系统是军事信息通信网在战场前沿的延伸，是战术互联信息网中一个重要的组成部分，是提高现代化战场指挥效率和作战效率以及士兵生存率的重要装备。正因为如此，世界各国军队都在积极研发和装备数字化单兵通信系统。

单兵通信系统是单兵综合战斗系统的一个重要组成部分。它以数字通信为基础，使部队的指挥控制、情报侦察、预警探测、信息利用和信息对抗形成一体化、武器装备智能化。配备了单兵通信系统的士兵，将是具有指挥、协调、保障功能的作战单元。这样，利用先进的现代数字通信手段和计算机技术就可把战场上的武器系统和战斗部队连接成一个相互协调的有机整体。地面部队的士兵通过单兵通信系统可以直接控制打击火力，其范围和能力将从单兵扩展至战场上其他兵器甚至海、空军的各种作战平台。由于单兵通信系统能够为置身于现代战场的士兵提供全方位的作战信息传输，因而使战争的取胜变得更有把握。现代战场反馈的信息已经证明，单兵通信系统已对步兵的地面作战能力产生了极为深刻的影响。

目前，世界各国军队的单兵通信系统通常具有体积小、质量轻、功耗低的优点，并具备抗噪声语音识别能力、抗干扰能力，以及语音、图像和数据等多媒体信息处理能力。单兵通信系统中的单兵电台（PRR）大多采用工作频段为数千兆的扩频技术。这些单兵电台具有简单的人机交流界面、适宜于单兵佩戴、操作简单方便；外形坚固，能适应严酷的作战环境；采用模块化设计方式，具有极大的灵活性，可以在许多场合下进行不同功能的操作。又因其具备"一键通"功能，所以士兵在作战的危机时刻，双手不离开武器也可完成信息的传输。

使用单兵通信系统的陆军士兵

→ 单兵作战如何识别敌我

战争历来都是残酷的，战争中的伤亡大部分来自敌方，还有一部分伤亡是来自友军。根据军事专家对战争中的伤亡数据分析来看，战争中的友军误伤比例一般为10%左右。友军误伤事件，一般都是因为身份识别问题所致。因此，古今中外的军队都非常重视敌我识别的问题。

冷兵器时代，最直接的敌我识别方法就是根据盔缨和铠甲的样式判断敌我，另外军旗也是重要的敌我识别标识。对外族作战时，还可以根据口音、发髻、相貌等特征来区分敌我。当盔甲配给不足时，也可统一穿戴某种特征鲜明的服饰，或在身体某部位打上同一种标记，以此来辨别敌我。例如，汉代时的"赤眉军"把眉毛染成红色，东汉末年的"黄巾军"头上围着黄色头巾，元朝后期的"红巾军"以红巾、红袄、红旗为标记。这些简单的方法解决了白天作战时的敌我识别问题。为了在夜间也能分辨敌我，人们又发明了声音识别法，最常用的就是"口令"，军队站岗放哨都要用事先约定的口令来分辨敌我。

当然，上述敌我识别方法都存在一定的缺陷。盔甲有可能无法全员配备，军旗有可能在战斗激烈时被焚毁，口音和发髻等特征有可能被刻意掩饰，口令也有可能被敌人模仿或是出现口令不一致的失误。但是，对于冷兵器时代的军队来说，即便敌我识别出现失误，所造成的伤害也相对较小。

到了热兵器时代，随着武器打击精度的空前提高和破坏威力的不断增强，敌我识别失误的后果越来越严重。机械化、信息化武器装备的不断出现，导致战争进程加快，敌我双方对抗常常是高技术兵器的远程厮杀，作战形态常常是非接触样式，在这种情况下，单靠人类自身的感官和思维去判断敌我，已远不能满足作战需求。因此，运用无线电技术而发明制造的敌我识别器应运而生，即用电子方法产生"电子口令"来实现远距离敌我识别。

敌我识别器与雷达具有同样悠久的历史。1935年英国空军司令部首次提出了要攻击敌方飞机，首先要用无线电手段识别是"友"还是"敌"。敌我识别器大多与雷达协同工作，识别的"友""敌"信息通常可在雷达显示器上标明。敌我识别器一般由询问器和应答器两部分组成并配合工作，其工作原理是询问器发射事先编好的电子脉冲码，若目标为友方，则应答器接收到信号后会发射已约定好的脉冲编码，如果对方不回答或者回答错误，即可认为是敌方。

虽然敌我识别器有效降低了战争中的误伤概率，但它也并非无懈可击。敌我识别器有可能受到敌方的电子干扰，也有可能发生故障。例如，伊拉克战争中，一架英军"旋风"战斗机在返回途中，遭到美军"爱国者"导弹的拦截，导致机毁人亡；此后，美军一架 F-16"战隼"战斗机在执行任务时又误炸了自己的"爱国者"导弹阵地。造成这些误伤事件的原因是多方面的，但其中一个重要因素就是敌我识别器出现了问题。

21 世纪，信息战、网络中心战、非接触作战、精确打击等作战样式异彩纷呈，战场形势瞬息万变，要求作战人员在最短的时间内作出最准确的判断是一件非常复杂的工作。因此，敌我识别问题变得愈发重要。世界各国都在积极研发新型敌我识别装备，如红外夜视技术敌我识别系统、空中敌我识别系统，舰载敌我识别系统询问器、通用型敌我识别器、单兵敌我识别系统等。其中，红外夜视技术敌我识别系统是给己方目标装备专门的反射红外光装置，在夜晚，用标准夜视镜从大约 8 千米远的地方就能看到，较好地防止了误伤。

在单兵敌我识别系统方面，技术较为成熟的国家是美国。目前，美军正在研制两种单兵敌我识别系统，包括徒步式单兵作战识别系统和"陆地勇士"作战识别系统。前者主要提供给没有装备"陆地勇士"系统的普通步兵，它包括武器系统和头盔系统。头盔系统含有 4 个激光探测器、1 个射频发射机和 4 副平面阵列天线。武器系统含有 1 个激光询问器和 1 个射频接收机。该系统装在枪管上，与武器的瞄准线同轴，启动开关装在左侧，不会影响士兵射击。战斗中，激光询问器发出激光询问信号，被询问方头盔接收到询问信号后发出应答信号。如果双方信号一致，询问开关便会自动停止发信，同时询问开关振动，将询问结果传达给士兵。而"陆地勇士"系统则采用了世界上最先进的光电成像技术，敌我识别力更强。

除美国外，英国、法国、德
国和俄罗斯等国也在大力研发各种
提高敌我识别效能的新装备，如激
光雷达、毫米波传感器、无源探测
系统、多传感器组合、红外激光信
标等，涉及声、光、电各领域，无
所不有。从发展趋势来看，未来的
敌我识别系统应能满足三军使用，
强调通用性和标准化，特别是改进

士兵展示"陆地勇士"单兵作战系统

型要与早期产品兼容。此外，为适应激烈复杂的电子对抗环境，抗干扰
性能将是衡量产品优劣的重要指标。其技术发展方向如下：一是不断改
进密码技术。要求敌我识别器能够迅速更换密码组合，能根据需要随时
更换密钥，以保证系统的安全性。当敌我识别信号被敌方破译后，能够
很快生成新的密码。二是开发数据融合技术。采用融合技术，使敌我识
别器与其他探测器进行数据融合，使多种传感器获得的信息在敌我识别
器上进行相关判决处理，进一步增强敌我属性的识别力。三是采用扩频
与时间同步技术。采用扩频技术是将信号频谱扩展在很宽的频带上，使
敌方不易接收和干扰。

未来的敌我识别技术，将是各种体制、各种技术、各种设备的综合
使用。但由于这些系统仍然要靠人来操作，所以其可靠性也与人密切相
关。值得一提的是，针对敌我识别
技术的迅猛发展，其对抗技术也在
不断地创新，重点是密码破译。一
是运用计算机技术破译敌方密码的
结构、加密算法及所使用的密钥，
并有效实施欺骗干扰。二是瞄准扩
频侦收。三是探索综合干扰。

装备 IdZ 单兵作战系统的士兵

→ 如何利用夜视仪作战

无论古今中外，在战场上军人都十分重视利用夜幕掩护，夺取白天难以取得的战果。二战时期，美军就经常在夜间遭到日军的袭击。时至今日，夜战已经成为战争的主要作战方式。优势一方凭借先进的夜视装备，可以实现夜战场"单向透明"，全面掌控夜战主动权。

在夜暗环境中存在着少量的自然光，如月光、星光、大气辉光等。因为它们和太阳光比起来十分微弱，所以又叫作夜微光。人眼视网膜的感光灵敏度不高，在微光条件下不能充分"曝光"。这是造成人类在夜暗环境中不能正常观察的一大原因。夜暗环境中，除了有微光存在外，还有大量的红外光。世界上一切物体每时每刻都在向外发射红外线，所以无论白天黑夜，空间都充满了红外线。但红外线不论强弱，人眼都不能看到。夜视装备就是利用微光和红外线这两种自然条件，把来自目标的人眼看不见的光（微光或红外光）信号转换成为电信号，然后再把电信号放大，并把电信号转换成人眼可见的光信号。这种转换是一切夜视装备实现夜间观察的共同途径。

目前，各国军队使用的夜视仪可分为主动式和被动式两种：前者用红外探照灯照射目标，接收反射的红外辐射形成图像；后者不发射红外线，依靠目标自身的红外辐射形成"热图像"，故又称为"热像仪"。

主动式夜视仪不受照度的限制，全黑条件下可以进行观察，且效果很好，价格便宜。然而，主动式夜视仪不能视远，在观察时很容易被敌方发现，从而暴露自己。被动式夜视仪是根据一切高于绝对零度以上的物体都有辐射红外线的基本原理，利用目标和背景自身辐射红外线的差异来发现和识别目标的仪器，由于各种物体红外线辐射强度不同，从而使人、动物、车辆、飞机等清晰地被观察到，而且不受烟、雾及树木等障碍物的影响，白天和夜晚都能工作。

以美国为例，美军士兵配备的主要夜视装备为 AN/PVS-14 夜视仪。该夜视仪仅重 0.4 千克，观察距离为 150 米，既可安装到头盔上用单眼观察，也可手持观察或安装到步枪上。不需要的时候，士兵可以轻易将其从头盔上取下来。独特的防水设计使其可以在 20 米深水下使用。

美国 AN/PVS-14 夜视仪

安装在头盔上的 AN/PVS-14 夜视仪

　　值得一提的是，夜视仪是一种精密而脆弱的仪器，必须小心保护，以免影响作战行动。夜视仪忌讳在亮光下使用，虽然夜视仪在超载时会自动切断回路来保护设备，但暴露在强光下会缩短夜视仪的使用寿命。而暴露在雨、雾甚至高湿度环境中也会损坏夜视仪。为在晚上使用考虑，夜视仪的设计使它可以承受短时间的强光照射或适应潮湿环境，但无法长时间使用。另外，夜视仪中有非常精密的真空管，因此务必注意防撞击和小心持握。

与步枪光学瞄准镜配合使用的 AN/PVS-14 夜视仪

→ 战术灯为何采用 LED 光源

自古以来，利用黑夜作战就是重要的战术手段。人体从外界获取的信息中，70% 来自视觉。在黑暗或弱光环境下，士兵的视觉受限，作战行动必须借助特定的夜战装备，也就是战术灯。

所谓战术灯，就是专门安装在枪身上使用的电筒。只要安装了战术灯，就不用一手持枪，一手拿电筒了。战术灯并不适合执行一般战斗任务的部队使用，因为晚上在野外开灯很容易暴露自身位置。但对于需要在城市暗处执行任务的侦察兵和特种兵来说，就很适合使用战术灯。

被战术灯照亮的靶子

最初装备在武器上的强光战术灯被称为卤素战术灯，它是在手电筒基础上被进一步强化了照明功能的照明装备。主要特征是采用稀有金属作灯丝并高精度缠绕；采用具有耐高温，抗压力特性的石英玻壳，内充高压高纯度的卤素气体——氙气。这种战术灯的光效可以达到每瓦 25 流明和接近 3500K 的色温。

由于人类主要在白天活动，因此眼睛进化为在白天有良好的分辨能

力。所以在对黑暗中的物体实施照明时，越接近日光的色温，人的视觉
分辨力就越强。而卤素战术灯的色温在 2500 ～ 3500K，受原理限制，已
经无法再提升，所以并不是理想的光源。

　　相比之下，发光二极管（LED）与高压气体放电灯（HID）的色温
则都在 6000K 以上，目视中都已是纯白色的光芒，在同样的亮度下，这
两种光源的分辨效果都比卤素灯光更好。目前，世界各国军队的战术灯
多数采用 LED 光源。由于 LED 光源运用于战术灯远非卤素灯胆那样简单，
它需要精确的数码恒流技术来提升发光效率与降低热损耗，所以其技术
难度要高于传统的卤素战术灯。但 LED 光源有每瓦 30 流明的光效与高
达 6000K 的纯白色温，以及超长的使用寿命，所以它是比较理想的战术
灯光源。至于 HID 光源，由于技术复杂、成本高昂，所以仅仅停留在大
型搜索灯的平台上，
除美国军队少量配备
外，其他国家的军队
极少采用。

　　由于战术灯是与
冲锋枪、自动步枪配
装，因此其特殊的工
作状态对灯本身的抗
震动、抗冲击性有很
高的要求。

伯莱塔 90two 半自动手枪枪管下方装挂的微型战术灯

→ 战场上如何有效防止反光

　　在现代战争中，不少士兵因为他们手中的望远镜、步枪上的瞄准镜
所反射的光线暴露了自身位置，从而导致人员伤亡、行动失败。传统的
防反光方式是在镜片前套上一个圆筒形的遮阳筒，但因遮阳筒较长，使
用并不方便，特别是在当前突击武器越来越轻巧的背景下，很容易影响
士兵的作战效果。

　　为此，美国坦尼伯纳克斯公司研制了一种光学器材防反光装置

（Anti-Reflection Device， ARD），其注册商标为"kill Flash"，意为"杀死闪光"。这种装置的隐蔽性使它一面世就获得美国军方的青睐，美军特种部队最先在他们的先进战斗光学瞄准镜（ACOG）上安装了这种装置。之后，常规部队也都采用 Kill Flash 作为防反光装置，装在望远镜和瞄准镜上。

根据各种光学器材的规格，Kill Flash 有着不同的尺寸和重量，但基本结构都一样。其实，Kill Flash 也采用了传统的遮阳原理，但是结构和材料比较新颖。它是在一个较短的铝筒内安装一块用树脂材料加强的蜂巢形多孔圆板制成的。当光线透过这些小孔射到镜面上时很难形成强烈的大面积反光，就如同在镜片前装上无数个微小的遮阳罩一样。

Kill Flash 主要用于防止望远镜和瞄准镜等光学器材的反光，避免暴露士兵的位置。根据官方的宣传资料，以一片直径为 74 毫米的 M144 型狙击手观瞄镜的镜片为例，一个 Kill Flash 的效果相当于一个 889 毫米长的传统遮阳筒的效果。Kill Flash 不会降低望远镜和瞄准镜的分辨率、没有大量的光损失，还能起到普通镜头盖的作用。

带有护盖的 Kill Flash 防反光装置

光学瞄准器上的 Kill Flash 防反光装置

→ 境外作战如何克服语言障碍

军队在境外作战，难免要与当地人打交道。例如中东地区是美国反恐战争的主要战场，而这些地区的人主要使用阿拉伯语，为了与当地人进行交谈，并理解所处的周边环境，美军士兵必然要克服语言上的障碍。虽然派遣阿拉伯语翻译是最直接的办法，但是并不适用于所有场合。为此，美国陆军于 2011 年启动了"机器外语翻译系统"（MFLTS）项目，旨在为陆军所有机构人员提供在任何环境下的语言转换能力。

美国陆军"机器外语翻译系统"项目办公室授予了雷神 BBN 技术公司（雷神公司的全资子公司）一项价值 400 万美元的合同，由该公司提供自动语音识别、机器翻译、文本转语音、光学特征识别等软件的许可，合同期为一年。

"机器外语翻译系统"首先要翻译的语言是伊拉克的阿拉伯语，以及阿富汗、巴基斯坦的普什图语，这是近几年美军在反恐作战期间，最常遇到的外语问题。目前，"机器外语翻译系统"可以安装在以下平台：安卓手持系统；Windows 便携电脑以及基于 Windows 的服务器系统；营级单位使用的主要智能系统。

"机器外语翻译系统"可收听英语或阿拉伯语，然后转换为文字，并有同步语音输出；同样的，也可以将伊拉克阿拉伯语、普什图语翻译成英语，翻释的时间很短，几乎可以同步实时口译，只不过由于是专为美军开发，所以其专有名词与术语将以军事名词为主。如果谈论的是运动主题，可能会出现词不达意的问题，因为许多运动术语和军事术语是混用的。

通过"机器外语翻译系统"，美国陆军人员可以与讲伊拉克阿拉伯语、帕什图语的人交流，并阅读外语文件和数字媒体。未来，"机器外语翻译系统"还将增加新的翻译语音。目前提供研发资金的是美国陆军，因此未来美国陆军也是主要客户，但是美国其他军种也对该技术产生了浓厚兴趣。

除了伊拉克和阿富汗战场，美军也为驻非人员配备了手持式自动语音翻译系统。为了打击非洲大陆上的极端组织，美国陆军在 20 余个非洲国家派驻了特战人员或军事顾问，而手持式自动语音翻译系统可以帮助他们克服语言障碍。该装置佩戴在胸前，能将美军与非洲友军交流时的语句翻译成各自熟悉的语言。在无需互联网的条件下，该装置能翻译 9 种语言。

值得注意的是，翻译装置并不会替代口译或高级语言人才，所以翻译装置的问世，不代表外语学习就不重要，比如情报人员就不可能拿着翻译装置去收集情报。

美国士兵与阿联酋士兵交流

→ 拆弹机器人如何工作

在机器人的诸多应用中，拆弹无疑是最危险的任务之一，危险潜藏在拆弹过程的每个动作中。拆弹机器人已经被用于安全拆除爆炸装置40多年，它们已经执行过成千上万次拆弹任务。然而，"拆弹机器人"这个词汇是个误称，因为它们并非真正意义上的机器人。

机器人的定义是能够自动执行连续复杂任务的机器。而拆弹机器人不能根据需要作出决定，也无法自主操作。相反，拆弹机器人更准确的定义应该更像无人机，因为它们需要人类操作员远程控制。在英国军队中，操作这些机器人的人被称为远程"拆弹专家"或"炸弹医生"。他们可以操作机器人对爆炸装置进行近距离检查，不会让自己或其他人陷入危险之中。检查之后，机器人还可以拆除炸弹。拆弹机器人不仅可以拆除炸弹，还可以拆除任何可能引爆的装置，包括地雷以及未爆炮弹等。

现代拆弹操作的关键是去除爆炸装置的引线，让炸弹无法引爆，拆弹机器人通常通过携带的高压水射流切断电线实现这个目标。爆炸装置通常需要电源引爆，阻断电线意味着其电路遭到破坏，从而无法引爆。可是，有些装置还有备用系统，若炸弹受到改动即会发生爆炸。这就是为何拆弹通常需要机器人进行的原因。

操作人员在安全距离外控制拆弹机器人，通过机器人身上携带的摄像头，他们可以看到机器人看到的东西，摄像头会将机器人的视觉影像传到操作人员的显示器上。通常情况下，机器人的前端安装有摄像头，操作员可以看到机器人的行进方向。机器人的制动器臂上也安装有摄像头，可提供其周围区域更广泛的观察视角。

原始的拆弹机器人需要许多绳索控制。但随着技术进步，电信电缆开始被用于向机器人的电子系统传输指令。但是，电缆只能为拆弹机器人提供有限的操作半径。此外，电缆也可能与目标对象纠缠起来，就像使用真空吸尘器或橡胶软管那样。现在，大多数拆弹机器人都通过无线通信系统控制。尽管这大大增加了它们的操作范围，但也可能导致它们遭到黑客攻击。

自从诞生以来，拆弹机器人的设计已经发生了翻天覆地的变化，但其核心功能依然保持未变。随着技术进步，拆弹机器人变得越来越小，功能越来越强大，但其依然需要人类控制，并配有用于处理可疑装置的手臂。

从移动性能方面来看，拆弹机器人配有类似坦克的链式履带，有的还配有 6 个以上的轮子。这令拆弹机器人可以翻越崎岖地形，有的甚至可以爬楼梯。拆弹机器人的手臂也使其更加多才多艺。大多数拆弹团队都携带可以配合拆弹机器人使用的不同工具，使机器人可绕过不同障碍，包括使用线切割机切断铁丝护栏等。鉴于拆弹机器人主要在各种恶劣环境下操作，它们需要能够抵御相当程度的伤害。

拆弹机器人形状大小各异，包括能够携带士兵背包并将其扔到建筑顶部的小型背包机器人，可乘坐在割草机上、配备 X 射线装备和爆炸探测器的机器人等。最初，这些机器人的控制十分复杂，需要接受特殊训练。但是现在，拆弹机器人的操作已经被大大简化。

随着机器人和遥控技术的进步，拆弹机器人适应周围环境的能力将越来越强。许多正在研发的原型拆弹机器人能够翻墙，有两只手臂的拆弹机器人将更加灵活，比如可以打开汽车后备箱查看。此外，科学家们还在研发特定功能的机器人。它们可以组队行动，比如有的可以嗅探爆炸物，有的则专门负责拆除。随着拆弹机器人技术的改进，它们在反恐行动中发挥的作用也将越来越大。

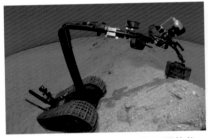

美国"魔爪"机器人正在处理爆炸物

陆军在伊拉克战场上使用"龙腾"机器人

→ 作战服与普通衣物有何不同

　　作战服是军人在作战、训练、劳动和执行军事勤务等特殊环境下穿着的制式服装，有的国家也称为武装服、作训服、作业服、野战服等。其主要特点是轻便耐用，具有良好的防护性能，适应战场活动和平时训练的需要。按类别分，有基本作战服和特种作战服；按保护色分，有单色普通作战服和多色组合迷彩作战服。作战服通常是官兵通用，多采用合成纤维与棉花混纺织物制作，也有的用纯棉织物和经过特殊处理的纯化纤织物制作。

　　与常服和礼服不同，作战服首先考虑的是舒适性、防护性和隐蔽性等实用性能，并不追求外形美观。过去，作战服的主要功能是为士兵抵御雨、雪、风、严寒、酷暑等环境侵害，使士兵能行动自如。随着化学、生物、热核等杀伤性更强的武器、小型侦视装备和传感系统的发展，各国军队对作战服的要求显著提高：要能长期暴露于恶劣气候环境和承受严重磨损的场合，拉伸强度和撕破强度高，耐磨损；要能拒水、遮风、挡雪和防虫；要重量轻，穿着方便，热应力小，透气、透湿、散汗和舒适；要能防弹、阻燃，抗化学剂和抗生物剂。

不同样式的海军陆战队作战服

除上述要求外，伪装功能也是各国军队尤为看重的一点，这也是各国军队的作战服大多是迷彩作战服的主要原因。在战争中，只有巧妙地隐蔽自己，方能出其不意地杀伤敌人，也只有隐蔽自己才能免遭敌方火力的攻击。迷彩作战服是由绿、黄、茶、黑等颜色组成不规则保护色图案用于伪装的军服。士兵穿着迷彩作战服，可以减小人体与背景在光学、热红外、微波波段等方面的反射或辐射能量差别，能够隐蔽人体和降低人体的显著性。迷彩作战服不仅能躲避肉眼和光学侦察器材的光谱侦察，而且可以降低微波侦察、热红外侦察和多光谱侦察的效果。士兵穿着迷彩作战服能够较好地隐蔽己方的战术企图，大大降低被敌方火力杀伤的可能性。

迷彩作战服的历史可以追溯到20世纪20年代后期。一战以后，各种光学侦察器材的出现，使穿着单一颜色军服的士兵很难适应多种颜色的背景环境。1929年，意大利研制出世界上最早的迷彩作战服。1943年，德国为部分士兵装备了三色迷彩作战服，这种迷彩作战服遍布形状不规则的三色斑块，从视觉效果上分割了人体外形，从而达到伪装变形的目的。德军的迷彩作战服在实战中获得了很好的效果，各国军队纷纷仿效，并对迷彩的颜色和斑块的形状进行研究改进。20世纪60年代以后新研制的迷彩作战服采用合成化学纤维制成，不仅在防可见光侦察方面比原先的棉布材料优越，而且由于在色彩染料中掺进了特殊的化学物质，使迷彩服的红外光反射能力与周围景物的反射能力大体相似，因而增强了一定的防红外光侦察的伪装效果。时至今日，迷彩作战服由原来的两色、三色发展到四色、五色、六色，由只能防可见光发展到防红外、防雷达等侦视，由单纯的防侦视功能发展到防紫外辐射等，由模仿自然色向变色技术方面发展。

　　未来迷彩作战服的发展趋势主要是跟上现代侦视技术的进步，一是向多色光谱方向发展，即在具有防可见光、激光夜视、近红外光学性质的同时，兼有防中远红外、防雷达等多谱伪装功能，并向变色隐形材料方面发展；二是向多功能发展，既具有伪装功能，又具有防风、防水、防寒、防化学、防核辐射功能，从而使迷彩作战服的应用范围更广、实用价值更高。

海军陆战队森林迷彩作战服的图案

身穿沙漠迷彩作战服的海军陆战队士兵

→ 防弹衣如何实现防弹

　　防弹衣，又称避弹服、防弹服、防弹背心等，主要用于防护弹头或弹片对人体的伤害。防弹衣的产生几乎与火药枪的发展同步，美国南北战争时期，美军就装备了重约3千克的胸甲，用来防御毛瑟枪弹。一战时，英军将一种重达9千克的钢制防弹衣装备给机枪手、工兵、哨兵等特殊作战人员。之后，其他国家也纷纷开始研制第一代防弹衣。二战时期，各国对防弹衣的研制越来越重视。两次世界大战中的胸甲和防弹衣主要是由钢或合金钢制作而成，因过于沉重，穿着后行动不便，步兵基本无法使用。

直到 20 世纪 50 年代，人们所考虑的防弹衣材料才跳出了金属材料的圈子。美军首先试验使用尼龙这类软质合成纤维材料制作防弹衣。实验表明，多层特制尼龙纤维可取得一定的防弹效果。当弹丸击中防弹衣时，纵横交织的多层尼龙纤维像网一样裹住弹丸，弹丸继续运动的话就必须拉伸尼龙纤维，尼龙纤维的张力降低了弹丸的运动速度，消耗并吸收了弹丸的动能。由于弹片的动能和运动速度一般比弹丸低得多，所以尼龙防弹衣对弹片的防护作用更明显。与两次世界大战时期的简易防弹衣相比，尼龙防弹衣的防护力已经得到了很大提高，但重量方面还有很大的改进余地。20 世纪 70 年代，美国杜邦公司研制出以超高强度纤维制成的防弹衣，重量仅 3 千克，防护力却不逊于金属材料。21 世纪初，美军在伊拉克战场上使用了采用模块化设计、以 KM2 高强度芳纶合成纤维为防弹层材料的"拦截者"防弹衣。

海军陆战队士兵正在穿戴防弹衣

时至今日，防弹衣的品种和型号越来越多，防护力也更加出色。按防护等级，可分为防弹片、防低速子弹、防高速子弹三级；按款式，有背心式、夹克式、套头式三种；按使用对象，可分为步兵防弹衣（装备步兵、海军陆战队等，用于防护各种破片对人员的伤害）、特殊人员防弹衣（主要供执行特殊任务时使用。在步兵防弹衣基础上增加了护颈、护肩、护腹防护功能，增大了防护面积。前身和后背设置有插板袋，用以加插防弹插板，增强防弹性能）、炮兵防弹衣（主要供炮兵在作战时使用，可防护破片和冲击波伤害）等；按原料，有软体、硬体和软硬复合体三种。

身穿防弹衣的陆军士兵

软体防弹衣的防弹层一般采用多层高强度高模量纤维织物加缝线衍缝或直接叠合而成。当枪弹、破片侵彻防弹层时产生方向剪切、拉伸破坏和分层破坏，借以消耗其能量。

硬体防弹衣的防弹层通常采用金属材料、高强度高模量纤维用树脂基复合材料加温加压而成的层压板、防弹陶瓷与高强度高模量纤维复合板制成。采用金属材料的防弹层，主要通过金属材料变形、碎裂来消耗弹体能量。高强度高模量纤维防弹层压板的防弹层，通过分层、冲塞、树脂基体破裂、纤维抽拔和断裂来消耗弹体能量。采用防弹陶瓷与高强度高模量纤维复合板的防弹层，当高速弹体与陶瓷层碰撞时，陶瓷层碎裂或产生裂纹并以弹着点为中心向四周扩散消耗弹体大部分能量，然后高模量纤维复合板进一步消耗弹体剩余能量。

软硬复合式防弹衣的面层采用硬质防弹材料，内衬采用软质防弹材料。枪弹、破片击中防弹衣面层时，枪弹、破片与面层硬质材料都发生形变或断裂，消耗枪弹、破片的大部分能量。内衬软质材料吸收、扩散枪弹和破片剩余部分的能量，起缓冲和降低非贯穿性损伤的作用。

→ 现代军用头盔有何功能

头盔是用于使头部免受伤害的一种单兵防护装备，历来为各国军队所重视。据有关资料分析，战场上的伤亡大多数由弹片所致，而防弹头盔可以有效地减少战场上的伤亡。英国有关部门研究表明，佩戴防弹头盔可减少 5% 的受伤率和 19% 的阵亡率。

冷兵器时代，古代士兵的头盔对于刀砍、斧劈、枪刺、箭射等，均有显著的防护作用。17 ～ 19 世纪时，由于步枪、手枪等火器制造技术的进一步发展，火器的射程和杀伤力大大提高，头盔失去了原有的防护作用，再加上头盔本身的笨重和闷热等缺点，各国军队纷纷将头盔淘汰。直到一战爆发，头盔才重新进入军事舞台。1914 年的一天，法军一名炊事兵在遭到德军炮击时把铁锅顶在头上，因此只受了轻伤，而很多人都死于猛烈的炮火。法国军队的路易斯·亚德里安将军得知此事后，深受启发，他要求部队研制金属制成的头盔。后来，人们将法军的制式头盔称作"亚德里安钢盔"。它是法军的第一种标准头盔，也是现代军用头盔的始祖。

一战后，许多国家的军队纷纷效仿法军，先后生产并列装制式钢盔。最初各国为有所区别和适合本国使用，头盔的样式可谓五花八门，后来德国在总结了法国、英国头盔制造经验的基础上，研制了一种带有特殊护耳的头盔，防护效果极为出色，在当时被公认为是最先进的头盔，直到今天仍有许多国家的新型头盔借鉴了这种德国头盔的设计经验。

亚德里安钢盔

20 世纪 80 年代以前，各国步兵装备的头盔主要是用高锰钢或其他特种钢冲压而成，这种头盔较重，防弹和隔热性能差，佩戴不舒适，还有二次破片伤人的危险。20 世纪 80 年代，一些发达国家开始研究用高技术纤维替代金属，军用头盔的发展由此进入了一个新的阶段，先后出现了玻璃纤维头盔、锦纶（尼龙）头盔、芳纶头盔、超高分子量聚乙烯头盔等非金属头盔。其中，

二战时期德国制造的 M42 钢盔

玻璃纤维头盔和锦纶头盔的总体防弹性能都不高。而美国采用"凯夫拉"超高强度芳香聚酸胺纤维材料制造的芳纶头盔，重量最轻的仅有 680 克，在同等防弹性能的前提下可比钢盔减轻重量 20% 以上，而在同等重量的前提下其防弹性能却提高了 20%～30%。目前，以美国为首的北约国家军队均大量装备了凯夫拉头盔。而超高分子量聚乙烯的强度和模量均高于凯夫拉纤维，是目前力学性能最佳的纤维，最近几年开始用于防弹头盔领域，但价格高、复合粘接技术难度大。

目前，世界上最先进的头盔不仅重量轻，而且防护面积大，对头、两鬓、耳、后颈部都有良好的防护作用，并且不妨碍正常战斗动作。这些头盔具有防武器碎片、防子弹直射、防钝击碰撞、防激光、防火耐热、减震降噪、伪装等多种功能，而且随着科学技术的飞速发展和战争的需要，头盔不再仅仅起保护身体的作用，而是集防弹、通信、夜视、瞄准、显示、防毒、防激光等功能于一身，实现头盔的综合化、现代化、电子化。随着科学技术的不断发展，在不久的将来，还可能出现许多功能更完善的新型数字化头盔。这些头盔将集各种高科技于一体，在未来战争中以其独特作用而占有举足轻重的地位。

MICH2000 全护耳型凯夫拉头盔

→ 军用防毒面具有何特点

防毒面具是一种戴在头上，保护士兵的呼吸器官、眼睛和面部，防止毒气、粉尘、细菌或蒸汽等有毒物质伤害的单兵防护器材。滤毒罐作为防毒面具的核心部件，其内部装填的滤毒材料直接影响着面具的防护性能的发挥。

一战中的 1915 年 4 月 22 日，德军为了扭转不利的战局，出其不意地向英法军队集结的阵地上，施放了大量氯气，这就是世界军事史上首次大规模的毒气战。经此役后蒙受重大损失的英法联军，立即敦促本国政府尽快制造防毒器具。1916 年 2 月下旬，在惨烈的凡尔登战役中，德军又重施故伎，在阵地上大放毒气，此时的法军已基本配了防毒面具，有效抵御了德军的毒气攻击。此后，世界各国陆续开展了防毒面具的研制工作，各种各样的防毒面具相继问世。随着科学技术的快速发展，防毒面具在材质、防毒性能及人员佩戴舒适性方便都有很大改善。

按照滤毒罐和面罩的连接方式，防毒面具可分为直连式和导管式，直连式的面罩可直接与滤毒罐或滤毒盒连接使用，而导管式则使用导气管与滤毒罐和滤毒盒连接使用。按照外观造型，防毒面具可分为全面具和半面具，其中全面具又可分为正压式和负压式。一般来说，军用防毒面具都会采用全面具的样式，这种防毒面具相对来说体积较大，而民用防毒面具则采用半面具的样式。按照防护原理，防毒面具可分为隔绝式和过滤式。过滤式防毒面具较为常见，其主要通过隔绝有毒气体，使用滤毒罐或滤毒原件净化有毒气体。隔绝式防毒面具就是完全与外界隔绝，面罩自身供氧，主要在高浓度染毒空气（体积浓度大于 1% 时）中，或在缺氧的高空、水下或密闭舱室等特殊场合下使用。

陆军士兵佩戴防毒面具执行化学武器检测任务

陆军士兵正在佩戴防毒面具

→ 军靴有哪些功能

　　军靴是供军人在行军、作战时穿着的鞋靴。一双优秀的军靴不但要足够耐用，舒适性强，以满足士兵在严酷作战环境中的各种需要，还应该威武美观，能够起到体现军威，提升士气的作用。正如巴顿将军所说："一个士兵穿上鞋子只是一个士兵，但一旦他穿上靴子就变成了斗士。"

　　现代军靴非常注重实用性能。对于需要大量行军的步兵来说，脚是最先开始疲劳的部位，如果军靴太过坚硬，就会加剧脚部的疲劳速度和程度。另外，士兵的双脚在行军过程中极易汗湿，如果军靴的透气性不佳，就容易使士兵着凉，引起身体不适，甚至腹泻等病症。士兵一旦陷入这种状态后，就不可能正常进行战斗了，部队战斗力就会大减。

　　在各国军队中，步兵穿的长筒军靴大多由柔软、结实的皮革制成，可耐高温和低温。此外，多数国家的陆军都备有在湿度高的热带丛林使用的布制长筒靴。越南战争时期，美军配备的高温丛林靴设有排水孔，靴底易于清除湿泥。鞋底装有金属板，以防止钉子穿透。目前，美军有多种定型军靴，包括防湿型、防寒型、抗高温型、沙漠型、滑雪型等。美军的军靴可以通过更换靴内的里衬，使因汗和雨水而浸湿的双脚得到很好的保养和休息。美英军队甚至研究出了防雷单兵战靴，可以在很大程度上减轻地雷对步兵的伤害。

美国海军陆战队军靴

德国国防军标准军靴

如何高效携带单兵装备

为了提升单兵战斗力，各国军队为步兵配备了多种多样的单兵作战装备，随之而来的问题是士兵的个人负重越来越重。以一名美国陆军步枪手为例，其单兵装备涵盖个人防护、生存保障、武器装备、夜视装备等四大方面。除了单兵武器外，他一般身着防核生化的三防衣、手套、面具，还有标准配置的防弹衣和防弹头盔。他要肩挎一个吊带式携行具，其背架为铝合金材料，里面装有弹药、水壶、GPS、掌上电脑、侦察设备、生化武器检测仪、医疗急救包等，甚至还有备用的内衣裤。此外，还要携带单兵使用的望远镜、瞄准镜、夜视仪及电池等。细数下来，一个士兵携带的各类装备不下百种。

根据现行的 1996 年版美军单兵携行负重标准，美国单兵负荷比二战时期整整翻了 1 倍。美军许多单兵装备都具有多种功能，需要附加多种设备。例如，美军头戴的"凯夫拉"头盔不光能抵御子弹、弹片的袭击，而且还是士兵的"第二大脑"。这种头盔可容纳一部微型无线电设备、一个话筒和一副耳机，便于士兵同战友和指挥官联系。头盔上部的雷达装置将报告士兵所处的确切位置。此外，进入信息化时代的美军士兵全身布满了各种传感器材，进一步增加了士兵的负重。

一战时期美国单兵装备及携行装具

在个人负重极高的情况下，一件坚固耐用、布局合理、人体工学设计出色的单兵携行装具就显得尤为重要。所谓单兵携行装具，是指士兵在战斗值勤时随身附着，支持士兵携带武器、弹药及作战必需品的专用装具。它是人与武器装备有机结合的基本载体。不同的军兵种，由于作战行动的特点不同，对单兵携行装具有不同的要求。单兵携行装具优化与否，对提高和保持单兵作战能力有很大影响。在相同负荷条件下，科学优化的单兵携行装具能有效地改善武器携行条件，大幅减轻单兵生理负担和心理压力，进而有效地提高整体作战能力和防护能力。

近现代军队最早携带装具的方式是单件分挂式，即单具单用，多具披挂。19世纪中期以来的近代军队，广泛采用单件分挂携行装具。单件分挂的优点在于简单，但是随着士兵身上携带装具越来越多，其弊端也越来越明显。第一，单件分挂，每携带一样装备就要缠一条带子，才能将自己的装具披挂完全，如果装备很多，一条一条带子缠在身上，穿戴和脱下都极为不便。第二，单件分挂的人机工效很差，从肩上斜挂到腰侧，即使用外腰带将背带束紧，装具的重力点也在臀部周围，在运动中各件装备或相互碰撞，或与身体发生碰撞，前后挪动，不便于行动和隐蔽，反复交叉的带子勒肩勒颈，压迫前胸，容易加速士兵疲劳。第三，单件分挂，需要一件一件清洗整理，野战条件下容易丢失，从而对单兵作战性能造成负面影响。

一战时期法国单兵装备及携行装具

由于单件分挂的携行方式存在诸多弊端，进入 20 世纪，欧洲各国逐步开始依托 Y 带或 H 带来对多种装备进行携带。例如德军就有多款 Y 带与外腰带组合起来的分体式携行装具，在外腰带上通过专门的连接卡具悬挂弹药匣、手榴弹、水壶、文件包等装具，背后可以与突击背包相连，携带其他物资。这种依托携行带进行组合的携行装具，可以说是分体式单兵携行装具的雏形。所谓分体式单兵携行装具，就是每一样装具都是独立的，不管是小弹药包还是大背囊，都可以拆开，但是这些分开的装具一旦用一条带子串起来，组合在一起，就可以把好几样装备携带好。当然，并不是百分之百能将全部装备连起，还是会有一些小件单独携带。

一战爆发前，英国就研发出了 P1908 型单兵装具，之后又发展出了 P1937 型单兵装具，装备了各英联邦成员国军队。在发展专用的单兵携行装具方面，美国也走在世界各国前列。在大多数国家还使用皮具的时代，美国就已经在 M1910 型携行装具上采用卡其布了。M1910 型单兵携行装具的核心是两根侧 Y 带，下方连接卡其布外腰带，其上悬挂步枪弹匣包、急救包、水壶套、干粮包，背后悬挂突击背囊。M1910 型携行装具推出之后，美军在其基础上不断进行改进，可以在 Y 带、外腰带和背囊上增加悬挂新的组件，丰富了它的功能。美军在 M1910 型携行装具基础上改进而来的各系列携行装具一直使用到二战后，并影响了许多盟国军队的携行装具。

一战时期德国单兵装备及携行装具

一战时期俄国单兵装备及携行装具

　　二战后，美国、英国、法国、苏联、德国、日本等国在减轻单兵负荷的同时，都竞相开展单兵携行装具的研究和改进工作。基于 Y 带、H 带为核心的分体式单兵携行装具逐渐发展，带子逐渐加宽以减小压强，以至于一些设计师直接设计出了与人体更贴合的战术背心。这些战术背心往往是专用的，背心正面缝制了放置弹夹、手雷的袋子。背心穿好后在身体表面不易移动，能够更好地固定所承载的装具。

　　1998 年，美国推出了模块化轻量承载装具系统（Modular Lightweight Load-carrying Equipment，MOLLE），该装具一问世就得到了高度关注。MOLLE 系统的核心是战术承载背心，背心上横向分布着一道道承载条，11 种标准附包和其他尺寸的附包可以根据需求，采用固定的搭扣方式在承载条上牢固固定，组成不同的配置组合。MOLLE 系统最大的特点就是模块化组合，不同的模块通过独特的横向承载条和搭扣安装，士兵可以根据自己的需求自由组装配置方案。MOLLE 系统推出后，世界各国军队也根据自身条件，设计出了各自的模块化单兵战术背心。例如，俄罗斯研制的 6SH112 战术突击背心采用了横向承载条来进行模块化自由组合，实现不同功能。

俄罗斯 6SH112 战术突击背心

配备 MOLLE 系统的美国陆军士兵

　　为适应 21 世纪高技术战争的需要，世界各国仍在不断地对单兵携行装具进行改进，以期更符合人体生理特点。未来的单兵携行装具将具备以下特点：一是轻便舒适，减少人体负荷。各国军队的单兵携行装具正由肩腰吊带式向背心式发展，因为背心式携行装具能更好地把各种战斗装备和生活用品集中到一个完整的结构系统内，使重力均匀地分布在人体的肩部、腰部和背部，而且贴身适体，不易和身体分离。二是组合方便，机动性能好。未来的单兵携行装具大多将会把战斗装备和生活用品分别装在两个分系统内，行军时两者紧密结合，进入战斗状态时可迅速分解，抛掉生活用品部分。三是增大携行量，提高单兵作战能力。现代作战弹药消耗量大，防护性装具多，因此单兵携行装具要尽量提高单兵的携行能力。此外，在现代化侦察器材的威胁下，单兵携行装具还必须有隐蔽伪装功能，其样式、颜色和用料都必须经过综合设计，与作战服协调一致，使之具有良好的防护和伪装性能。

→ 驼峰水袋为何备受青睐

　　驼峰（CamelBak）水袋是美国驼峰公司于 20 世纪 90 年代研制的单兵饮水携行系统，这种水袋容易携带、使用方便、结实耐用、抗菌防臭，非常适合军队作战使用。美国、英国、意大利等国的军队均装备了这种水袋。

　　驼峰水袋的历史可以追溯到 1988 年，其发明者是德克萨斯州的迈克尔·爱迪生。他曾是一名军医，同时也酷爱公路自行车运动。由于德克萨斯州夏天十分炎热，而自行车运动是一项极为消耗体能的运动，如果不及时降温并补充水分，运动员将很容易因脱水而无法参加比赛。在这种背景下，迈克尔利用医用橡胶软管和输液用的塑料袋制作了一个"个人饮水系统"，并把

迷彩驼峰水袋

它缝到运动衣里面。由于自行车运动员上半身几乎是平趴在自行车上，其背部的储水装置异常显眼，迈克尔就形象地称其为驼峰储水系统。后来，这个发明取得了专利。迈克尔创立了驼峰公司，并进一步将其完善。

1997 年，由于被特种部队广泛使用，驼峰公司获得了军队供应商的资格，开始批量向美军提供他们生产的水袋。2003 年伊拉克战争期间，驼峰水袋成了美军的标准装备，不再是特种部队的专用物品，普通士兵也可以使用。

驼峰水袋使用的材质为高弹力材料，因此非常结实。这种水袋的储水容量较大，装满时可以储水 3 升，大大高于普通的高分子水壶容量。内胆采用了抗菌的纳米材料，因此放在其中的水可以储存 2 ～ 3 天也不会变质发臭。另外，驼峰水袋便于携行，即使长时间携带也不会感到疲劳，剧烈运动时也不必担心与其他装具碰撞而发出声响。

由于驼峰水袋在充满水后，与使用者背部的接触面很大，所以无形中相当于给士兵穿上一件"水袋背心"，具有一定的降温作用。士兵只需要将储水容器背在背上，再将吸管围在脖子上，就可以在口渴时低头喝水，丝毫不影响士兵的其他行动。喝完之后也无需其他动作，只要将吸管吐出即可，前端的开关在离开嘴唇的压力之后会自动关闭，以确保水袋中的水不会白白流失。

身背驼峰水袋的海军特种兵

在战场上使用驼峰水袋饮水的士兵

→ 未来单兵作战系统强在何处

军事国防的科技水平一直走在世界的前沿，各国对于军事国防科技的研发也不遗余力。在单兵作战装备方面，一些军事强国相继制订了"士兵现代化计划"，大力开发未来士兵综合作战系统。各国开始从攻击力、防御力、信息化、舒适性和持续作战能力等方面入手，全力打造"未来战士"，使士兵从武器操纵者变为武器的核心。

简而言之，未来的士兵不再只装备传统的枪械和手榴弹，而是拥有一体化、系统化的单兵数字化装备，从而使未来战争以新的方式进行。未来单兵作战系统将汇集最先进的军事装备和科技技术，配备更

装备 FELIN 单兵作战系统的士兵

加致命的突击步枪、升级的武器瞄准具、更有效的防护装具、尖端的网络通信，并拥有计算机控制功能。

目前，大多数国家或多或少地完成了主要优先目标，并且将它们应用于一些精英特种部队。尽管各国的未来单兵作战系统在细节上存在差异，但基本思路大致相同。具体来说，未来单兵作战系统的功能基本如下所述。

1）武器功能

未来的高技术战争要求单兵武器具有更大的威力、更轻的质量、更高的可靠性、更好的适应性、更佳的维修性、更低的造价。因此，未来单兵作战系统中的单兵自卫武器将向通用方向发展，用一种新的枪械取代现有的手枪、冲锋枪。主战武器方面，士兵可携带的武器包括激光枪、电磁武器、高灵敏度反单兵雷等。这些武器将全部配备红外探测器和高效瞄准器，并与计算机／无线电通信系统、头盔系统相连接，集观察、瞄准、射击于一体，能在白天、黑夜或不良气候条件下完成监视、跟踪、精确射击等任务。它将允许士兵将武器绕过角落、经由窗户或伸出散兵坑外搜索目标，向敌人开火，而不将自己暴露于敌方火力之下。因为头盔上的目镜轴线与武器上的瞄准之间能灵活、自动地保持一致性，实现人在壕内枪在外的隐蔽瞄准的拐弯射击。

2）生存防护功能

将来将通过作战服、防弹衣及其他先进的防护措施，完成一系列对

士兵的防护，减少或者避免住士兵可能遭受的伤害，并有效地保护士兵不被敌人轻易发现。具体包括减轻弹头或破片对己方士兵的伤害；减弱核、生、化（气态、液态）造成的损伤；消除高、低温等恶劣气候的影响；能控雷报警，力求避免踩踏地雷；防潮防水。防止和扰乱敌人的侦察。现在先进的伪装色斑能随背景变化防止敌人的目视侦察和防热像仪侦察，实现全波段（可见光、红外、激光、雷达）背景变化。

3）指挥、通信控制、侦察和情报功能

对现场拍摄图像，实时报告战场态势（敌我位置、火力配置、障碍物等）；战场识别；文件处理；全球定位系统的定位和导航；引导后方支援武器的精确射击；判断声源方位和距离，并能滤掉爆炸噪声，减少噪声侵害；监测士兵身体状况。

要完成这些任务，需要头盔和其他通信电子设备的共同作用。在激烈角逐的战场上，头盔不仅具有防弹能力，士兵还可通过头盔护目镜上的显示屏将战场态势一览无遗。精巧的集控测器、计算机和电台于一体的装置，将进行敌我识别；各单兵计算机互联成网络，从而可提高战场保障能力；士兵可与班内各士兵及上级保持联系，还能横向与战车、火炮、直升机等进行话音、数据、图像通信，引导它们精确射击。

士兵正在测试"陆地勇士"单兵作战系统的通信功能

士兵测试 NORMANS 单兵作战系统

→ 外骨骼系统有何前景

外骨骼这一名词早期是指生物学中昆虫和壳类动物的坚硬外壳，外骨骼主要为昆虫和壳类动物提供了防护和支撑功能。人体机械外骨骼系统的研发始于 20 世纪 60 年代，最早应用于军事领域，旨在强化士兵的负荷能力，随后逐渐进入民用领域，多以医疗和工业生产为主要目的，作为帮助残障人士行走以及工人负荷执行制造、搬运任务的辅助工具，目前正在向负重能力更强、控制力和灵活性能更高的方向研发。

美国对于外骨骼技术的研发走在世界前列，并且主要以军用研发为主。早在 20 世纪 60 年代，美国通用电气公司就首次提出并开展关于增强人体机能的增力型外骨骼机器人的探索，研制出最早的可佩带的单兵装备——哈迪曼，目的是缓解士兵因执行负重远距离任务而产生的疲劳，但效果不佳。21 世纪初，美国国防部高级研究计划局（DARPA）拨款 5000 万美元开设"增强人体机能的外骨骼"项目，推进军事助力机器人研发。其中，美国加州大学伯克利分校人机工程实验室于 2004 年研发出一种下肢外骨骼机器人，整体质量约为 45 千克，穿戴者即使在负重 35 千克的前提下，仍然可以活动自如。

美国雷神公司的 XOS 系统获得 DARPA 提供的 1000 万美元预算支持，历经 7 年秘密研发于 2008 年推出，其动作较从前的外骨骼设备更为敏捷和有力，能举起 90.7 千克的重物而人体感觉只有 9 千克，能连续举 50 ～ 500 次，但重大缺陷是自带的电池只能使用 40 分钟。

美国洛克希德·马丁公司于 2009 年推出 HULC 系统，最大负重同样达到 90.7 千克，其内部配备的液压传动装置和可像关节一样弯曲的结构设计，不但能够直立行进，还可以完成下蹲、匍匐等很多复杂的动作，士兵穿戴这套外骨骼可以背负 36.7 千克物资以 3.2 千米 / 时的速度行进。

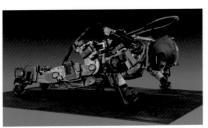

雷神公司 XOS 系统

2013 年 6 月，美国哈佛大学又设计研发出一款机械外骨骼，并命名为"机器护甲"，采用柔性化设计，不仅能够使穿戴者的下肢摆脱刚性材料的束缚，而且还能够更加自然地弯曲，而且能让穿戴者承

测试中的洛克希德·马丁 HULC 系统

受更重的载荷，是一款管型材料护甲，总质量仅有 7.5 千克。

此外，美军正资助西佛罗里达大学研发一种模拟海豚、企鹅和海龟运动的潜水服。DARPA 的"结构重构项目"资助的 Z 型人项目，则在研发仿生黏附织物壁虎皮，可以使人如壁虎、蜘蛛和其他动物一样攀登墙壁。美国特种作战司令部推动研制的战术突击轻甲（TALOS）有 35 家厂商、实验室及学院参与研发，它使用钛合金制造，将人类"包入机器"中。

除了美国，其他国家也在加紧研发军用外骨骼装置。例如法国某防务公司与法国武器装备总署联合研制的可穿戴式外骨骼被命名为"大力神"，该机械外骨骼不仅可以应用于增强普通人体的负重能力，而且可以增强士兵的作战持久力。德国则在研发一种可穿戴式的动力滑翔系统——狮鹫翼装。俄罗斯莫斯科国立大学在俄国防部支持下，也在开展旨在减轻军人体力负荷的外骨骼机器人的研究，主要研究内容是加强装置的腿部及腰部等负荷能力，提高其双手的灵活性以及配置匹配的防弹罩，以期在防爆反恐方面发挥更大的作用。

→ 步兵战车是否需要射击孔

冷战时期，受到核战争与可能在战争中使用各种大规模杀伤性武器趋势的影响，苏联认为步兵的机动性和防护性必须依靠专门的战车，步兵战车的概念因此产生。这种战车不仅可为步兵提供防护并增强其机动性，还拥有一定的火力，能够消灭一些轻型目标。此外，还能与坦克、自行火炮等作战车辆配合作战。

20 世纪 60 年代中期，苏联制造出世界上第一款步兵战车 BMP-1。受到冷战思维的影响，西方国家也开始研制类似的战车。当时的设计思路大多集中在战场运输方面，火力和防护力

取消射击孔后的 M2 "布雷德利" 步兵战车

只是比普通车辆更优秀，而机动力方面则侧重于强化不同地形的通过性。

20世纪80年代后，各国根据自身面对的战争方式与未来的需求，开始对新一代的步兵战车发展规划进行了一定的调整与修改。火力方面，随着导弹的发展，步兵战车也在各种导弹的协助下，拥有了堪比坦克的杀伤能力，甚至由于更加灵活机动，反坦克的战绩比坦克更出色。另一方面，这种新型车辆也要面对各种重火力的挑战，各种附加装甲模块也逐步被应用到了这些步兵战车身上。

所有的改动都是为了更好地服务于战场，最终都是为了赢得战争。其中关于步兵射击孔的改进也体现了这一进程。由于东西方对于步兵战车的战术运用不同，这种设计也在向不同的方向发展。俄罗斯的步兵战车依然保留了步兵射击孔，主要是受到之前的的大陆军思想影响。西方国家则在逐步取消这种设计，希望将步兵战车的定位于坦克火力的补充上。

美国M2"布雷德利"步兵战车是西方步兵战车中的代表型号，这种战车的最初型号是有步兵射击孔的。后来在经过实战运用后，美军认为步兵射击孔毫无用处，因为步兵在车内根本无法发挥射击孔应有的作用。无论是观察还是攻击，车载遥控武器系统都更有优势。所以在M2A1步兵战车之后，步兵射击孔就被取消，并且增加了额外的装甲。

俄罗斯的步兵战车依然沿袭了类似的设计技术，主要考虑到作战环境的复杂多变，尤其是在敌方步兵贴近战车后如何解决的问题上，认为保留步兵射击孔会更好。

保留射击孔的BMP-3步兵战车

第 4 章
技 能 篇

　　一支军队的战斗力，在很大程度上决定了一个国家的安定程度。而军队的整体战斗力，取决于每名士兵的单兵作战能力。只有每名士兵都掌握了过硬的作战技能，军队才能做到"招之即来，来之能战，战之必胜"。本章主要就单兵作战技能相关的问题进行解答。

→ 概　述

　　一名出色的士兵，不仅要有强健的体魄和的无畏的牺牲精神，还要熟练掌握多种作战技能，包括轻武器操作能力、格斗能力、伪装能力、急救能力等。只有这样，士兵才能在各种情况下顺利完成各种作战任务。

　　轻武器是指可以由单兵携带的武器，如步枪、手枪、冲锋枪、轻机枪、手榴弹、火箭筒、轻型火炮、反坦克导弹和肩射防空导弹等。掌握轻武器的操作方法和要领，是利用轻武器消灭敌人的基本要求。枪械是步兵的主要武器，也是其他兵种的辅助武器。枪械射击训练是轻武器训练的主要内容，尤其是单兵作战时最常用的突击步枪和冲锋枪。

　　由于战争形式的多样化，即使是军人也不可能随时随地携带武器，在没有武器的情况下，就只能赤手空拳击败甚至击杀敌人。这并不是一件容易的事情，除了要依靠日常的体能训练，还需要掌握一定的格斗技巧。在现代战争中，虽然各种先进武器数不胜数，但古老的格斗术仍有用武之地。对于常常需要秘密行动的特种部队来说，格斗术更是不可不学的实战技能。许多国家的军队都建立健全了完善的格斗术训练制度。美国、韩国、日本等国的格斗术，均采用了升段考核方法，而且对每一段均有拳打、脚踢方面速度、力度的具体要求，以及擒拿格斗的动作要求。这样就可使每个士兵对自己的格斗水平心中有数，掌握格斗的基本功。这种类似文凭的段位考核，对格斗训练走上正规化、科学化道路，无疑具有重要的作用。

　　伪装能力也是士兵必须具备的一项重要能力。现代战场上，人员的活动不仅容易被光学侦察发现，而且极易被敌人的雷达侦察和红外侦察发现。例如，美军装备的 AN/TPS-33 地面活

训练中的陆军士兵

动目标侦察雷达，对卧姿的人员在 3 千米内才能发现，而对行走的人员可在 6.5 千米处发现，对跑步的步兵班远在 14 千米处就能发现。美军装备的 AN/TAS-6 微光夜视仪的侦察距离也可达到 3 千米。因此，士兵在战场上的行动都要做到隐蔽。

军人平时要进行高强度的训练，战时要面对恶劣的作战环境，受伤、生病甚至牺牲都有可能发生。士兵拥有急救能力，不仅可以在紧急情况下自救，也能很好地帮助伤病战友。这一点在野战中尤为关键，因为那时缺少医护人员，很可能在几天甚至几个星期内都得不到专业的治疗。在发生窒息、大出血或休克等紧急情况时，士兵必须立刻实施急救以挽救战友生命。

全副武装的陆军士兵

→ 各种射击姿势孰优孰劣

正确的射击姿势是准确击杀敌人的先决条件。士兵熟悉多种射击姿势，必要情况下进行调整，更有利于确保射击的稳定性。基本射击姿势有以下 4 种。

1）站姿射击

站姿射击也被称为无依托站姿射击，其稳定性最差，但恢复速度最快。如果采取站姿射击，应当尽量估计并缩小身体晃动对射击的影响。大多数情况下，运动期间遭遇敌人之时，宜采取站姿射击。站姿射击通常用于自卫，期间注意呼吸和射击的适应很重要。另外，站姿射击受风的影响也比其他姿势大。

以站姿射击的陆军士兵

2）卧姿射击

卧姿射击可以分为两种形式，一种是双腿直伸式，另一种为左腿直伸右腿屈曲式。双腿直伸式的身体与射面的夹角比较大，两脚外旋脚尖向下，总重心位置在支撑面内稍左。这种姿势的优点是身体俯卧的面积大，头部贴腮自然，左臂负担量相对较小，适于使用标准步枪而身材又比较匀称的士兵。但这种姿势也存在着缺点，因为躯干以下全部俯卧，增大了腹部受压力量，对腹式呼吸的士兵，呼吸有所不便，持久性和一致性较差。

采用左腿直伸右腿屈曲式时，躯干与射向投影夹角较小，左腿随躯干自然伸展，脚直立或自由倾斜，右腿随膝关节自然屈曲，身体重量偏左，总重心位置在支撑面左侧。这种姿势的主要优点是右腿自然屈曲后身体重心左移，右侧腹部着地面积减小，整个姿势的力量易于集中，姿势的紧张度减小，动作自然，利于维持射击姿势的稳定性和持久性。对于身体比较高大壮实的士兵，采取这种姿势更为适宜。

左腿直伸右腿屈曲式的缺点在于枪与身体大部分重量偏左，增大了左臂负重量，对于身体矮小臂力不强的士兵，有负重较大之感。实践证明，左腿直伸右腿屈曲式卧姿，已被世界各国士兵普遍采用。在所有射击方式中，卧姿射击最容易学会和掌握，且重心的位置低，稳定性非常好。同其他姿势相比，卧姿射击还更不容易被敌人发现。

以卧姿射击的女兵

3）跪姿射击

跪姿射击时，士兵的右腿跪在地面或沙袋上，脊柱成前弓形状，身体重心落在地面或沙袋附近。在采用这种姿势的时候，要靠左小腿承担部分狙击步枪的重量，左肘无法紧靠身躯，且没有固定的支撑，因此应当确保人和枪的密切配合。跪姿射击的要求包括跪得稳、人与枪结合的力量集中、上身下塌、腰部放松。

以跪姿射击的陆军士兵

4）坐姿射击

坐姿射击的方式可以分为好几种，但主要的两种方式是双腿叉开和双腿交叉的射击姿势。在这两种射击姿势中，士兵都需要将两肘支撑在双膝上，从而确保射击时的稳定性。坐姿射击在稳定性方面仅次于卧姿射击，可以使士兵获得更良好的视野，当然也给敌人提供了更大的靶子。

总的来说，在各种射击姿势中，卧姿射击可以获得几乎完美的稳定性，但由于地形的影响，稳定性往往会受到干扰。同样，跪姿和坐姿射击受地形的影响稍小，却更容易被敌人发现，遭受报复性火力的攻击。

以坐姿射击的陆军士兵

→ 如何使用机械瞄准具

机械瞄准具是一种金属制的观测设备，可用于将物件定位在同一直线上，辅助物件对准特定目标，可应用于枪械、弩或望远镜。典型的机械瞄准具由两个组件构成，即照门，靠近观测者，垂直安装于瞄准线上；准星，靠近观测目标，型态有柱状、珠状或环状。开放式瞄准具的照门为缺口状，觇孔式瞄准具的照门则为小圆孔。

最早的机械瞄准具是固定式的，且不易调整。现在多数机械瞄准具都设计为可调式，可进行风偏与弹道修正。为求更精准的射击，机械瞄准具常被光学瞄准镜所取代，但仍与其他瞄准设备并存，甚至与光学瞄准具整合在一起，当作备用瞄准具。因此，士兵仍需掌握机械瞄准具的使用方法，以备不时之需。

使用开放式瞄准具时，要用右眼通视标尺缺口和准星，将准星尖位置于缺口中央并与上沿平齐，指向瞄准点。瞄准动作正确与否，对射击的准确性影响极大。例如，突击步枪的准星尖偏差 1 毫米，在 100 米距离上弹着点的偏差量可达 21 厘米。因此，瞄准时，应集中主要精力于准星与缺口的平正关系上。正确的瞄准应是准星与缺口的平正关系看得清楚，而目标看得较模糊。如果集中主要精力于准星与目标上，往往会忽略准星与缺口的平正关系，从而产生较大的偏差。

瞄准时，首先应使瞄准线自然指向目标。若未指向目标，不可迁就而强扭枪身，必须调整姿势。需要修正方向时，卧姿可左右移动身体或两肘，跪姿、站姿可左右移动膝部或腿部。需要修正高低时，可前后移动整个身体或两肘里合、外张，也可适当移动左手的托枪位置。

检查瞄准的方法主要包括：①个人检查。瞄准时，头稍上下移动，检查准星是否位于缺口中央；头稍左右移动，检查准星是否与缺口上沿平齐。②固定枪检查。将枪放在依托物上，瞄准后不动枪，互相检查瞄准的正确程度。③四点瞄准检查。将枪放在依托物上，在枪前 15 米处设固定白纸靶。示靶手将检查靶固定在白纸上，士兵瞄准后不动枪，示靶手通过检查靶中央的圆孔，点上标记作为基准点。然后，移开检查靶，由士兵不动枪瞄准，指挥示靶手移动检查靶。连续瞄准 3 次，每次点上标记。3 次的瞄准点与基准点能套在 10 毫米的圆孔内为合格。此外，还包括用检查镜检查。

开放式瞄准具在阳光下会产生虚光，如果持枪姿势不正，瞄准动作有偏差，准星或缺口偏差 1 毫米，100 米外弹着点就会偏差 20 厘米以上。因此，开放式瞄准具的射击精度不如觇孔式瞄准具。士兵使用觇孔式瞄准具时，不必将注意力放在标尺缺口与准星的平正关系上，眼睛对准觇孔之后，只需用准星去瞄准目标即可。不过，觇孔式瞄准具在使用过程中存在视野较窄的缺点，这点正好与使用开放式瞄准具相反。

开放式瞄准具（左）和觇孔式瞄准具（右）

陆军士兵使用机械瞄准具瞄准目标

→ 如何正确投掷手榴弹

手榴弹是一种能攻能防的小型手投弹药，也是使用较广、用量较大的弹药。手榴弹具有容易训练、携带方便、使用简单、威力较大的特点。由于各国军队使用的手榴弹在外形、质量和爆炸威力等方面都存在差异，加上战术技术方面的不同，所以手榴弹的投掷方法也各不相同。但是，各国军队的手榴弹投掷方法仍有一些共同点。

正确投掷手榴弹的前提是正确握持手榴弹，手榴弹握持不当将难以投远投准，甚至会脱手危及自身安全。一般来说，习惯右手握持的士兵应正握手榴弹，弹底朝下，掌心远离拉环，以便投弹前左手食指或中指能够方便地拉出拉环。而习惯左手握持的士兵握持方法恰好相反，握持时弹底朝上。

美军对于手榴弹的投掷方式要求较为宽松，基本要求是要保持身体正对或者侧对敌方，过肩将手榴弹掷出；核心要求是将手榴弹投得又远又准。同时，提出了标准的投掷程序：一是观察目标并估测距离，要求此过程要减少暴露的时间。二是去掉保险夹，将手榴弹握于投掷手中。三是用非投掷手的食指或中指拉住拉环，去除保险销。四是注视目标，过肩将手榴弹掷出，使手榴弹落于目标附近。手榴弹掷出后，保持手臂的自然前伸，可增加投掷距离和准确性，并减轻手臂的疼痛感。

　　手榴弹的投掷姿势可分为站姿、跪姿和卧姿3种。美军认为站姿是最理想的自然投掷姿势，可将手榴弹投掷得更远。在城市作战中，通常采用这种姿势。站姿投掷时，采取自然姿态站立，保持身体重心。将手榴弹过肩举起，非投掷一侧手臂向斜上方45°伸出，手指张开，指向目标，手榴弹投出后，快速掩蔽以防破片和敌军火力杀伤。如果找不到掩体，迅速采取卧姿，使头盔朝着手榴弹爆炸的方向。

陆军士兵练习投掷手榴弹

　　跪姿通常在矮墙、低坑道后作战时采用，投掷距离会缩短。投掷时将手榴弹过肩举起，投掷一侧腿伸直，并保持稳定，非投掷一侧膝盖以90°屈跪于地面。同时，非投掷一侧手臂向前屈伸45°，指向目标，采取自然动作投出手榴弹，投掷一侧脚离地，顺着投掷方向前移，以增强投

陆军士兵练习投掷手榴弹

掷力度。投掷后采取卧姿迅速掩蔽，以减少暴露面积，避免破片和敌方火力杀伤。

采用卧姿会大大减小投掷距离和准确性，只有在受到敌方火力压制，不能抬高体位时使用。卧姿投掷时，首先仰卧，保持身体与手榴弹的飞行轨迹平行，将手榴弹置于胸口，去除保险销。将投掷一侧的腿竖起约45°，两膝夹紧，脚牢固支撑地面。将手榴弹置于耳后102～152毫米处，竖起手臂准备投掷。用另一只手抓住身边固定物体作为支撑，以增大投掷距离。在投掷过程中，后脚蹬地以增加投掷力量，投掷时切勿将头或身体露出，以免将身体暴露于敌人的火力之下，投掷后应快速翻身俯卧地面。

→ 军队格斗术有哪些技法

作为战场中的搏斗技巧，军队格斗术并没有固定的格斗姿势。格斗过程中，要将双拳提起，略微放松，注意保护好头部。膝盖略弯，重心放在脚尖，随时留意对方的一举一动。一般来说，军队格斗术主要有以下6种技法。

1）拳法

作为各种打击技巧的基础，军队格斗术中对拳的使用非常重视。许多部队会将拳击中的拳法加入格斗训练，因为拳击拥有目前为止世界上最为系统、最为全面的拳法技术。军队格斗术的拳法一般包括刺拳、直拳、钩拳与摆拳等。不过由于使用环境不同，军队格斗术中的拳法中还有许多奥妙。例如，在击中敌人的一刹那才握紧拳头，可以加强对敌人的杀伤力；在手中握一块手帕，也可以增加拳头的力量。

拳头的击打部位多种多样，如突起中指关节，或是用手指的第二关节，甚至是握拳后蜷起的小指关节处都可以作为击打的部位。此外，掌根、手指以及手刀也是非常有效的打击方法。如果可以有效地对敌人的下巴或者身后的肾脏部位用掌根猛击，再强壮的敌人也会应声倒地；而手指可以用在与敌人缠斗中插击对方的眼睛；至于手刀，大多都被用于攻击敌人的侧颈部或后颈部，迅速让敌人失去知觉。

海军步兵进行格斗训练

2）腿法

腿法作为格斗术中杀伤力最大的打击技法，历来都被各流派所推崇，但是军队格斗术中的花样腿法并不多。因为战场不同于格斗赛场，任何疏忽与大意都可能使人丧命。在军队格斗术中，基本没有华丽的高位腿法，因为一旦士兵的腿被敌人接住，就会立刻失去重心而倒地，这在战斗中是非常危险的。军队格斗术中的腿法大多不会高于肘部，而打击位置通常集中在敌人膝关节、胫骨甚至裆部。虽然踢裆在现代格斗比赛中是非常可耻的技术，但是在战场上，能够活着就是最大的胜利，因此攻击裆部就成为常用的手段。穿着军靴的脚尖与脚跟都是非常有利的武器。

3）膝肘技

在实战中，除了快如闪电的拳头与威猛无比的腿法之外，还有两件最值得运用的武器——膝部与肘部。在各种格斗术中，膝部与肘部都是作为近战利器而运用的，尤其是泰拳。作为上肢与下肢的关节连接处，看似平常的膝、肘部在实战中有着强大的威力。无论是单独攻击还是作为组合技法，膝、肘部都是近战时一招制敌的可靠"武器"。在军队格斗术中，肘部可以分为平肘击、上肘击与下压肘击，攻击部位主要集中在敌人的眼睛、下巴、太阳穴或者锁骨等重要部位。而膝击则可以对敌人的头部、腹部、裆部进行攻击。

海军陆战队士兵进行格斗训练

4）关节技

军队格斗术中的关节技有许多都是源自合气道与柔术，而与两者不同的是，军队格斗术中的关节技更为凶悍。合气道中的关节技虽然犀利，但是强调尽量做到"只制不伤"。相比之下，军队格斗术并没有这一限制，反而讲究彻底摧毁敌人进攻的基础，使其丧失战斗能力。根据敌人进攻手段的不同，关节技一般会使用于敌人的肩、肘、手腕、膝、踝等部位，以强大的力量使敌人的关节向反方向运动，从而摧毁敌人的肢体。

5）反击技

战场形势瞬息万变，没有人知道下一秒钟会遇到什么问题。因此，如何应付突如其来的危险也是一名优秀军人所要掌握的基本功。在战斗中，敌人极有可能实施偷袭，要么是重拳快腿，要么是摔投绞杀，甚至是手持利器猛烈袭击。为此，军队格斗术中有许多用来反击的技巧，而在这些技巧中，头撞、肘击、膝顶与关节技往往会成为其中的关键。

进行格斗训练的海军陆战队士兵

6）组合技

很难将组合技归类为哪一种格斗术，因为这其中包括了太多的技巧，打击、摔投、寝技（来源于日语中的柔道用语，泛指一切在地面使用的柔道、柔术技术）与反关节等，大名鼎鼎的"近身格斗术"（CQC）就是组合技的典型代表。根据使用环境不同，组合技也千变万化。例如，直拳加上柔道中的腰技，最后使用脚跟对敌人实施致命一击。如果在组合技中加入匕首，则会使潜入作战更加得心应手。

陆军士兵练习格斗术

→ 如何利用匕首进行格斗

匕首没有剑的长度，也没有刀的力度，因此不适合长距离格斗。匕首是一种近战利器，与格斗技巧相结合往往可以使其发挥最大的威力。

海军陆战队士兵练习匕首格斗术

匕首的握持姿势可分为 4 种，即刀刃向下，反握刀把的"冰锥式"；刀刃向上，正握刀把的"铁锤式"；与铁锤式相似，但是用拇指和食指轻轻抵住护手的"军刀式"；掌心向后，将刀刃藏在手腕后面的"隐藏式"。

影视剧中常见的主动伸长胳膊用匕首去划击的姿势其实是非常危险的，因为这样很容易被敌人夺走匕首。正确的姿势应该是右臂下垂，置于右腿外侧，左手用于防守或挡击。这样可以为右手制造刺杀与砍杀的机会。双膝自然弯曲，以便保持身体平衡。

匕首的刺击也是有技术讲究的，只有用匕首的刀身水平横向刺击才能够有效地刺穿敌人的身体，真正伤害到敌人的内脏，否则刀身往往会被敌人的身体骨骼所阻挡，而无法达到一击毙命的目的。当然，正面与持有武器的敌人进行格斗时，匕首往往会处于劣势。这种情况下应该随机应变，例如使用沙土扬向敌人等。总之，匕首是近战格斗中的利器，而如何灵活地利用四周环境，对匕首使用则更为重要。

特种兵练习匕首格斗术

塔吉克斯坦士兵与美国士兵交流匕首格斗术

→ 现代战争还需要拼刺刀吗

现代战争中，各种高科技单兵装备层出不穷，刺刀这种古老的武器似乎已经落伍。二战以后，世界上几乎没有发生过大规模的白刃战。那么，现代军队还需要学习拼刺刀吗？

事实上，在伊拉克和阿富汗战争中，刺刀仍在发挥作用。2004 年的一次战斗中，有 20 名英军士兵试图消灭躲在战壕后面的反政府武装。来自英军战车的火力没起到太大作用，弹药已经不多了，所以指挥官命令他的士兵下车拼刺刀。最终，敌人在战斗中死亡了 35 人，其中大部分死于刺刀，而英军付出的代价是 3 人受伤。显然，刺刀并不会完全退出现代战争，它象征着士兵的意志和勇气。

虽然在现代战争中已经看不到两次世界大战时期的大规模白刃战，但是刺杀技术在实战中并非毫无用武之地，例如弹药耗尽或遇到枪械故障时，挺起刺刀，利用有限的空间发挥最大的力量，有效击退敌人，为自己争取胜机，仍是一种有效的实战手段。而在训练中保留刺杀技术训练，更多的是一种战斗精神和勇气的培养。

在刺杀技术方面具有代表性的国家有美国、英国、日本、韩国等。在 20 世纪 60 年代之前，美式突刺被分为长刺和短刺。长刺是先通过屈膝做好预备姿势，然后再一次屈膝并顶脚，将全身力量爆发出来，以刺刀瞄准敌人喉咙或要害部位后往上顶出。短刺则是角度较为水平的刺杀瞄准。美军刺杀技术比较强调枪托击打的动作，美军认为双方近战搏斗时，突刺是派不上用场的，因此劈砍和托击就成为合适的做法，劈砍有时因为枪身太长，刃面对敌人造成的伤害并不大，更加快速的托击便是最佳手段。20 世纪 60 年代，美军换装 M16 突击步枪，放弃了以全身动作来换取突刺距离的做法，改为直接用手臂力量将刺刀突刺出去，同时不再硬性规定手持枪托根部突刺，而是直接持小握把突刺，目的是方便士兵在不用变换握持位置的前提下迅速进入肉搏状态。

英国军队目前装备有 SA80 突击步枪，这种犊牛式步枪缺乏突刺优势，但也能使用刺杀技术。在重视刺刀战的英国军队中，刺杀技术仍是重要训练科目。由于犊牛式步枪的枪身长度不如传统步枪，并且难以利用杠杆方式采取垂直或水平托击动作，因而英军除了保留原有的握把据枪动作之外，也有手扶枪托底部的握法，目的是加长突刺距离以及力道。

日本刺杀技术被称为铳剑术，其武术气息较浓，不主张用枪身去硬挡劈砍，而是用枪头将对方武器拨开后，再行突刺。同时，在面对扭打混战时，铳剑术也没有比较明确的对策，其套路里没有考虑扭打的动作，就连枪托捶砸的招式也没有，只是片面强调近身肉搏的重要性。所以，旧日本军人在与对手陷入扭打状态时，总是力求尽快拉开距离，再使用刺刀拼杀。在突刺时，铳剑术强调"气、刀、体合一"，从体育科学角度看，就是所谓结合吐气、快速肌肉释放的爆发力。日式突刺尽管限制了刺枪的攻击距离，但比较容易进行下一次攻击，减少了士兵暴露在危险环境中的时间。

韩国刺杀技术独树一帜，以旧日军铳剑术为基础，融合美式刺杀技术，强调"气、刀、体一致"。训练时，韩军一开始会让士兵对空练习，然后穿着日式护具，手持覆胶木枪练习对刺，以培养士兵的距离感及面对敌人时的勇气。

海军陆战队士兵练习刺刀术

陆军士兵交流刺刀术

→ 如何有效反擒拿

擒拿术是实战搏击中贴身近战取胜最为行之有效的格斗技术之一，相对而言，精湛娴熟的反擒拿技术则是有效保护与防守的必要措施。在擒拿与反擒拿的互动过程中，双方交手距离很近，甚至彼此贴身，因此，采取什么样的反擒拿技法就显得至关重要。

1）摆脱扼喉

喉咙是人体的要害部位，如遭受打击或卡、扼，可使人猝死。所以摆脱扼喉是士兵防身的必修课之一。根据实际情形，摆脱扼喉可以分为站立摆脱（前两种）和倒地摆脱（后两种）。

（1）抬臂下踏摆脱法。被敌人从背后锁住喉部时，可用左手或左肘猛击敌人裆部或心脏，并乘敌人护裆之际，用双手迅速抓住敌人右臂，并猛力拧转，将敌人制服。最后可再对其头部狠踩一脚，使其彻底丧失战斗力或将其击毙。

（2）拳击膝顶摆脱法。从正面被敌人卡住喉咙并被推到墙边时，可侧身用右臂下砸敌人双臂，以减轻敌人卡喉的力量；然后在右手回收的同时猛击敌人太阳穴，将其打昏；然后再将敌人拖至墙边，并用左膝快速撞击其肋骨，将其肋骨撞断；最后用双臂抱住敌人两腿，将敌人重重摔在地上，随后补上足以致命的一脚，将其击毙。

（3）指戳接拳击摆脱法。当被敌人骑在身上，并被双手卡住喉部时，可把自己的双手插到敌人的肘关节中间，然后用力外撑。此时，敌人必然集中全力于双手，并使身体前倾，此时可用右手攻击敌人眼睛，并乘敌人受到攻击而一松劲时，再用右手一记重拳将其打翻在地。

（4）别头击裆摆脱法。当被敌人骑在身上，并被双手卡住喉部时，可用双手迅速拧住敌人双腕，用以减轻敌人卡喉的力量，同时速抬右脚从前侧猛踹（或蹬）敌人的下巴，将其向后蹬倒。然后再翻身坐起，并用右肘狠砸其裆部，将其击毙。

陆军士兵练习摆脱扼喉

2）摆脱扭臂

在格斗中，要害部位或关节被敌人控制后，特别是手臂被控制后，必须迅速解脱，如此方能变被动为主动。士兵在格斗中经常用到的摆脱扭臂方法有下述几种。

（1）侧滚接肘击摆脱法。被敌人从背后突然制住右臂时，可借助敌人的劲力，使身体向右侧滚动，以迫使敌人失去身体平衡。然后，可再将左肘狠狠砸向敌人头部或面部，将其砸伤或击毙。

（2）侧踹接旋踢腿摆脱法。被敌人反锁住右臂时，可用侧踹腿迅速攻击敌人身体中盘要害部位，然后不待对手闪避或反击，再在落下右脚的同时，用一记强劲有力的左旋踢腿重创对手，将其击昏或击倒在地。需要注意的是，侧踹腿反击要快速有力，旋踢腿要连贯、凶猛，只有如

此才能制敌于瞬间。这种方法在刚开始练习时可能因力量不够而缺乏威力，但如经常进行练习，这种有效的反击性腿法可具有很强的力量和很高的实用价值。

士兵练习摆脱扭臂

3）摆脱抱腰

抱腰可分为前抱腰、后抱腰及侧抱腰，其中以后抱腰为最常见。破解的方法有不少，大体可分为击肋、踩脚面、顶头、肘击等几种。士兵要在实战中准确、及时地作出判断，并以最快的速度击溃对方。

（1）连续肘击摆脱法。当被敌人由后抱住腰部时，应迅速向左转体，并用左肘猛击敌人头部，以迫使其松手，但为了最终击败对手，可在用左手控制其臂的同时，将右肘砸向敌面部，将其击昏或击倒在地。需要注意的是，向后肘击要狠，而且为了能够重创敌人，可用左肘连续打击敌人头部。转身控制其臂要快、要有力，以防敌人挣脱。砸敌人面部要连贯、凶狠，必要时可跃起向下肘击，以强化攻击力，增强打击效果。

（2）肘击接背摔摆脱法。当被敌人由后连臂抱住时，可在起脚猛踩敌人脚背的同时，迅速抬高双肘并前伸与肩平。接着身体略向右转，并以右肘猛击敌人肋部，以迫使敌人松抱。然后，再用右手抓住敌人右肘上方部位，左手则抓住敌人右手腕将其从头背后摔下，

士兵练习摆脱抱腰

随后可再予以擒拿或重击，将其制服或击毙。需要注意的是，踩敌人脚面要狠，以便能充分分散对手的注意力。肘击要有力，从而为背摔创造有利条件。背摔要连贯、迅速，不给对手以反应之机。

4）摆脱抓发

被敌人由前方用右手抓拉头发时，应迅速用左手按压其手背，将其手固定于头上，随即用右手迅速按制其手腕，紧接着用左手掌猛力顶压其右手腕外侧，同时后撤右腿向右后转体以助两手之力，使对手手腕受制或损伤。

被敌人由后方用右手抓住自己头发时，应迅速边向右后转身边用两手将其右手抓握并固定在头上。随即将头稍下沉，同时两手将对手的手腕外翻至手心朝上，随之迅猛抬头，两手猛力向上折其腕，迫使对手因腕部被制而就擒。需要注意的是，转身要敏捷，翻腕时两手和头部动作要协调，折腕要狠。

5）摆脱揪衣

当敌人一手揪住衣服，一手挥拳攻击时，可迅速用右手格挡敌人左手，同时用左手插向敌人眼睛，以化解敌人的攻击，然后再顺势以右手重拳猛击其面部，最后可用一记侧踹腿将敌人的肋骨踢断。如果仍不能将对手击毙，可再抬起右脚并用脚跟狠踩敌人面部，给敌人以致命打击。

士兵练习摆脱揪衣

→ 如何实施持械摸哨

摸哨，就是以隐蔽方式消灭敌方哨兵。如果士兵掌握了摸哨的实战技巧，便可不声不响地从背后向敌人发起突然袭击，并将其悄悄制服或杀死，以保证任务的顺利完成。在实战中，摸哨技巧根据实战情形可分为两种类型，即徒手技法与持械技法。其中，持械技法就是借助武器进行有效攻击的方法，主要有以下6种。

（1）掰盔制敌法。当从背后接近敌人时，突然用右手抓住敌人钢盔的前帽沿，同时用左手抵住敌人后颈。然后右手用力向上、向后拽，左手臂则猛向前推，利用其钢盔风带将其绞杀。如果敌人钢盔没有风带，可迅速夺过钢盔并重击其头部，将其击昏或击毙。

（2）勒脖制敌法。当从背后悄悄接近敌人时，可将手中的铁丝（电线、绳索）拉开，然后将左小臂置于敌人颈后部，而右手则在敌人头部上方转动，把绳子从右向左将敌人咽喉部位勒住。将敌人脖颈套住后，两手可猛力向相反的方向用力拉动，使敌人在几秒钟内昏迷或死亡。

（3）刺刀柄制敌法。当从背后接近敌人时，可用刺刀柄作为钝器去敲砸敌人后脑勺部位，将其击昏或击倒在地。接近敌人时要突然、隐蔽，攻击要快、要狠，令敌人防不胜防。

（4）石块制敌法。在无任何武器的条件下从背后接近敌人时，可用任意一种物件做武器，如挖战壕用的工具或石头、木棒等，并用这些东西去猛烈攻击敌人头部要害处，使敌人迅速毙命。

（5）枪托制敌法。持枪从背后接近敌人时，先用枪托重击敌人头部或敌人两肩胛骨之间的脊柱，使敌人在悄无声息的状态下迅速昏迷或死亡。接近敌人时要隐蔽、突然、迅速，攻击头部或者后心时要连贯有力，从而制敌于瞬间。

陆军士兵练习枪托制敌法

（6）刺刀制敌法。从前面接近敌人时，可用步枪上的枪刺猛刺敌人心脏处或肾部，使敌人来不及呼叫便迅速毙命。接近敌人时要突然，刺刀攻击要准确、迅速，一击必杀。

英国士兵与波兰士兵交流摸哨技巧

→ 战场上如何伪装自己

　　伪装既要有想象力，更要有科学理论的支撑。伪装，是一个与人的大脑与眼睛较量的过程。学习伪装，必须先了解人的大脑和眼睛是如何协作的。人们总是忽略大脑在观察中所起的作用，事实上在观察和捕捉目标前，大脑会不自主地预期寻找一个轮廓明显的目标。目标与四周环境的反差越大，就越容易被发现。相反，假如目标与背景环境相似，那么人的眼睛就会在大脑的指挥下忽略该目标。

面部涂有伪装油彩的陆军士兵

　　识别目标时，大脑主要通过目标的外形轮廓来辨别。在生活中，许多人都有这样的体验：白或黑的物体最容易被辨别，由于白和黑与纷繁复杂的背景反差明显，这两种颜色可以使物体的轮廓外沿显得更为明显。除了模糊目标的外沿，通过颜色的深浅对比，也可以改变大脑对物体轮廓的判定。迷彩服的伪装原理，就是利用深浅不一的色块干扰观察者，弱化人体的外部轮廓。要想取得理想的伪装效果，迷彩服的颜色、图案与曲线，都要接近所隐蔽的环境。根据作战环境的不同，有丛林、沙漠、沼泽、雪地等不同花色的迷彩服可供选择。

对于在野外作战的士兵来说，单纯使用迷彩服伪装效果并不好。除了穿戴迷彩服，士兵还要对面部及其他裸露的部位进行伪装。面部的伪装，同样是与敌方观察者的眼睛和大脑较量的过程。在野外潜伏的士兵，无一例外地要涂抹面部伪装油彩。也许有人认为，佩戴迷彩面罩更简单便捷，但根据美军的试验，没有一种迷彩面罩佩戴起来的效果能超过正确涂抹伪装油彩。

陆军士兵学习涂抹伪装油彩

当人们看到黑色的物体时，就会产生一种该物体离自己较远的错觉；相反，白色物体会让人感到间隔自己较近。涂抹伪装油彩要做的，就是通过黑白的对比来颠倒人脸的高低位置，从而迷惑敌人。人的面部，眼睛、鼻子周边，下巴与嘴唇之间，耳孔等部位都是凹陷的，这些部位要涂抹白色伪装油彩。而在鼻子、额头、颧骨、下巴尖等突起部位，则要涂抹黑色伪装油彩。在涂抹的过程中，一定要遵循先上白色、后上黑色的顺序。此外，新手还容易犯一个错误，就是涂得过于对称。要知道，自然环境的景象是不对称、没有规律的，因此要留意用伪装油彩打破脸部的对称。

除了正确穿戴迷彩服和涂抹伪装油彩外，在自然环境中作战的士兵，还要特别注意以下因素，以处于严密的隐蔽状态。

（1）外形。在自然界中，不存在完美的直线。因此，士兵应该注意随身武器装备的伪装，特别是突击步枪的枪管和无线电设备的天线。

（2）剪影。士兵绝不能在背景的映衬下呈现出他的剪影，突出自己的影像。

（3）光亮。士兵通常会携带许多可以反射阳光的金属物体，所以应该确保所有能反光的物体都涂上伪装色。

（4）气味。气味是容易被忽略的一点。例如，吸烟的士兵或许不会在战场上吸烟，但是他们的衣物上仍会留有烟草的味道。当士兵出汗时，这种味道会变得更刺鼻，并在空气中留下烟草味，容易被敌方侦察兵发现。除了烟草味，还有沐浴后的香皂味和特定食物的残留味道等。

（5）声音。在执行监视任务时，所有活动都应悄无声息地进行。士兵之间需要交流时，通常都应使用手势而不是语言。此外，有些设备的某些部件在与其他物体相撞时会发出声响，因此，需要将它们绑缚结实。

（6）阴影。如果士兵的影子超出了遮蔽物的遮盖范围，暴露了士兵的存在，再好的遮蔽物也无用处。在光线特别充足的时候，最好等到太阳当空或太阳下山时再采取行动。

→ 军人手语有何特别之处

军人手语是指在作战行动中，军人之间利用手指、手掌和手臂等部位作出某些动作，并以身体姿势、装备器材为辅助，传达特定内容的一种隐蔽而简易的通信方式。它是在吸取传统手语、商品交换手语、聋哑手语等基础上创建的一种专用型手语。

传统手语虽然形象直观，但过于零散，例如，伸出大拇指表示"真棒"，伸出小手指表示"无能"，将两根手指伸成"V"形表示"胜利"。这些手语只能表示某几个内容。商品交换手语虽然隐蔽，但局限性较大。聋哑手语虽然表示范围广，但学习时间长，且难掌握。相比之下，军人手语要比其他类型手语的内涵更丰富、寓意更深刻、灵活性更强。

军人手语按照在遂行作战任务中所表达的具体含义，一般可分为数字手语、专指手语、命令手语和告知手语等。

陆军士兵使用手语与队友交流

（1）数字手语。这是用手指的变换来表达不同数码的一种简易通信方法，可分为直接表示法和代密表示法。直接表示法是以 5 个手指的变换来直接表示 0 ～ 9 每个数字，简便直接，在日常生活中几乎每个人都在使用。直接表示法的优点是容易记忆、便于识别。代密表示法主要通过不

陆军士兵使用手语与队友交流

同的数字手语组合表示通信内容。它源自于早期的商品交易活动，经纪人之间为达成商品交换的目的，将手指伸向对方的袖口里，进行讨价还价，以防价格外泄。代密表示法能够表达较多的通信内容，保密性较强，但动作比较复杂，不易记忆和识别。

如果将数字手语和其他手语组合起来使用，就可以表示出更多内容。如要下达一组停止，二组前进的命令，可以用"数字手语 1+ 停止手语、数字手语 2+ 前进手语"来表示。

（2）命令手语。这是将上级的命令，通过手型的变换和手臂屈伸、摆动等动作传达给下级的一种简易通信方法，要求受令者接到指令后必须马上执行。因而具有权威性和不可否决的特点。

（3）专指手语。这是用手指的指向变换来指示不同的人或事物的

一种简易通信方法。通常用来表达"你、我、他，你们、我们、他们，这里、那里，或某人某物"等。从表达方式上讲，专指手语的表达类似于数字手语，也是以象形的方式来表述的，因而具有表述内容直接和令人一目了然的特点。

（4）告知手语。这是用手型的变换和手臂的屈伸、摆动等动作向对方或上级示意收到信号情况的一种简易通信方法，是同级之间或下级对上级传达的指令予以回应的通信方式，接收者仅作出回应，具有平等性的特点。

手语含义	动作
成人	手臂向身旁伸出，手部抬起到胳膊高度，掌心向下。
小孩	手臂向身旁伸出，手肘弯曲，掌心向下固定放在腰间。
指挥官	食指、中指、无名 指并排伸直，横放在另一手臂上。
手枪	伸直大拇指及食指，互成90°，呈手枪姿势。
自动武器	手指弯曲成抓状，在胸膛前上下扫动，像弹奏吉它一样。
霰弹枪	发信号的是手持霰弹枪的队员，只需用食指指向自己的武器便可。
门口	用食指由下方向上，向左再向下，作出开口矩形的手势，代表门口的形状。
窗户	用食指由下向上，向右，向下再向左作出一个闭合矩形的手势。
听到	举起手臂，手指间紧闭，拇指和食指触及耳朵。
那里	伸开手臂，用食指指向目标。
掩护我	把手举到头上，弯曲手肘，掌心盖住天灵盖。
放催泪弹	手指分开呈碗状，罩住面部的鼻子和嘴巴。
集合	手腕作握拳状，高举到头顶上，食指垂直向上竖起，缓慢地作圆圈运动。
推进	弯曲手肘部位，前臂指向地上，手指紧闭，从身后向前方摆动。
明白	手腕举到面额高度并作握拳状，掌心向着发指令者。
发现狙击手	手指弯曲，像握着圆柱状物体放在眼前，如同狙击手通过瞄准镜进行观察一般。
赶快	手部作握拳状态，然后弯曲手肘，举起手臂作上下运动。

手语含义	动作
看见	掌心稍微弯曲并指向接受信息的队员，手指间紧闭，将手掌水平放置在前额上。
检查弹药	手执一个弹夹，举起头顶高度，缓慢地左右摆动。
向我靠拢	伸开手臂，手指间紧闭，然后向自己身躯的方向摆动。
指令已收到	伸开手，大拇指和食指呈圆形状，同"OK"的手势相同。
下来	手臂向身旁伸出，手肘弯曲，掌心向下摆动至腰间高度。
撤退	胳膊垂直向下，握拳向后摆动。
安静	作握拳手势，竖起食指，垂直置于唇上。
单纵队	举起手臂，手肘弯曲，手掌垂直，前后作劈砍动作。
双纵队形	手肘弯曲，手举至头部，并且作握拳状，食指和中指伸出作钩状，前后摆动。
横向纵队	手部作握拳状，水平横向伸出手臂。
"V"字队形	前臂和身体垂直，手掌左右向下摆动。

→ 步兵在战斗中如何持枪

　　持枪，是士兵在战斗中携带枪支的动作和方法。步兵在战斗中持枪要做到便于运动、便于卧倒、便于观察、便于射击。在不同的地形条件下，步兵根据敌情和任务可灵活采取不同的持枪动作。一般来说，战斗中持枪有以下四种方式。

　　（1）单手持枪。动作要领：右臂微曲，右手虎口正对上护木握枪（背带上挑压于拇指下），用五指的握力将枪身固定，枪身轴线与地面略成45°，枪身距身体约10厘米。左臂自然下垂，运动时自然摆动。持突击步枪、班用轻机枪和火箭筒时，右手握提把，右大臂轻贴身体，运动时随身体自然运动。

　　（2）单手擎枪。动作要领：右手正握握把，食指微贴扳机，将枪置于身体右侧，枪口向上，机匣盖末端贴于肩窝，枪身微向前倾，枪面向后，右大臂里合，枪托贴于右胁（枪托折叠时除外），背带自然下垂，目视前方，左手自然下垂，运动时自然摆动。

（3）双手持枪。动作要领：左手托握下护木或握住弹匣弯曲部，右手握住握把，食指微贴扳机，将枪身置于胸前，枪口向前，枪身略成水平，背带自然下垂或挂在后颈上。

（4）双手擎枪。动作要领：在单手擎枪的基础上，左手托握下护木或弹匣弯曲部，枪身略低，枪口指向前上方，背带自然下垂或压于左手下，身体与射向略成30°角。

双手持枪的陆军士兵

单手擎枪的陆军士兵

→ 战斗中步兵如何接敌

步兵要想在战场上有效地躲避敌方火力杀伤和消灭敌人，就必须熟练掌握和灵活地应用战术基础动作，尤其是战场接敌时的前进动作。一般来说，前进动作可分为以下三类。

1）屈身前进

屈身前进是战场上接敌最常用的一种运动动作，可分为慢进和快进两种姿势。屈身慢进通常是在距敌较远，有超过人类身高的遮蔽物，以及敌情不明或敌方火力威胁不大的情况下采用。运动时，通常是双手持枪（也可单手持枪），上体前倾，两腿弯曲，屈身程度视遮蔽物的遮蔽程度而定，头部一般不可高出遮蔽物。前进时，注意观察敌情，保持正常速度前进。

屈身快进也可称为跃进，通常是在距敌较近，通过开阔地或敌方火力控制区时采用。快进前，应先观察敌情和地形，选择好路线和暂停位置，而后起立快速前进。运动中，通常应单手持枪（也可双手持枪），枪口指向前上方，并注意继续观察敌情。前进的距离以掌握在15～30米为宜。当进至暂停位置或运动中遇到敌方火力威胁时，应迅速就地隐蔽或卧倒，做好射击或继续前进的准备。

屈身前进的陆军士兵

2）匍匐前进

士兵在敌方火力威胁较大、自身处于卧倒状态下，如发现近处（10米以内）有地形或遮蔽物可利用时，可采用匍匐前进的运动姿势向其靠近。根据地形和遮蔽物的高低，匍匐前进又分为低姿匍匐、侧身匍匐和高姿匍匐三种姿势。

低姿匍匐是身体平趴于地面的运动方式，一般是在前方遮蔽物高约40厘米时采用。低姿匍匐携步枪的方法有两种：一种是右手掌心向上，虎口卡住机柄，五指握枪身和背带，将枪置于右小臂内侧；另一种是右手食指卡握枪背带上环处，并握枪管，余指抓背带，机柄向上，将枪置于右小臂外侧。行进时，身体正面紧贴地面，头稍微抬起，屈回右腿，伸出左手，用右脚的蹬力和左手的扒力使身体前移，然后再屈回左腿，伸出右手，用左腿的蹬力和右手的扒力使身体继续前移，依次交替前进。

侧身匍匐是在前方的遮蔽物高约60厘米时所采用的一种运动方法，其特点是运动的速度稍快，但姿势偏高。携步枪运动时，右手前伸握护木将枪收回，同时侧身，使身体左大腿外侧着地，左小臂前伸着地，左大臂支撑身体，左腿弯曲，右脚收回靠近臀部着地，以左大臂的扒力和右脚的蹬力带动身体前移。如果前方遮蔽物高约80～100厘米时，也可采取高姿侧身匍匐方式，让左手和左小腿外侧着地，以左手的支撑力和右脚的蹬力使身体前移。

高姿匍匐一般是在前方遮蔽物高约80厘米时采用。持枪前进动作为左手握护木，右手握枪管，将枪横托于胸前，枪口离地，用两肘和两膝支撑身体，然后依次前移左肘和右膝，如此交替前移。有时，也可采取低姿匍匐携枪方法。

匍匐前进的陆军士兵

陆军士兵练习匍匐前进

3）滚进

滚进是在采取卧姿时，为避开敌人观察、射击而左右移动或通过棱线时采用的运动方法。动作要领：在卧倒基础上滚进时，将枪关上保险，左手握枪于表尺上方，右手握枪口附近或两手握上护木，枪面向右，顺置于胸、腹前抱紧，两臂尽量向里合，两脚腕交叉或紧紧并拢，全身用力向移动方向滚进。

直（曲）身前进中需要滚进时，应左（右）脚向前一大步，左手在左（右）脚外（内）侧着地，身体尽量下塌，右手将枪挽于小臂内，枪面向右，身体向右（左）转，在右（左）臂、肩着地同时，向右（左）滚进。滚进时，右（左）腿伸直，左（右）腿微曲，滚进距离较长时可两腿夹紧。滚进适当位置时，如需射击，应迅速出枪，成卧姿射击姿势。

→ 战斗中如何卧倒和起立

在战场上，如果步兵突然遭遇敌方火力袭击，应迅速卧倒，防止火力杀伤。卧倒分三种基本动作，即双手持枪卧倒、单手持枪卧倒和徒手卧倒。

双手持枪卧倒的动作要领：卧倒时，左脚向前一步，上体前倾，重心前移，按左膝、左肘、左小臂的顺序着地。然后转体，在全身伏地的同时两手协力将枪向目标方向送出。地面松软时也可按双膝、双肘、腹部的顺序扑地卧倒。

单手持枪卧倒的动作要领：卧倒时，左脚（也可右脚）向前迈出一大步，同时身体前倾，按手、膝、肘的顺序卧倒，右手同时将枪向目标方向送出，左手接握下护木或弹匣弯曲部，全身伏地据枪射击。

徒手卧倒的动作要领：徒手卧倒时的动作与单手持枪卧倒动作基本相同，只是卧倒后，两手掌心向下放置于头部的两侧或交叉于胸前，两腿自然伸直和分开。

卧倒后要选择合适的时机起立，起立也分三种基本动作，即双手持枪起立、单手持枪起立和徒手起立。

双手持枪起立时，首先要观察前方情况，而后迅速收腹、提臀，用肘、膝支撑身体，左脚先上步，右脚顺势跟进，双手持枪继续前进。

单手持枪起立时，右手移握上护木收枪，同时左小臂屈回并侧身，而后用臂、腿的协力撑起身体，右脚向前一大步，左脚顺势跟进，继续携枪前进。

徒手起立时，按单手持枪的动作进行。此外，也可以双手撑起身体，同时左（右）脚向前迈步起立，而后继续前进。

卧倒在地的海军陆战队士兵

卧倒在地的陆军步兵班

→ 如何安全武装泅渡

武装泅渡是指士兵在着装、携带武器装备的情况下泅渡江、河、湖、海完成军事任务的一种游泳技能，是士兵必须掌握的军事实用技能之一。

泅渡前，士兵必须严格整理服装与装备，做到衣裤不兜水，随身装备不松散。整理方法为解开领口，把衣服、裤子的口袋翻出来，并把衣袖、裤腿平整地卷到上臂和大腿的适当位置，但不能卷得过紧或过松，并用带子扎牢以防途中滑脱。将鞋插入腰带，鞋底要朝外。

士兵应将所携带装备重量均匀分布，避免集中在身体某一部分。若重量集中在上半身，则会出现呼吸困难、换气费力的现象；若重量集中在下半身，则会出现腿部下沉明显、蹬水无力的现象。

在泅渡过程中，一般应采用蛙泳姿势，以利于保持身体平衡、观察水面动静，并使游动声响降低。蛙泳武装泅渡的技术与正常的蛙泳技术不同的是两臂划水稍向下压，两腿蹬水时稍向后下方，小腹微收，使臂浮起，便于保持身体平衡和防止下沉。蹬腿与划臂的力量要适当加大，呼吸要充分。

陆军士兵练习武装泅渡

多名士兵一起泅渡时，要按照"强弱搭配，快慢互补"的方法编排人员，以便互相协助。一般来说，要把游泳技术较差的士兵排在队伍中间，技术一般的士兵排在前面，技术较好的士兵排在后面，以便随时帮助落队士兵，起到收拢队形的作用。另外，应在队伍最前方安排一名游泳技术过硬的士兵负责领渡，完成排头开浪任务。

如果士兵在泅渡过程中发生抽筋现象，一定要保持镇静，然后再根据不同情况进行合理的解救。解救的目的是使痉挛的肌肉得到缓解，在水中主要是采取缓慢牵拉肌肉的方法，以使痉挛的肌肉慢慢放松。

海军陆战队士兵练习武装泅渡

如果有士兵溺水，战友将其从水里救出后，应迅速清理溺水士兵鼻腔及口腔里的泥土和异物，并将其舌头拉出。按压其腹部，帮助其将水倒出。还要及时实施人工呼吸，进行心肺复苏，并且及时送至医疗点救护。

→ 如何在野外寻找水源

在连续的战斗和快速行军过程中，士兵很容易与自己的队伍走散。如果不能及时归队，失散士兵就无法获得补给，必须依靠自己的求生技能在野外生存。在所有的生存物资中，水是最重要的。如果没有食物，一个人仍然可以在一定的条件下维持生命。如果没有水，人只能坚持短短几天时间。因此，如果一名士兵要在野外生存更长的时间，他就必须懂得如何去寻找水源或者如何获得淡水。

寻找水源时，通常可采取观察草木的生长位置和动物的活动范围的方法来判定。第一，注意分析绿色植物的分布情况。一般哪里有水，哪里就有绿色植被。尤其是在绿色植物分布均匀的地区，突然出现一小块长得特别茂密的植被，这足以说明这些生长茂盛的植物正在吸取靠近地面的水分。从那个地方往下挖，最容易找到水源。第二，将动物当成寻找水源的向导。绝大多数哺乳动物也会定期补水，草食性动物通常不会离水源太远，因为它们早晚都需要饮水，留意跟踪动物的足迹经常会找到水源。第三，留心特殊的含水地质结构。在石灰岩与熔岩地带常常可以发现一些流量比较大的泉水，而其他岩石地带不常见。在干涸的河床或沟渠下面很可能会发现泉眼，尤其是在砂石地带。

由于水在自然界的广泛分布和流动，特别是地面水流经地域很广，一般情况下难以保证水源不受污

陆军士兵在沙漠中练习自制饮水

染。因此，找到水源并不意味着可以直接饮用。在野外没有检验设备时，可以根据水的色、味、湿度、水迹概略地鉴别水质的好坏。纯净的水在水层浅时无色透明，深时呈浅蓝色，通常水越清水质越好，水越浑则说明水里含杂质越多。一般清洁的水是无味的，而被污染的水带有一些异味。清洁的水不会在白纸上留下斑痕，有斑迹则说明水中杂质多、水质差。如果找不到干净的水源，也可以通过物理法和化学法来改善水质，前者主要是将水煮沸消毒，后者则是利用化学药品氯、碘、高锰酸钾、漂白粉、明矾等。在野外因条件限制，也可以用一些含有黏液质的野生植物净化浑浊的饮用水。

陆军士兵在南非学习寻找水源

在找不到水源的自然条件下，也可利用简便方法获取少量的水或利用一些植物解渴。例如，可以从树枝上面砍下来一些枝叶或者寻找一些草本植物，把它们封装在一只干净的大塑料袋里面，然后把这只塑料袋放在阳光下面，在太阳光的作用下，保存在枝叶里面的水分就会被抽取出来。此外，也可以收集露水和雨水。夜里气温逐渐下降，空气中的水分便会凝结成露水，贴附在地面或植物上，早晨用塑料容器或布片一滴滴收集露水，可解燃眉之急。下雨时，可利用衣物大量收集雨水，也可用空罐头盒、杯子、钢盔等容器收接雨水。

→ 如何延缓身体水分流失

士兵在野外求生时，一方面要全力寻找水源，另一方面要最大限度地减少身体脱水状况，以维持体液平衡。因此，了解人体的水分流失规律，有助于士兵主动控制水分流失量。

水分的流失是人体正常的代谢运动，多喝多排，少喝少排，不喝也要排。只要人活着，有血液循环，水分就会不断流失，人就需要不断补水。在温暖的气候条件下，一个人每天至少要喝 2.5 升的水。即使体力活动十分有限，也仍然需要通过一定方式来补充液体的损失。人体的水分损失途径主要有以下 3 条。

（1）尿液排出。肾主水液，是人体保持水平衡的主要器官。人体内主要溶质的排泄取决于肾脏，但水的摄取量过多时，肾脏就会排出多余的水分；当水供给不足时，又有助于保存水分。肾脏还是人体重要的排泄器官，肾脏溶质负荷排泄需要一定的水分以尿液的形式排泄掉。因此，人体的最低尿量所需要的水量取决于溶质负荷量和肾脏对尿的浓缩能力。正常的成年人，身体的最小排尿量约为每天 500 毫升。

（2）出汗和隐性水分流失。当人体处于高温或者高强度的体力负荷下，汗液的蒸发就是机体散热的主要方式，并以此来维持人体的正常体温。因此，炎热的夏季往往需要大量补水。此外，人体内的水分还会通过皮肤蒸发或呼吸而排出体外。研究发现，即便是在恒定的温度和湿度环境中，人体的皮肤表面和呼吸也会随着身体代谢产热而流失水分，这就是隐性失水。正常的成年人每天的隐性失水量约 400 毫升。

出汗会导致水分大量流失

（3）粪便水流失。粪便的含水量为 40% ～ 70%，按每人每天排便一次计算，正常的成年人通过排便而造成的水分流失量大约 100 毫升。

除正常流失外，还有一些特殊原因会导致人体对水的需求量进一步增加，具体包括：如果暴露于高温环境，一个人就有可能通过排汗每小时损失大约 4000 毫升的水分；剧烈的运动会增加呼吸频率，并且提高汗液的排出量，其最终结果必然是通过肺部损失更多的水分；在寒冷条件下，空气中的水汽将会减少，温度也会随之下降。因此，在这种条件下用肺部呼吸就会损失更多的水分；在寒冷的空气环境中呼吸将会损失大量的水分。如果高度有所增加，那么人的呼吸就会变得更加急促，也就必然会损失更多的水分；烧伤会破坏皮肤的外表层以及水分扩散的载体，这样一来就会加剧水分的损失；如果士兵生病后发生呕吐或者腹泻，那么必然会损失大量的水分。

因此，要维持体液平衡，重点应从以下几个方面入手。

（1）在水源充足的条件下，应尽量多饮水，以保持体内有较多的存水量。这样一旦出现断水的问题，可以赢得延长生命的时间。

（2）在水源不足的条件下，要合理科学地饮水。正确的喝水方法是少喝、勤喝。一次只喝一、两口，水在口中含一会，分两次慢慢咽下。每升水的饮用时间至少要在 5 小时以上。这样的喝水方法，既可使身体将喝下去的水充分吸收，又可解决口干舌燥的问题。从生理学的意义上讲，就是既不会让体内严重缺水，又不会排出多余的水分。

（3）在高温季节，求生行动应尽量利用早晚和夜间较凉爽的时间，避开中午高温时段，以减少体内水分的消耗。

（4）避免太阳光直射。活动和休息应尽量选择阴凉的场所，以减少水分的蒸发。待在阴凉隐蔽之处，不要躺在温度较高或者被太阳照射过的地面。

（5）控制烟、酒。吸烟和喝酒都会使器官消耗水分，尤其是喝酒，要消耗大量的水分，因此，在断水的情况下，烟、酒必须严加控制，以减少体液的消耗。

（6）稳定情绪。心理稳定,镇定自若可以减少器官水分的消耗,相反,紧张和烦躁则会增加水分消耗。因此，要注意调整自己的心理状态，稳定情绪，同时注意休息，尽量将活动量减至最低程度。

（7）合理进食。如果身体得不到水分补充，体液会从要害器官转移以便消化事物，这样会加速脱水。脂肪很难消化，需要大量水分。因此，在不得不将饮水量限制在每天 1L 以下的情况下，要尽量避免食用肉食、干燥、高淀粉的食品或味道过浓过重的食品。多吃碳水化合物含量高的食品，如水果。

（8）尽可能多休息，不要说话。应当用鼻子呼吸，不要用嘴来呼吸。

在烈日下活动会加快体内水分的消耗

→ 如何在野外获取食物

士兵无法正常获得补给，需要自行在野外寻找食物时，寻找对象主要有野生植物、野兽、飞禽、爬行动物、昆虫、鱼类、藻类等，这些动植物大部分都可食用，只有少量有毒不可食用。

可食用植物是野外最容易找到的食物。采食野生植物最大的问题是如何鉴别是否有毒。全球各地的植物种类繁多，很难辨识哪些是可食用植物，而哪些植物不能吃。在无法对食物用科学的方法进行检验时，可以通过一般规律来判断植物的可食用性。一般白色或黄色浆果类植物均有毒性，有一半的红色浆果类植物可以食用，而蓝色或黑色浆果类植物几乎均可食用。有些植物的茎部只结有一颗果实，一般这类植物可以食用。不要食用任何带有乳白色奶状液汁的植物，也不要食用对皮肤有刺激性的植物。此外，有许多植物在加热的情况下会发生化学变化，从可食用植物变成有毒食物。

野兽、飞禽、爬行动物、昆虫和鱼类等热量高，营养丰富，堪称野外求生时的绝佳食物。捕猎野兽时，对大型动物通常应采用陷阱猎获的方法，对小型动物可采取压猎、套猎和竹筒诱猎等方法。捕猎爬行动物时，可采取叉捕法、泥压法和索套法捕捉。可食用的昆虫种类很多，如蜗牛、蚂蚁、蚯蚓、知了、蚱蜢等，

陆军士兵正在挖掘泥土中的昆虫

海军陆战队士兵学习布设套索陷阱

海军陆战队士兵利用大叶片编织捕鱼陷阱

可采取手捕、网罩、挖洞掏洞等方法捕获。捕鱼可使用钩钓、针钓、脚踩、手摸、拦坝戽水等方法。要注意的是，除非有绝对的把握杀死猎物，否则千万不要在近距离内与大型动物搏斗，因为那样做的危险性太大。

　　一般的动物类食物要经过烹调后才能食用。对于兽类，可以切成很小的肉块，彻底煮沸以后食用。对于鱼类，最好的方法是炖熟或者用树叶包裹起来进行烧烤。对于鸟类，大鸟可以煮食，而小鸟可以烧烤。对于爬行动物，可在清除内脏以后，放入炽热的炭火直接烧烤。当皮肤脱落以后，可以再用水煮食。对于蛇类，首先要把头部切割下来，这是因为它们的头部往往含有毒腺。对于蛙类，因为其外表皮肤带有毒性，必须剥下外表皮肤，然后穿在树枝上面进行烧烤。对于龟类，可以用水煮，使其硬盖脱落，然后把肉切割下来，再用其他方法进行加工。对于虾类，可以采用水煮的方法清除其外表硬壳。各种海产品都具有一个共同的特点就是容易变质，为此，应当尽快进行烹饪处理。对于昆虫，可以煮食，也可以放置在烤热的石板上面烤干，然后把它们压碎或者碾成粉末放入汤内或者其他菜肴中食用。

→ 如何在野外取火

　　士兵在野外求生时，火的重要性不言而喻。它具有多种多样的用途，可以取暖，可以烤干衣服，可以烧开生水，还可以用来煮食物或者向远方发出求救信号。因此，在野外生存，若没有打火机、火柴等现成的取火用具，就必须利用周围的天然材料来取得火种。

枪弹发射药是不错的引火材料

陆军士兵利用凸镜取火

取火的方法可谓多种多样，准备取火时，一定要选择在避风处或者使自己的后背对着风刮来的方向。如果弹药充足，可以使用枪弹取火法，具体步骤为取一发子弹，将弹丸拔出，倒出 2/3 的发射药，撒在干燥易燃的枯草或纸上，把弹壳空出的地方塞上纸和干草，然后推弹壳入膛，用枪口贴近洒了发射药的引火物射击，引火物即可燃烧。

如果随身携带有电池，可以把一条绝缘电线的一端连接到电池的正极，再把另外一条绝缘电线的一端连接到电池的负极。然后把这两条电线剩余的那两端连接至一条没有绝缘层的电线。此时这条电线必然会发光发热，由此点燃引火物。一旦取火成功以后，应当立即把电池挪开。

在阳光充足时，可以利用一只放大镜、一片照相机镜头片、一片具有放大功能的闪光灯镜头片或者一片带有凸形的玻璃瓶残片，将阳光聚焦在引燃材料上面，以此获得火种。如果方便，可以使用香烟作为引燃材料。

海军陆战队士兵学习野外取火

如果上述方法都不奏效，便需要使用一种非常古老的取火方法——钻木取火。首先，要找到合适的干燥木材做钻板，质地较软的白杨树、柳树都是不错的选择。然后，再找一根质地较硬的树枝做钻头，将钻板边缘钻出倒"V"形的小槽。最后，在钻板下放入易燃的火绒或者枯树叶，双手用力钻动，直到钻出火来为止。

→ 如何在野外补充盐分

盐不仅是人类膳食中不可缺少的调味品，而且是人体中不可缺少的物质成分。从生理角度看，盐对维持人体健康具有重要意义：盐在维持细胞外液的渗透压方面起着重要作用，影响着人体内水的动向；盐参与人体内酸碱平衡的调节，并参与胃酸的生成；盐在维持神经和肌肉的正常兴奋性上也发挥着一定的作用。

人体对盐的需求量一般为每人每天6克左右，盐分摄入过少或过多都不利于健康。如果人体长期缺盐，会导致低钠血症，引起疲惫乏力、恶心呕吐、头晕目眩、肌肉痉挛等症状。人体在极度缺盐时，可能会发生昏厥。

对于在野外求生的士兵而言，短期内可以不用考虑盐分摄入的问题，但如果长期得不到救援，或者需要较长时间养伤，就必须有意识地为自己补充盐分。因为人体出汗和排尿都会带走盐分，所以士兵所处地区的气候越暖和，盐分的损失就会越多。另外，一些求生行动和长途跋涉也会增加对盐的损耗。只有定期在食物中添加一定的盐分，才能确保士兵不会因缺盐而虚弱。

如果士兵没有随身携带食盐，便需要在野外自制食盐。如果士兵身处海岸边或海上，可从海水中得到充足的盐分供给——1升海水里大约含有30毫克的盐。但是千万不能直接饮用海水，必须用大量的淡水将其稀释才可饮用。最好的方法是通过蒸发海水获得盐块晶体。如果士兵能找到

盐碱地，可将地里的盐用水溶解，然后取上层盐水晒干，或者用火烘干，最后取得的结晶物可以食用。

当士兵身处内陆地区，解决盐分问题就比较麻烦了。如果直接找盐很困难，可

蛇血含有一定的盐分

以尝试一些间接获取盐分的方法。一般的动物血液中均含有盐分和多种矿物质，在任何时候都不要随便丢弃。如果无法狩猎中大型动物，可以选择捕捉老鼠、青蛙、鱼类和蛇类等小动物。还有一种利用动物获取盐分的方法是跟踪大型食草动物，例如大象、山羊等，这些动物本身也需要盐，而它们补充盐分的方法是定期到盐矿中舔食，跟踪它们可能会有所收获。如果士兵看到它们进入山洞或者正在舔地面或岩石，这些地方一般都是它们的盐分补充地点。

有些植物也含有盐分。在北美洲地区，最好的盐分来源是核桃树的根。在东南亚，可利用聂帕棕榈的根。将树根放在锅中熬煮，直到所有水分都被蒸发，便会析出黑色的盐晶体。河流回水湾或迎风的河岸边，会

聂帕棕榈

有一些白色的泡沫，其中含有盐碱成分，可以蒸发后放入食用的菜里面。另外，也可以把水里的浮萍烤干，然后磨碎做汤喝，这样也能补充一定的盐分和微量元素。

在找不到盐分补充的情况下，可以考虑提取自己身上的盐分。人体每天都会通过汗水、尿液和粪便等排出盐分，虽然能够提取出来的盐分较少，但也不失为一种应急方法。汗水一般都会吸附在贴身衣物上，形成一层盐渍，这层盐渍暴晒之后用清水浸湿衣物，将拧下来的水放进容器，进行沉淀并加热蒸发，剩下最后一点的时候就是含有微量盐分的水。

在盐分短缺的时候，一方面要努力寻找盐分来源，另一方面要尽量避免剧烈运动，以免流汗后盐分大量流失。另外，要尽量避免高温时段行走。

→ 如何包扎外伤

包扎是外伤现场应急处理的重要措施之一。及时正确的包扎，可以达到压迫止血、减少感染、保护伤口、减少疼痛，以及固定敷料和夹板等目的。相反，错误的包扎可造成出血增加、加重感染、造成新的伤害、遗留后遗症等不良后果。

陆军士兵为受伤的队友包扎伤口

在外伤急救现场，不能只顾包扎表面看得到的伤口，而忽略其他内在的损伤。同样是肢体上的伤口，有没有骨折，其包扎的方法就有所不同，有骨折时，包扎应考虑到骨折部位的正确固定；同样是躯体上的伤口，如果同时出现内部脏器的损伤，如肝破裂、腹腔内出血、血胸等，则应优先考虑内脏损伤的救治，不能在表面伤口的包扎上耽误时间；同样是头部的伤口，如同时损伤颅脑，不是简单的包扎止血就完事了，还需要加强监护。头部受到撞击后，即使自觉良好，也需观察 24 小时。如出现头胀、头痛加重，甚至恶心、呕吐症状，则表明存在颅内损伤，需要紧急救治。因此，在对伤者明显可见的伤口进行包扎之前，一定要先了解有没有其他部位的损伤，特别要注意是否存在比较隐蔽的内脏损伤。

对于与体腔相通的开放性伤口，现场一般只需对伤口进行简单的覆盖，然后尽快交由医护人员救治。例如，头颅外伤者如果鼻孔、耳朵流出较大量的淡红色液体，应考虑颅底骨折，伤口与颅腔有相通之处。不要在现场试图压迫和填塞伤者鼻孔、耳朵，以免造成颅内感染。

与腹腔相通的腹部伤口，可用干净的纱布、毛巾、被单等覆盖。如有肠管或网膜从创口处膨出，切勿试图将其回纳腹腔内，以免加重腹腔污染。对膨出的肠管或网膜，应用干净的碗将其完全盖住，或用干净纱布圈套于周围再行包扎，以防挤压膨出的肠管或网膜。与胸腔相通的胸部伤口，可造成开放性气胸。其中，交通性气胸与张力性气胸症状严重，甚至可导致伤者昏迷、死亡。

陆军士兵在练习胸腹包扎

对于交通性气胸，应尽快用无菌纱布或其他清洁的敷料封闭伤口，包扎固定，防止反常呼吸，以便减轻症状和减少持续性伤害。对于张力性气胸，由于破裂口形成单向活瓣，当人吸气时裂口开放，气体不断进入胸膜腔；呼气时裂口关闭，以至气体不能排出。胸腔内压力不断增加，使肺部受压增加，从而导致进行性呼吸困难。此时必须进行紧急排气处理，可用大号注射针头在患侧锁骨中线第二肋间刺入胸膜。

在有出血的情况下，外伤包扎的实施必须以止血为前提。如不及时给予止血，则可造成严重失血、休克，甚至危及生命。在包扎伤口时，尽量不要移动伤者，以免造成难以挽救的损伤。例如，造成长骨完全骨折伤者的骨折端刺伤重要血管、神经，造成脊柱骨折的伤者脊髓损伤而发生截瘫等。

对于骨折伤者，包扎时应该把关节固定在功能位置上。保持在功能位置上的关节，就算伤后关节不能活动，也可以最大限度地保留原关节的一些生理功能。对上肢来说，最重要的是保证手的功能；对下肢来说，主要是保证步行的功能。因此，肘关节的功能位置是屈曲近90°，膝关节的功能位置是稍屈10°，手各指关节的功能位置是屈曲45°。踝关节的功能位置是90～95°。此外，包扎的松紧程度也很重要。如果包扎松散，起不到固定的作用，近期就有可能发生出血、疼痛、休克等危险，远期则可能造成畸形愈合和假关节。如果包扎太紧，也有可能造成机体新的损伤。

陆军士兵为同伴包扎头部伤口

→ 如何紧急止血

在严苛的训练和激烈的战斗中，军人极易因多伤出现大出血的症状。人体任何部位的主动脉大出血都是极其危险的。失血 1.1 升会导致轻度休克，失血 2.3 升就会严重休克，这时就相当危险了，失血 3.4 升通常就会死亡。在战斗中，一旦出现大出血，必须马上加以控制，否则伤者随时都会死亡。控制人体外部出血的主要方法为直接按压、抬高肢体或者用止血带止血。

1）直接按压

控制外部出血最有效的方法就是直接按住伤口，按压不但要有力以止住流血，而且要保持足够长的时间来使伤口表面闭合。

实施按压措施时，首先要用手指或者手掌直接按住流血处，如果有消过毒或者干净的敷布，按压时可以盖在伤口上，不过不要浪费时间去找这些东西。一定要用力按住，尽管是直接按在伤口上，也要用力按到止住流血为止。在这个过程中，最好不要松开手去检查血是不是已经止住了。用力压 30 分钟，然后再松开手检查。通常情况下，30 分钟已经足够血流止住了。

如果 30 分钟的按压还不能止血的话，那就需要用敷布来压迫伤口。敷布由厚厚的纱布或者其他适合的材料组成，直接包敷在伤口上，然后用绷带牢牢绑住。绷带对伤口周围造成压力从而止住流血。敷布应该绑得比平常的绷带紧，但是不能紧到危害肢体其余部分的血液流通。如果发现以下情形，就说明绷带绑得太紧了：摸不到脉搏，指甲和皮肤变成紫色，绷带附近的肢体有刺痛或者疼痛感。

敷布一旦绑上就不要拿下来，即使出血还在继续。如果绷带被血浸透了，说明已经不能产生足够的压力止住流血，那就需要增加压力，

陆军士兵学习按压止血

可以再绑一块敷布覆盖在原来的敷布上面。在绑另外一块敷布时需要抬高受伤者的肢体，同时用手指压住伤口。

敷布需要保留 1 ～ 2 天，之后拆掉重新换一块小一点的敷布。在此期间，需要经常检查敷布和伤口，看看出血是不是已经止住了，血液流通是否顺畅，有没有感染。如果不这么做，一旦发生血液流通不畅的问题，

就很容易导致生坏疽或者冻伤，严重时甚至会肢体坏死。

2）抬高肢体

尽量抬高受伤者肢体，使之高过心脏，这样可以帮助受伤者的血液回流至心脏，并且降低伤口的血压，从而减少流血。不过，单纯地抬高肢体并不能完全止住流血，还必须同时压住伤口。

在包扎时抬高受伤者肢体

3）止血带

只有当直接按压和抬高肢体都未能成功止血时，才需要使用止血带。直接施压是非常有效的措施，所以止血带通常很少用到，而且因为下列原因，一般不建议使用止血带：止血带如果绑缚正确的话，止血带内肢体的血液流动会被阻止，导致肢体的组织损伤。如果止血带绑缚的时间太长，损伤会逐渐加重，导致坏疽产生，最后使整个肢体坏死；止血带可能会阻止静脉血液流通，却不能阻止动脉血液流通，从而造成比用止血带前更厉害的动脉出血；止血带如果绑得不正确，会导致绑扎部位的神经以及其他组织永久性受损。

如果必须使用止血带，可以用牢固、柔软的材料，诸如纱布、大块手帕、三角绷带、毛巾等材料临时做一条止血带。为了把对神经、血管以及其他皮下组织的损害减少到最小程度，止血带在包扎前最好 8 ～ 10 厘米宽，包扎后至少 2.5 厘米宽。包扎止血带的使用步骤如下所述。

海军陆战队士兵使用止血带为战友止血

（1）在肢体的伤口和身体之间，位于伤口上方 5 ～ 10 厘米的地方缠好止血带。切记不要把止血带直接置于伤口或骨折之处。

（2）将止血带绕肢体两圈，打一个半结，然后放一根短棍或者类似东西在结上，再打一个双结使之固定。

（3）把短棍当作把手用，拧紧止血带，紧到能止血为止。绑止血带前，如果能摸到肢体上的脉搏，那么绑完之后应再检查一下，如果摸不到脉搏，说明止血带已经绑得足够紧了。

（4）绑紧止血带后，应把短棍的另一端固定在肢体上，以防止松开。

（5）固定好短棍之后，清洁、包扎伤口。如果士兵是孤身一人，绑好止血带之后就不要再松开它。

使用短棍拧紧止血带

→ 如何应对休克

休克本身并不是疾病，它只是一种症状，或者一系列症状的综合反映。这些症状产生的原因是体内血液流通不足，身体想努力补偿这种不足。外伤、中暑、过敏、严重感染、中毒或者其他原因都能导致休克。

休克的早期症状表现为皮肤苍白、脉搏快速跳动、四肢发冷、干渴、嘴唇干裂等，之后会出现头晕、不辨方向、莫名躁动、虚弱无力、发抖、出冷汗、小便减少等更严重的症状。如果休克越来越严重，会进一步产生以下症状：快速而微弱的脉搏，或者没有脉搏；不规则地喘气；瞳孔放大，对光线反应迟钝；神智不清，最终昏迷并死亡。

如果休克得不到正确医治可能会导致死亡，尽管导致休克的创伤可能并不严重致死。受了伤的人不管有没有出现休克症状，都应该接受以下治疗以防止或者控制休克。

如果受伤士兵是清醒的，应将其放在平坦的地方，下肢抬高15到20厘米。如果受伤士兵已经失去了知觉，让他侧躺或者面朝下，头部歪向一边，可以防止其被呕吐物、血，或者其他液体呛着。如果拿不准采用什么姿势，就应把受伤士兵放平。如果受伤士兵进入了休克状态，不要移动他。

尽量保持受伤士兵体温，有些时候，需要从外部给受伤士兵提供热量。如果受伤士兵浑身湿透，应尽快脱下他的湿衣服，换上干燥的衣服。如果气温较低，可以用衣服、降落伞、树枝，或者其他可能的东西垫在士兵身下，使之和地面隔开。如有条件，也可临时搭建一个避身场所使受伤士兵与外界隔开。

从外部给受伤士兵提供热量可以用以下方式：热的饮料或食物；预热过的睡袋；他人体温；壶装热水；用衣服包住的热石块；或者在受伤士兵两边生火。但是，只有在受伤士兵清醒的时候才可以喂他热的饮料或者食物。如果受伤士兵失去知觉，或者腹部受伤，不要给他喝任何东西。

如果士兵是孤身一人，应该找一个地方躺下，洼地、树下或者其他可以避开风雨的地方都可以，要使头部比脚部低。尽量保持体温，并且休息至少24小时。

陆军士兵在抢救休克的同伴

→ 如何处理窒息

　　人体的呼吸过程由于某种原因受阻或异常，所导致的全身各器官组织缺氧，二氧化碳潴留（指液体与气体在体内不正常地聚集停留）而引起的组织细胞代谢障碍、功能紊乱和形态结构损伤的病理症状被称为窒息。

　　许多原因都会导致气管阻塞，从而使人窒息。例如口腔或者喉咙里有异物阻塞了气管；面部、颈部受伤，或者颈部屈折；口腔、喉咙或者气管发炎肿胀。炎症可能是由于吸入了烟火或刺激性烟雾引起的，也有可能是由于对食物、昆虫叮咬、植物或其他东西过敏引起的；失去知觉，这会导致下颚和舌头肌肉完全放松，如果颈部向前弯曲，下颚随之下垂，舌头往后退，就会阻住气流入肺的通道。

　　呼吸道阻塞的症状包括伤者呼吸困难，大口大口地喘气；伤者颈部前面的肌肉明显凸出，但是却听不到呼吸的声音，感觉不到有气体从口腔或鼻腔进出；皮肤青紫。伤者嘴唇、耳朵、手指周围的皮肤明显变青或者变得苍白，有时甚至全身的皮肤都会变色。

士兵进行窒息急救训练

第4章

　　不管什么原因，窒息的后果都是非常严重的。如果肺部空气供给不足，随之而来的就是脑部受损，最终导致死亡，这个过程可能仅仅发生在几分钟内。因此，必须在最短的时间内使伤者的呼吸道恢复畅通。具体步骤如下所述。

　　（1）清理伤者的口腔，用手指抠出伤者嘴里的任何异物。

　　（2）调整伤者的姿势，抬起头部，以扩大呼吸道容量。立即让伤者面朝上平躺，并抬起他的下巴。将伤者的头部尽量往后抬，使其颈部紧紧绷直。这样做时，应一手放在伤者脖子后面用力抬，一手放在伤者额头往后推，这个动作通常会使伤者的嘴自然张开。如果有捆成卷的毯子、雨披，或者其他类似的东西，可以垫在伤者肩部以保持他的姿势，不过不要为了获取这些东西而浪费时间。如果抬起头部使呼吸道通畅了，伤者开始呼吸，就不要再继续以下步骤，否则继续进行第三个步骤。在剩下的所有步骤中都要让伤者保持头部向后仰。

　　（3）强迫空气进入肺中。捏住伤者的鼻子，通过他的嘴迅速吹入两三口气，观察伤者胸部的动作，看空气是不是进入了他的肺。这种强迫呼吸可以促使他恢复自然呼吸，或者清除出呼吸道中微小的阻塞物。如果伤者的胸部随着强迫吹气而一上一下，表明呼吸道已经通畅了，如果还没有起作用，继续第四个步骤。

　　（4）抬升下巴。加强颈部的紧绷程度，使舌头不再阻塞呼吸道，可以用下面任何一种抬升下巴的方法：①拇指法。把拇指放在伤者的嘴里，其他四指紧紧抓住伤者的下巴向上抬。不要试图压下舌头。②双手齐下法。如果伤者嘴闭得很紧，无法把拇指伸入他的口中，那么就用这种方法。双手沿着耳垂握住伤者的下巴用力往上抬，使伤者的下排牙齿向前超出上排牙齿，用双手拇指强推伤者下嘴唇，使之双唇张开。

　　一旦伤者的舌头伸到足够靠前的位置，要迅速朝他口中吹气，看他的呼吸道是否通畅，如果伤者胸部仍无起伏，继续第五个步骤。

　　（5）清理呼吸道。当抬高伤者头部、强迫呼吸、最大程度伸展下巴等努力都失败之后，那么很可能异物已经进入伤者喉咙深处，而第一个步骤的快速清理没有起效。这时需要采取以下方法来取出异物：①手指深挖。用食指沿着伤者上颊伸入舌根部位，把食指当作一个钩子，尽力把异物一点一点往上钩，钩到手够得着的位置，然后取出。②背部敲打。让伤者侧身平躺，在他肩胛骨之间用力敲打几下，然后再把食指伸到伤者嘴里去检查一下异物是不是已经出来了。③腹部推挤。如果伤者坐着或者站着，站到他的身后，用双臂环抱住他的腰部，双手抱拳，把拳头拇指所在的一边放在伤者胸骨最底端和肚脐之间，压住伤者胸部，然后快速向上推挤。如果需要，重复进行这个动作。④如果伤者躺着，要让他面朝下，背朝上，然后靠近他臀部跪下，用一只手的手掌底部抵住他的胸部，另一只手压在这只手上面，然后快速做向上推的动作。如果需要，重复这个动作。⑤把背部敲打和手部推挤结合起来，尤其当呼吸道上部被阻塞时，结合使用这两种动作比较有效。

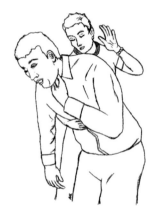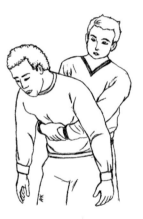

背部敲打　　　腹部推挤

如果上述步骤均未奏效，则说明伤者呼吸道阻塞非常严重，那么需要立刻进行环甲膜切开手术（制造一个人工呼吸道），否则伤者很可能会死亡。这种手术是在甲状软骨和环状软骨之间开一个小口，让空气直接进入气管，而不再通过气管以上的通道。需要注意的是，这种手术需要专门的知识和训练，非职业医护人员除非是在战斗求生中，并且已经别无选择时才可以尝试。其具体步骤如下所述。

（1）把伤者放在平坦的地方，头部后仰，使颈部绷直。

（2）如果时间允许，用水和肥皂清洗伤者皮肤，并抹上消毒药。

（3）用手指确认环状甲状软骨膜的位置。男人的甲状软骨就是喉结，位置很容易找到。而环状软骨就在甲状软骨下面，它没有甲状软骨大，但是差不多有甲状软骨的两倍厚，它构成气管的剩余部分。膜位于甲状软骨和环状软骨之间，称之为环甲膜。在这个地方，呼吸道就靠这层环甲膜及皮肤和外界隔开。

（4）拎起环甲膜上的皮肤，用解剖刀、刀片、小刀，或者其他任何锋利的工具，在皮肤中间垂直切开一个约 1.2 厘米深的小口。

（5）用手指翻开切口，露出环甲膜，横向切开一个口子，露出气管内壁。环甲膜上的切口打开之后必须保持开口状态，保证空气能够进出气管，可以在切口中小心地插入一根干净的管子。管子插好之后，马上就能够听到空气进出切口的声音。

（6）保护切口。管子插入之后，用绷带或者布条小心绑在脖子上，管子必须固定好，防止脱落，或者抵住气管内壁。开口必须保持到医护人员接管伤者为止，或者伤者恢复知觉不再需要这个切口为止（肿胀消除，伤者可以正常呼吸）。管子移开以后，伤口会自行愈合，不需要消毒以及不透气的包扎。

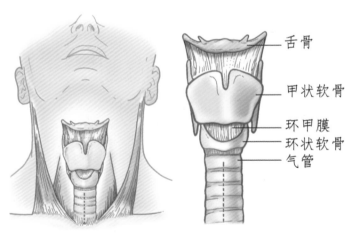

环甲膜位置示意图

如何紧急处理骨折

无论是日常在训练场还是战场，军人发生骨折的概率都很高。例如在美国西点军校，学生在下午 4 点课程结束之后，就可以自由支配时间。他们会积极地投入到练习室内障碍测试（IOCT）、摔跤和搏击等体能活动中，摔倒、淤青和骨折等问题都很常见。室内障碍测试包括匍匐前进、障碍轮胎、齐腰跨越、抬高攀登等科目。这是西点军校体能测试方面必须通过的一个项目，很多西点军校学员在训练过程中会发生骨折。

人体各个部位都可发生骨折，但最常见的还是四肢骨折。根据是否与外界相通，骨折可分为闭合性骨折和开放性骨折。前者骨折断端与外界不相通，骨折处的皮肤没有破损，受伤部位可能出现严重肿胀或瘀伤。后者骨折断端与外界相通，骨折局部皮肤破裂损伤，骨折端暴露在空气中。

根据骨折的程度和形态，骨折可分为不完全性骨折和完全性骨折。不完全性骨折是指骨的完整性和连续性部分中断，包括裂缝骨折（多见于肩胛骨、颅骨）和青枝骨折（多见于儿童）。完全性骨折是指骨折端彻底断裂，包括粉碎性骨折（骨折片块状碎裂成三块以上）、嵌顿性骨折（断骨两端互相嵌在一起）和压缩性骨折（骨头严重受压后变短，多见于脊椎）。

要辨别是否骨折，可从以下几个方面来判断：①疼痛。剧痛，伤处有压痛点，移动加剧。②肿胀。血管破裂出血，软组织损伤导致肿胀。③畸形。肢体缩短、弯曲或者转向。④功能障碍。骨折处活动受限，如上肢骨折时不能屈伸、握拳等。⑤神经、血管检查。末梢循环是否良好。⑥触摸脉搏。⑦观察手指、脚趾感觉、活动度及皮肤颜色。

如果是轻度无伤口骨折，尚未肿胀时，在有条件的前提下，应先进行冷敷处理，使用冰水、冰块或者冷冻剂敷住骨折部位防止肿胀。如有伤口则不宜冷敷。如果有开放性伤口，除应及时恰当地止血外，还应立即用消毒纱布或干净布包扎伤口，以防止伤口继续被污染。伤口表面的异物要取掉，外露的骨折端切勿推入伤口，以免污染深层组织。有条件者最好用消毒液冲洗伤口后再包扎、固定。

现场急救时及时正确地固定断肢，可减少疼痛及周围组织继续损伤，同时也便于伤员的搬运和转送。但急救时的固定是暂时的。因此，应力求简单而有效，不要求对骨折准确复位；开放性骨折有骨端外露者更不宜复位，而应原位固定。急救现场可就地取材，如木棍、板条、树枝、手杖或硬纸板等都可作为固定器材，其长短以固定住骨折处上下两个关节为准。如找不到固定的硬物，也可用布带直接将伤肢绑在身上，骨折的上肢可固定在胸壁上，使前臂悬于胸前；骨折的下肢可同健肢固定在一起。

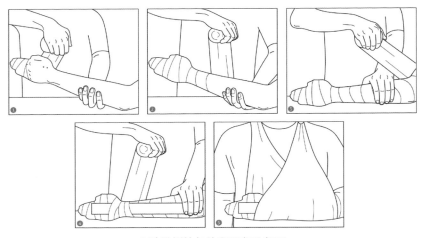

上肢骨折的包扎和固定示意图

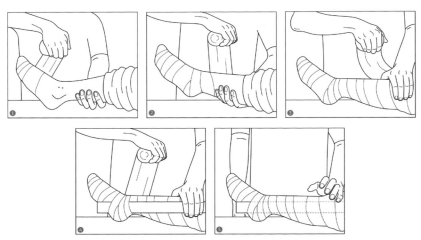

下肢骨折的包扎和固定示意图

陆军士兵学习处理骨折

→ 如何处理浅部切割伤

在炮火纷飞的战场上，士兵的身体经常会遭受浅部切割伤害。这种伤害是指皮肤与浅层肌肉之间的创伤，一般不会引起较大的血管、神经、骨骼和其他器官的损伤，后果一般也不甚严重，但若处理不当，就会造成感染，甚至引起更加严重的并发症。对于浅部切割伤，急救时应先用压迫法使伤口止血，再选用清洁的布类覆盖或填塞伤口，外加压迫包扎。然后根据伤口的具体情况施行清创和修复。

如果伤口不深，只是划破皮肤少量出血，只需用清水（或淡盐水）清洗伤口，消毒后用消毒纱布敷盖患处就可以了，这样可以防止伤口发生感染。

如果伤口较深，便需要缝合修复。先用干纱布掩盖伤口，以酒精消毒周围皮肤；取下干纱布，以盐水纱布球蘸洗伤口，再次消毒皮肤。然后，在伤口外周作局部浸润麻醉（没有麻醉药时可省略）。仔细检查伤口内各层受损组织，除去凝血块和破碎的组织，结扎活动的出盘点。仅有皮肤和皮下疏松结缔组织的裂开，可进行单层缝合处理；并有深筋膜裂开者，需先缝合深筋膜，再缝合皮肤和皮下组织，切勿留下明显的裂隙。缝合间距也不宜过密，以伤口边缘对合为度。缝合后消毒皮肤、外加包扎。如果伤口污染较多或处理时间已超过伤后 8 ～ 12 小时，但尚未发生明显的感染，皮肤的缝线暂不结扎，伤口内留置盐水纱条引流。24 ～ 48 小时后伤口仍无明显的感染，可将缝线结扎使创缘对合。如果伤口已感染，则应取下缝线按感染伤口处理。

如果伤口已经感染，可用呋喃西林等药液纱条敷在伤口内，引流脓液促使肉芽组织生长。肉芽生长较好时，脓液较少，呈粉红色、颗粒状突起，擦之可渗血；同时创缘皮肤有新生，伤口可渐收缩。如果发现伤口化脓不好转，脓液呈绿色，且肉芽不能生长或反而销蚀，可能有绿脓杆菌滋生，应改用苯氧乙醇或磺胺米隆等湿敷。如果肉芽呈水肿，可用高渗盐水湿敷。如果肉芽生长过多（超过创缘平面）有碍创缘上皮新生，可用 10% 硝酸银棉签涂肉芽表面，涂后随即用等渗盐水棉签擦去。对浅部软组织的切割伤，除了上述的局部处理外，还必须考虑到预防破伤风和使用抗菌药。切割伤为沾污的刀具所致，或发生在不清洁的环境中，或伤口较大，都需用破伤风抗毒血清和抗菌药。抗毒血清必须在伤后 12 小时内注射，这样才能起到预防作用。

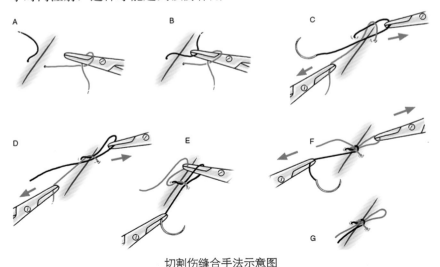

切割伤缝合手法示意图

→ 如何紧急处理冻伤

在高海拔地区、两极地区作战的士兵，如果疏于保暖，就很有可能被冻伤。冻伤是低温袭击所引起的全身性或局部性损伤。引起冻伤的原因主要是低温、身体长时间暴露、潮湿、风、水所造成的大量热量流失。冬季夜间温度很低，经常在 -8℃以下，若夜间行军也容易发生冻伤。冻伤多发生在手指、脚趾、手背、足跟、耳廓、鼻尖、面颊部等处。

士兵在寒冷环境中活动时一定要做好自我保护工作，穿着一定要暖和，同时还应增加蛋白质和脂肪摄入量，以保证合理的营养供给。在高寒地带，不要把易受冻的部位暴露在外面，如手、脸部、耳朵。戴一双暖和的手套，要扎紧手套、衣服和裤子的袖口，防止风雪侵入衣服内，脸上可戴护脸套，耳朵也要戴耳罩，这样才能防止这些敏感的部分发生冻伤。另外，不要站在风比较大的风口处，切记不要在疲劳或是饥饿的时候在雪地坐卧。被冻伤的局部，在初期可能没有明显刺痛感或是某种症状，因此要随时注意观察自己易被冻伤的部位，也可以叫战友观察自己是否有冻伤症状。

冻伤程度示意图

如果发生一度冻伤，自己要主动活动，并按摩受冻部位，促进血液循环。另外，可用辣椒、艾蒿、茄秆煮水熏洗、热水（不能太烫）浸泡，再涂以冻疮膏即可；如果发生二度冻伤，水疱可在消毒后刺透，使黄水流出再包扎，伤口已破溃者按感染伤口处理；如果发生三度冻伤，应尽快脱离低温环境，保暖，促进肢体复温，不可用雪擦、火烤或温水浸泡，否则会加重冻伤；当全身冻伤者出现脉搏、呼吸变慢的话，就要保证呼吸道畅通，并进行人工呼吸和心脏按摩。要渐渐使身体恢复温度，然后寻求专业治疗。全身体温过低的伤员，为促进复温，可采用全身浸浴法，浴水温度应保持在35℃至42℃之间。

陆军士兵在攀爬雪山

→ 如何紧急处理中暑

　　在沙漠地区作战的士兵，由于气温较高、自身负重较大，很容易中暑。中暑是指由于高温或引起高热的疾病使人体体温调节功能紊乱而发生的综合症。根据中暑症状的轻重，可以分为先兆中暑、轻度中暑和重度中暑。

　　先兆中暑是指出现轻微的头晕、头痛、耳鸣、眼花、口渴、浑身无力及行走不稳等症状。轻度中暑是指除以上症状外，还发生体温升高、面色潮红、胸闷、皮肤干热，或有面色苍白、恶心、呕吐、大汗、血压下降、脉细等症状。重症中暑是指除上述症状外，出现昏倒痉挛，皮肤干燥无汗、体温40℃以上、严重脱水导致休克等症状。

重症中暑又可分四种类型：①热痉挛。在高温环境下进行剧烈运动大量出汗，活动停止后常出现肌肉痉挛症状，主要累及骨骼肌，持续约数分钟后缓解，无明显体温升高现象。热痉挛也可视为热射病的早期表现。②热衰竭。严重热应激时，由于体液和体钠丢失过多引起循环容量不足所致。表现为多汗、疲乏、无力、头晕、头痛、恶心、呕吐和肌痉挛。体温轻度升高，无明显中枢神经系统损伤表现。③热射病。这是一种致命性急症，主要表现为高热（直肠温度≥41℃）和神志障碍。早期受影响的器官依次为脑、肝、肾和心脏。④日射病。这是因为直接在烈日的曝晒下，强烈的日光穿透头部皮肤及颅骨引起脑细胞受损，进而造成脑组织的充血、水肿。由于受到伤害的主要是头部，所以，最初出现的不适症状就表现为剧烈头痛、恶心呕吐、烦躁不安，继而可出现昏迷及抽搐。

一旦出现中暑症状，应迅速脱离高热环境，转移至通风条件良好的阴凉地方。如有条件，可平卧在床，解开衣扣，用冷毛巾敷头部。如果意识清醒，可饮服淡盐水。如果出现高烧、昏迷抽搐等症状，应该侧卧，头向后仰，以保持呼吸道通畅，并尽快向医护人员求助。

背负大量武器装备的海军陆战队士兵

在沙漠地区作战的陆军士兵

第 5 章
野 战 篇

　　军队在野外作战，是现代战场不可避免的部队作战模式。因此，士兵不仅要拥有各种各样的作战技能，还必须适应各种恶劣的环境，例如严寒的雪地、酷热的沙漠、潮湿的雨林、险峻的山地等。本章主要就单兵野战相关的问题进行解答。

→ 概　述

相对于城市战、巷战而言，野战是指在城镇以外、没有人工建筑物的地方进行的战争，包括山地战、丛林战、沙漠战、极地战等。

1）山地战

山地战是指在在高山或类似复杂地形条件下进行的战斗。山地战是最危险的作战形式之一，战斗人员既要和敌军交战，同时也要对抗极端的气候和危险的地形。高山在任何时候都是危险的，山体滑坡、严寒、强风、闪电等自然灾害都会对战斗人员造成额外的威胁，在某些连驮畜都难以通过的陡峭斜坡上行军、运输、医疗后送等等都势必消耗大量的资源。在战斗中，夺取制高点将给防御方提供极大的优势。在山地战斗中，要攻击一支有准备的防御部队，进攻方必须投入比平地作战多得多的兵力。

山地作战训练一般来说是陆军训练科目中最艰苦和最危险的科目。在世界许多国家都是由特种部队或专门的山地步兵部队来接受这种训练，因为只有他们需要在这类地形条件下执行作战任务。有些多山国家的常规步兵部队也会接受类似性质的训练，但训练强度相对较低。

在山区作战的士兵

2）丛林战

丛林战是指在丛林地带进行的战争。丛林在军事上通常指的是典型的热带森林，同时也包括亚热带和温带森林地区的作战环境。丛林的高温度、高湿度和较大的降雨量对人和武器都是严峻的挑战。茂密的植被极大削减了武器、传感器和通信装备的作用范围，人的耐力和武器携载能力也被严重削弱。在人类战争史上，丛林作战历来都是使交战双方十分头疼的问题，在其他作战环境下具备的步兵技术作战优势，在丛林或森林环境中通常都会大打折扣。

陆军士兵在交流丛林作战经验

3）沙漠战

沙漠战是指在沙漠地带进行的战争。沙漠这种地形的特点是植被稀少；视界射界开阔，但由于缺乏方位物体而容易迷失方向；土质疏松，影响通行，不利于构造工事；水源缺乏，昼夜温差大；对核生化武器的防护能力差等。沙漠战属于特殊环境的作战形式。在拥有某些优势的条件下，沙漠作战也会面临众多挑战。

严酷的沙漠环境对作战人员的体能和士气影响很大。因为严重缺水和气候的炎热，当暴露在外时，人员的体力会迅速下降，从而导致部队疲惫焦虑，士气低落。

沙漠环境对武器的使用影响也很大。沙尘和酷热非常容易损坏武器系统，特别是由计算机系统控制的高科技武器。所以，在沙漠作战中，要想方设法保护武器不进沙子。

沙漠环境对作战行动也会造成很大影响。在酷热的沙漠环境里，地面上的热气会大大降低能见度，从而使人眼观察的距离缩短，看到的东西形态模糊甚至失真，而且沙漠地区隐蔽条件极差，无处藏身。

另外，沙漠中强风带起的风沙会变得像锉刀一样锋利，在对人员造

成行动阻碍和非致命损伤的同时会
严重损坏机械装备的易损部位，如
直升机旋翼、旋翼轴承、发动机进
气口、枪管等部位。

在沙漠中训练的女兵

4）极地战

极地战是指在地球两极地区
进行的战争。两极地区，即北极地
区和南极地区。北极地区以北冰洋
为中心，周围濒临亚洲、欧洲、北美洲三大洲。南极地区以南极洲为中心，
周围濒临太平洋、大西洋、印度洋三大洋。

北冰洋的冬季从 11 月起直到次年 4 月，长达 6 个月。5 月、6 月和
9 月、10 月分属春季和秋季，夏季则是 7 月和 8 月。1 月的平均气温介
于 -20 ～ -40℃之间。而最暖的 8 月其平均气温也只达到 -8℃。就整体
而言，北极地区的平均风速远不及南极，即使在冬季，北冰洋沿岸的平
均风速也仅达到 10 米 / 秒。尤其是在北欧海域，主要受到北角暖流的控
制，全年水面温度保持在 2 ～ 12℃。

南极是世界上最寒冷的地方，堪称"世界寒极"。南极点附近的平
均气温为 -49℃，寒季时可达 -80℃。南极没有春夏秋冬四季之分，只有
暖季和寒季之别。即使是 11 月到次年 3 月的暖季，南极内陆的月平均温
度也在 -34 ～ -20℃。至于每年 4 月到 10 月的寒季，南极内陆的气温一
般在 -70 ～ -40℃。南极被称作世界的"风库"，有人称南极是"暴风
雪的故乡"。在南极半岛、罗斯岛和南极大陆内部，风速常常达到 55.6
米 / 秒以上，有时甚至达到 83.3 米 / 秒。

毫无疑问，严寒气候是极地战最大的挑战。二战时期，苏联与德国
在北极地区展开过激烈争夺，北极成为惨烈的苏德战争的重要战场。受
极度严寒影响，德军的坦克、车辆难以开动，汽油都被冻僵，严重地影
响了军队的战斗力。相比之下，苏军士兵非常适应北极的严寒气候，而
且在城市外圈防线上修筑了坚固的堡垒。最终，德军不得不放弃了攻势。

在北极地区训练的陆军士兵

→ 堑壕战有哪些致命危险因素

堑壕战（又称战壕战或壕沟战），是指利用低于地面，并能够保护士兵的战壕进行作战。参战双方都有固定的防线。当双方火力大大提高，移动力和通信系统却没有多大改进时，堑壕战就会开始。

一战的堑壕战非常惨烈，有 10% 士兵被杀。作为对比，第二次布尔战争和二战只有 5% 和 4.5% 战死。英军及英联邦军队有 12% 士兵战死，总伤亡数（负伤加牺牲）达到 56%。每名前线士兵都有 3 名后勤士兵提供服务（弹药、

一战中英国军队和加拿大军队使用的堑壕战武器

补给、医疗等）。参加战斗的士兵几乎不可能不负伤，实际上，许多士兵负伤不止一次。

当时医疗还很原始，有效对抗细菌感染的抗生素还没被发现。相当轻微的伤也可能因感染和坏疽而致人死亡。德军士兵里，腿受伤与胳膊受伤，分别有 12% 和 23% 死亡，主要死因是感染。美军伤员中的 44% 因为坏疽死亡。这些人中，一半是头部受伤。在腹部受伤的士兵中，只有 1% 活下来。

一战中，士兵受伤原因有 75% 由炮火造成。炮弹弹片造成的伤害通常比子弹严重。炮弹弹片会将灰尘带进伤口，导致感染。胸部命中弹片的士兵，死亡率是命中子弹的 3 倍。炮弹的爆炸还可能引起脑震荡致死。除了生理上的伤害，炮火还会造成心理上的伤害。长时间炮击常导致士兵休克，这在当时还没有被完全了解。

与其他战争一样，一战中士兵的最大杀手是疾病。战壕里卫生条件很差，常见的感染包括痢疾、斑疹伤寒和霍乱。许多士兵遭受寄生虫害和相应的感染。极差的卫生条件也使战壕中充斥着真菌，士兵们因此会罹患战壕嘴和战壕足疾病。另一个主要杀手是低温，士兵长期暴露于壕沟中，冬天的战壕温度常在 0℃ 以下，而士兵们没有足够的衣服。

参战双方都无法立即安葬死者。在前线变更之前，无人区内的尸体会一直无人拖回掩埋，而在前线变更之后，这些尸体已变得无法辨认。有些战斗，例如在加利波里的尼克山谷之战中，士兵们的尸体直到战后才被掩埋。战争结束后，人们在耕地或挖掘地基时，仍会发现新的尸体。

在战争的不同时期（特别是早期），双方都有正式的短暂停火，以便让伤员回到己方阵地，并掩埋死者。但双方军队的高级将领都不愿意因为人道主义而放弃进攻机会，所以都下令不允许敌军抬担架者进入无人区。双方战壕中的士兵拒不执行这种命令，因为短暂停火对双方都有好处。当战斗结束后，双方的抬担架者（臂上标着红十字）就会进入无人区将伤者抬走，有时他们还会交换俘获的双方伤者。有时这些非正式的停火也被用来进行侦察或让部队休息。一次著名的停火是英军与德军之间的圣诞节休战。它发生在 1914 年圣诞节夜晚阿尔芒第耶尔附近。德国士兵首先唱起圣诞颂歌，然后双方的士兵走出了战壕。他们互相交换礼物并讲故事，还举行了几场足球赛。

一战时加拿大军队在法国维米挖掘的战壕

→ 现代战争是否需要战壕

　　战壕是热兵器时代用作防御作战的工事。在两次世界大战中，战壕是一种非常有效的步兵防御手段，可以帮助步兵有效避开敌方炮弹和子弹的攻击。战壕的布置相当讲究，壕沟的位置、深度、宽度都需要周密计划，这些计划需要根据士兵体型和地形而定。此外，散兵坑的位置、临时指挥部的位置和伪装措施、火力点的设置、机枪的射界、防炮洞的设计，甚至排水沟的设置，都是挖掘战壕时必须考虑的因素。

　　战壕的形状是在实战中不断演变的。最初的战壕是直线形或者弧线形的，虽然士兵在战壕中行动更为便捷，但在防御中却存在一些问题。为了克服这些问题，战壕逐渐变成了折线形。究其原因，主要有以下两个方面。

　　首先，直线形的战壕缺乏战略的纵深与火力的交叉，而折线形的战壕会出现突出部，也就可以形成交叉火力，类似古代城墙上马面的作用。

　　其次，直线形的战壕一旦有一个点位被敌人突破，就会无险可守。

突入战壕的敌人就可以向两侧自由射击，而战壕之中的防卫人员完全没有隐蔽物。如果是折线形战壕，有了拐角就有了防守的点位，整条战壕不再一览无余，防卫人员可以将拐角作为依托，对突入的敌人进行打击。此外，战壕会遭到远距离的炮击与近距离的手榴弹攻击，并使落入战壕的爆炸物形成的冲击波，直线形或弧线形的战壕几乎没有阻挡作用，反而有一定的放大作用。而折线形的战壕，则可以很好地预防这种攻击。

一战时期战壕的典型布局

二战以后，随着科技的发展，各种重武器和精确制导武器的出现，战壕的作用急速下降。在现代的火炮、火箭弹、云爆弹、航空炸弹、地对地导弹等破坏性极强的武器面前，无论多深的战壕，对士兵的保护作用都很小。就算是有着钢筋混凝土外壳的地下工事，在现代精确制导的钻地弹面前都不堪一击。

在现代战争中，机械化运动战已是主流，空中精确打击也成为

反映堑壕战的油画《在战壕中学法语》（1917 年出版）

重要的攻击手段，步兵的作用开始逐渐弱化，交战双方狂挖战壕的现象已经很少见，而且交战人员的数量锐减，两次世界大战中的大兵团对抗场面基本不会再出现。特别是美国参加的几次局部战争，由于压倒性的技术优势，战争的形式发生了很大变化，步兵的战场主要是城市，面对的是以游击战为主的抵抗，战壕由于不可移动因此显得不是很有必要，更多的时候是挖散兵坑。然而，战壕并没有完全消失，作为对峙时的防守措施，世界上仍有多处纷争地区存在战壕。这些战壕更多的时候是作为交通壕使用，用于连接各个火力点，以及人员转移和通信。

陆军战壕特写

→ 如何正确构筑散兵坑

　　散兵坑是对单兵起防护作用的环型防护工事。对于敌方轻武器火力、炮弹弹片、飞机进行的扫射或轰炸以及坦克的碾压，散兵坑均可对己方人员起到极佳的防护作用。即使只完成一部分，散兵坑也可视其挖掘的深度起到不同程度的防护作用。

　　散兵坑基本上可分为单人和双人两种类型。如果上级指挥官未具体规定防护工事的类型，散兵坑的样式可由班长或火力组组长选定。散兵坑的基本构筑规范如下所述。

（1）应以舒适合用为准，尽量缩小目标，以免成为敌人的攻击目标。

（2）宽度应足以使人员坐在踏跺上时能容纳双肩（约60厘米）。

（3）深度应足以使士兵站在踏跺上能有效地射击或操作其武器，但不得浅于120厘米。

（4）在坑底一端必须挖掘具有一定

正在挖掘散兵坑的海军陆战队士兵

在散兵坑中待命的陆军机枪手

深度的排水沟，宽度以能容纳人员站立为限（这样人员就有足够的空间舒适地坐下），并能排除雨水。在排水沟的底部应挖掘一条管状防手榴弹槽，其位置一般在踏跺之下成30°角斜伸入地下。散兵坑的底部应成漏斗状向防手榴弹槽倾斜。这样，当手榴弹投入散兵坑时，人员即可将手榴弹踢入防手榴弹槽，使手榴弹爆炸后产生的破片不至于杀伤散兵坑内的人员。

（5）从散兵坑内挖出来的泥土应放在周围，并筑成胸墙，但应留出供人员射击时放置臂肘的足够宽度。堆放的泥土不宜太厚，并且应加以夯实。胸墙厚度至少90厘米，以保护己方人员免遭敌方轻武器火力杀伤。用散兵坑内挖出的泥土构筑环形胸墙时，胸墙高度约为15厘米。

（6）如果用草皮或表土伪装胸墙，应在开始构筑散兵坑之前铲去1

平方米范围内的表土，堆放在一边备用。在散兵坑挖好之后，再将表土覆盖在新挖出的泥土之上，使散兵坑的外貌与周围的地面保持一致。

（7）在大部分具有不同土质的地区内，恰当构筑的散兵坑能可靠地保护己方人员，避免坦克从任何方向进行直接碾压，伤害散兵坑内的人员。当坦克直接碾压散兵坑时，人员应蹲伏在坑内，其头部与地面之间应有 60 厘米的距离。

→ 游击战是否依旧有效

游击战是非正规作战的一种作战方式，以多发性小规模主动袭击的机动战为主要手段，具有高度的流动性、灵活性、主动性、进攻性和速决性，并能广泛动员及融入普通民众中。现代意义上的游击战一词，在 19 世纪初期的半岛战争中广为流传，当时西班牙和葡萄牙等国民众起义反对拿破仑帝国（法兰西第一帝国），并使用游击战战略与一支强大的军队作战。

西班牙游击队抵抗拿破仑帝国入侵西班牙

游击战必定是在敌强我弱的条件下进行的战争，是敌方强大到己方不能用其他战术战法与之相对抗，或使用一般的战术战法己方损失太大，大到己方无以为继时才使用。由于敌方强大，拥有大型部队，所以游击战多是在弱方的国土上进行。

从事游击战的游击队员一般来说没有标准的制服和武器，通常组成能自给自足的小单位，利用地形作为掩护，在自己所熟悉的地域里四处出击，用少量部队在一个点上创造局部优势。虽然敌方有 1 万人，己方只有 1 千人，但是己方可以慢慢消灭敌方的力量。总而言之，就是零敲零打，让敌方一开始不会损失很大，但这个数字会慢慢累积，直到敌方军队士气崩溃、粮食不足时，再发动致命的总攻击。但是，游击部队跟常规军队一样需要弹药和粮食才能持续作战，背后如果没有特定的国家或是团体长时间支援，装备跟人数上的劣势就会逐渐呈现。

在战术上，游击武装因兵力少而火力弱，很难独立定点地进行长时间作战，必须有当地民众提供物资、情报等资源，并积极创造条件，利用天时及地形并搭配陷阱，以机动力及隐蔽性主动出击，遭遇强大敌人时化整为零，消耗敌人战力、拖延敌人的行动、误导敌人的方向，给敌人造成极大心理压力。

在战略上，游击战虽然很难击垮敌方军队，却可以导致交战双方在战争中陷入僵局，而这种僵局最终又会导致政治解决。几乎在所有的例子里，在以政治方式解决时，总是正规部队那一方吃亏。因为游击战所需承受的人员伤亡与财产损失是在可忍受的范围之内，而传统部队却必须负担高昂的军费开销。战争时间越长，敌方需要承受的国内民意压力就越大。

21 世纪以来，游击战仍有用武之地。但随着信息技术的发展，新式武器装备不断出现，对游击武装的生存能力、机动能力、作战能力和指挥艺术都提出了更高的要求。特别是同拥有信息化武器装备的敌军作战，游击部队必须利用各种侦察手段，及时掌握敌军动向，应对来自空中、海上和地面的精确打击，运用小群多路、结构破坏、立体攻击以及广泛的信息、火力袭扰等战法，积极主动地消耗消灭敌人。

→ 人海战术是否过时

"人海战术"并非正规的军事术语，是对近代历史上一系列以数量巨大的人员消耗换取其他方面优势，包括时间、空间、进攻或防守机会等战术的总称。在某种意义上可以简单地理解为"以多打少，以众欺寡"。

　　人海战术的具体形式是以大量密集步兵向对方冲锋，目的是冲入对方战线，使对方难以使用火力歼敌，并通过近战击溃对方或迫使对方撤退。在近代战争中，由于自动武器、炮兵与空对地的优势火力，采用人海战术的进攻方往往伤亡惨重。人海战术要成功，必须在最短时间内有很大比例的步兵冲入对方战线，才有足够的兵力进行近战。

　　冷兵器时代，交战双方对垒时主要依靠士兵，集中优势兵力，依靠数量的优势冲击对方薄弱环节取得突破点的做法是常规战术的一种。它的基础是集中优势兵力，以数量增加整体的实力，在军事上是一种常见和有效的战术。以较多的兵力冲击对方，除了产生心理上的震慑作用以外，也能减少敌方反击的时间，加快敌方战斗人员减少的速度，从而减少己方伤亡。

　　19 世纪以后，随着热兵器的杀伤力飞速增强，战力与人数的相关性开始降低，而与武器装备以及弹药数量相关。现代火器的强大杀伤力使采用人海战术的一方的伤亡大增。一战时期，人海战术会让战争双方每日死亡人数达到数万人。人们意识到人海战术的实用性在高效杀伤的热兵器时代已经开始降低。而重机枪的出现和步炮协同的作战方法也使人海战术中的密集步兵冲锋逐渐改为小股单位分散冲锋，以获得更高效率。人海战术开始被用来特指在狭隘的战场中投放大量兵力，不惜伤亡实现战术目标的行为。

一战初期法国步兵发起冲锋

二战时期，不少战役中仍然有人海战术的使用，也造成交战双方的重大伤亡。在东线战场中后期，苏军利用人海战术取得了巨大的成果。太平洋战争期间，日军也对美军发起了人海攻势，日军士兵齐声大喊万岁后开始冲锋，所以被称为"万岁冲锋"。

斯大林格勒战役中发起冲锋的苏军士兵

在 20 世纪下半叶的一些局部战争中，也能看到人海战术的运用。1980 年 9 月 22 日晨，伊拉克利用伊朗巴列维王朝被推翻，国内政局动荡之际，调集三路大军向伊朗发起进攻，短期内攻占伊朗大部分地区。面对伊拉克的强大攻势，伊朗军队仓促应战，由于准备不足和伊朗国内大批职业军官遭到迫害等诸多因素使伊朗军队在前线频频失利。为了反击伊拉克军队，伊朗军队以巨大的代价通过了伊拉克军队设置的雷区，攻击伊拉克阵地。即使伊拉克军队使用毒气也在所不惜，最终造成双方巨大的伤亡。

海湾战争的经验表明，随着科技的进步，武器的威力越来越大，智能化程度也越来越高。随着军事理论的革新和大量精确制导武器投入战场，传统的机械化巨型兵团已逐步失去发挥作用的空间。然而美军在2001 年阿富汗战争和 2003 年伊拉克战争的结果表明，陆军依旧是最后战争决定胜负的关键。因此，当今军事强国都非常重视陆军的空中化建设和远程投送能力。在未来战争中他们对军队的基本要求，就是数位化和快速反应及远程投射能力。

有观点认为，现代战争中人依旧是左右战争的关键，因为无论多么先进的武器，最终都操作在人手中。在双方军队的技术水准持平的情况下，数量优势依然是左右战争胜负的关键因素之一。在 2020 年 11 月开始的提格雷战争中，交战双方均被指使用了人海战术。埃塞俄比亚政府指责提格雷人民解放阵线把平民推上前线实施人海战术，并指中央政府一方也可以采用人海战术对付人海战术。由此可见，在军事科技高度发达的今天，人海战术也没有完全消失。

→ 机械化步兵如何作战

机械化步兵是现代陆军中的一个步兵兵种，是指搭乘步兵战车或装甲输送车机动的步兵。

机械化步兵是在二战期间，由德国在"闪电战"理论指导下创建的一个兵种。德国陆军为了加强步兵的机械化作战能力以配合坦克集团的高速突击，给步兵配备了汽车或履带式运输车。在实际作战中，由于步兵的防护能力较差，因此又开发出步兵可以搭乘作战的装甲车辆，以不间断配合坦克部队的行动，甚至在装甲车辆上安装重武器方便在街巷中执行扫荡任务。1943 年开始，为了鼓舞动摇的军心，希特勒用"装甲掷弹兵"命名那些搭乘装甲车作战的步兵，希望用普鲁士军队的传统唤起军人的荣誉感。

机械化步兵是伴随着坦克和大规模集团作战理论出现的兵种，其特点就是火力、机动力以及防护力强，适合配合坦克机动作战。冷战时期，核武器逐渐发展成熟，以苏联和美国为

搭乘"斯特赖克"装甲车的陆军步兵

首的两大军事集团着重加强了机械化步兵在核战争条件下防原子、防放射性污染、防化学武器的作战能力。美国、苏联、英国、法国、德国、日本、加拿大等国都研制了供步兵伴随坦克作战使用的步兵战车，并完善了步兵伴随坦克作战的理论和作战条令，机械化步兵逐步成为军事强国的主要陆军战斗兵种。

机械化步兵的主要装备包括步兵战车或装甲输送车、机枪、突击步枪、冲锋枪、火箭筒及手榴弹等。在进攻作战中，机械化步兵主要负责保护己方坦克不受敌方反坦克武器的打击，为坦克开辟进攻通道，消除己方坦克侧翼和后方的威胁，巩固己方已占领阵地。在防御作战中，机械化步兵主要负责加强防御前沿的反坦克打击力量和装甲防护力量，利用高机动性，杀伤敌方有生兵力和技术兵器，干扰敌方、增援防线薄弱环节等。

机械化步兵也存在弱点，包括装备重型化，对于后勤保障压力较大；容易受地形限制，例如山地和江河水网地区；军事运输依赖高等级公路和铁路或者海运，战略机动力差。

随着 21 世纪国际形势的改变和军事技术、军事理论的变化，冷战时代的机械化步兵装备已明显不适合 21 世纪的低烈度战争和快速反应战争的需要，发展受到了挑战。未来，机械化步兵将会提高步兵战车的装备比例，同时降低装甲输送车的装备比例。有的国家将研制和发展坦克与步兵战车合为一体的装甲战斗车辆，装甲兵和机械化步兵的兵种界限可能被缩小。

训练中的陆军机械化步兵

→ 为何需要步坦协同

　　步坦协同是坦克与步兵之间的一种协同作战方式。作战时，坦克利用其高机动性、防护性和越野能力为步兵开路，突破敌人的防御阵地和消灭敌方的火力点，而步兵则为坦克侦察道路、排除障碍物、指引目标，清除可能对坦克造成威胁的火力点，二者相互掩护，逐次突击，最终达到分割包围敌人或突破防线的目的。

　　早在二战时期，步坦协同战术就已被大量应用到各个战场上。二战中后期，已经很少出现单纯由坦克执行作战任务的现象。绝大多数情况下，坦克无论是执行进攻任务还是防御任务都需要步兵的伴随支援，没有步兵支援的坦克很容易被击毁，而且其获取的优势也没有太大意义。这主要是由于步兵反坦克能力的提高，即便坦克已经突破敌方阵地，敌方士兵也不会再像初期那样表现得惊慌失措，他们仍旧会据守现有阵地，对坦克后方的步兵部队进行杀伤和压制。而那些突入后方的坦克也并不安全，纵深处经常部署有强大的反坦克阵地和障碍，它将粉碎坦克任何纵深挺进的企图。在库尔斯克会战中，苏军的步兵阵地即便被德军坦克突破，苏军士兵也不会选择撤退，他们残存的火力将打击后方跟进的德军步兵，致使德军坦克的突破变得毫无意义，不得不折返回来支援步兵作战，来回的奔波消耗了宝贵的时间，也使德军的进攻变得愈加缓慢。显然，胜利将取决于坦克和步兵密切协同作战的一方。

　　二战初期将坦克分散编入步兵部队的做法是非常错误的，将坦克集中起来发起决定性的突击才是更好的选择，德军正是依靠大编制的装甲集群才取得了一次又一次的胜利。坦克的集中使用使军队具备纵深的进攻能力，可以迅速地威胁到敌人的大后方，从而瓦解其抵抗的意志。当时同盟国军队的防御纵深都过浅，一旦防线被敌方坦克突破，依靠步兵几乎无法重建，而且各国步兵的反坦克能力普遍较弱，几乎无力阻止大量坦克的集中突破。后方的战役预备队实力太弱，而且大部分是非摩托化的步兵部队，机动能力太差，根本赶不上敌方装甲部队的进攻节奏，自然也无力阻止他们的前进。

　　后来，随着阵地防御纵深的极大拓展和部队反坦克训练的不断强化以及反坦克武器的迅速发展，坦克在作战中遭遇的克星越来越多，经常被步兵从侧翼击毁或击伤，所以仅靠坦克已经无法完成主要作战任务。坦克必须得到步兵的有效支援，并确保薄弱的两翼和后方不会遭到袭击，坦克的进攻速度开始变慢，只有在突破敌方的战术防御阵地后才能展开迅猛的追击。

时至今日，现代坦克的主被动防护系统已经足够强大，但依然离不开步坦协同战术。只不过现代的步坦协同战术已经不是二战时期那样坦克在中间走、步兵分布在坦克侧后方伴随前进，而是由装甲输送车、步兵战车搭载步兵伴随坦克作战。因为现代坦克在参加战斗时通常要外挂反应/复合装甲并搭载主动防护系统，反应装甲和主动防护系统在工作时会给坦克四周15米范围内的人员造成杀伤，这也使在现代战场上步兵不可能再紧贴坦克作战，只能先通过乘坐步兵战车、装甲输送车到达作战目标附近之后下车，然后再寻找距离坦克30米外的掩体或制高点才能加入战斗。步兵和坦克都已到位的话，己方坦克就利用火力压制敌人，步兵也能保护坦克不被敌人近距离偷袭，这样的步坦协同战术进可攻、退可守，敌人每前进一步都将付出惨重的代价。

陆军步兵搭乘M1"艾布拉姆斯"主战坦克

陆军士兵与坦克协同作战

藏身在 M1 "艾布拉姆斯" 主战坦克后方的陆军士兵

→ 步兵如何对付坦克

　　步兵发现行进中的敌方坦克时，应根据班（组）长的命令，预先在敌方坦克必经道路的翼侧，利用地形、工事，伺机发起攻击。

　　装备火箭筒的步兵要迅速判明敌方坦克的运动方向、距离和速度，适时占领发射阵地，做好射击准备，待敌方坦克进入有效射击距离时，抓住有利时机，以突然、精准的火力将其击毁。如果敌方坦克逃跑，应迅速展开追击。

　　爆破手应根据不同的情况，采取不同的行动方法：当敌方坦克接近沟渠、堑壕时，应迅速沿沟渠、堑壕移动至敌方坦克将要越过的地点，快速布设反坦克地雷，阻滞敌方坦克移动，并趁其通过时，投挂爆破器材将其炸毁。

　　当敌方坦克接近土坎、土堆时，爆破手应移动到土坎、土堆的背敌斜面隐蔽待机，趁敌方坦克爬坡、减速、转向和不便观察射击的有利时机，利用地形隐蔽迅速接近，投挂爆破器材将其炸毁。

当敌方坦克沿道路运动时，应提前在其必经之路快速布设反坦克地雷、压发炸药包，或在道路翼侧待机，用爆破器材将其炸毁。

当敌方坦克企图在近距离碾压己方时，步兵应敏捷地采取直角转弯的动作躲避，并与战友密切协同，伺机以爆破器材将其炸毁。

布设在道路上的俄罗斯 TM-46 反坦克地雷

装备 AT-4 火箭筒的海军陆战队士兵

→ 狙击手如何选择射击部位

早期军队由于缺乏先进的狙击武器，所以狙击手往往选择瞄准目标胸部等容易命中的部位来射击，这种方式依靠子弹对目标造成的失血、组织和器官损伤达到致命目的。现代军队中的狙击手通常射击目标头部。射击头部主要有三种位置，分别是眉心、咽喉、鼻子到嘴巴之间的部位，这是因为各国对人体的研究不同造成的。

在难以射中头部时，也可尝试射击目标躯干。以人体躯干的中央为中心，围绕层叠着不少脆弱的目标，包括心脏及相连的主动脉血管，心脏后面的脊椎，以及胸腔底部的肝脏。一名成年男性的全身血液约有 4500 ～ 5500 毫升，一般来说，失血 800 毫升左右将使人出现头晕、脸色发白、乏力等早期休克症状；失血 1500 毫升以上将进入休克期而出现生理障碍；失血达 3000 毫升则会因为器官衰竭而导致死亡。

在山区作战的陆军狙击手

在森林中作战的陆军狙击手

射中心脏显然会使中弹者快速、大量失血，从而导致其失去知觉并很可能在 10 秒左右死亡。

射中脊椎能导致目标立即失能并死亡，但不能可靠地防止目标将手中武器打响，除非射中的是肩胛骨以上的脊椎。

射中肝脏将使中弹者大量、快速地失血，其效果类似于击中心脏。柔软的肝脏组织是非常脆弱的，它由于弹头冲击造成的临时气穴现象而特别易于受到破坏。这意味着哪怕是一发擦过的近弹也能造成严重的伤害。

射中肾脏同样能造成目标失能，肾脏是非常脆弱的器官，即使微小的创伤也能造成瘫痪性疼痛。就像肝脏一样，缺乏弹性的肾脏也很容易受到临时气穴现象的伤害。

虽然呼吸困难会限制机动性，疼痛也可能减低目标的作战效能，但射中肺部不一定会导致大量失血或昏迷。就像其他有弹性的组织一样，肺部在受到临时气穴现象伤害时很容易拉伸，因而受到的损害不大。

虽然射中骨骼可能造成疼痛和行动受限，但若想有意获得某种效果却不容易。所以，射击骨骼是万不得已而为之。

狙击手要尽量在目标人物转身或面朝自己时开火，这样能增大射中脆弱部位的概率。因为从目标身体的一侧射中时，手臂骨骼可能会减弱穿透效果，或使弹头偏转而离开身躯的主要部位。如果没有阻碍的话，颈部和肾脏是比较理想的射击部位。

→ 如何实施蛙跳战术

蛙跳战术，也称跳岛战术，是指直升机运载地面部队采取分段起降、逐点突击的方式对敌人发起进攻。因其类似青蛙跳跃方式，故称蛙跳战术。这种战术可以充分发挥直升机超低空飞行性能好、对起降场要求低等优点，避开敌方防空火力拦截，超越地面障碍，飞抵敌方前沿或浅近纵深，出其不意地实施连续打击。

蛙跳战术起源于二战时期太平洋战争中的越岛进攻。1943 年 6 月～ 1944 年 7 月，美国陆军麦克阿瑟上将指挥太平洋盟军，多次采取避实击虚、层层深入的方法，跳过日军重兵防守的岛屿，实施纵深两栖登陆作战，夺取了太平洋战争的胜利。

蛙跳战术不仅可以用于岛屿攻坚战，也可以用于一般的陆地战争。1971 年 2 月，美军在越南战争中，使用 600 余架直升机，运载 3 个旅（团）的兵力，以蛙跳方式逐步向前推进，先后在 10 个高地成功实施机降，开创了直升机实施大规模蛙跳作战的先例。在 1982 年的英阿马岛战争中，英军采取蛙跳战术，成功地避开了阿根廷军队的重点防守地段，逐次夺取了岛上的战术要点。1991 年 2 月，美军在海湾战争中使用第 101 空中突击师从"前进基地"跳至"前方作战基地"再跳至"作战区域"，经两次跳跃，前进数百千米，切断了伊拉克军队地面部队的退路，大大加快了战争进程。

　　实施蛙跳战术，要根据任务、敌情、地形和武器装备性能，合理安排兵力规模，科学编组，灵活选择起降地域，合理控制蛙跳距离；周密侦察、选准目标，把握时机、快速机动，猛烈突击、协调配合；视行动规模采取一点集中跳跃、一点多波次跳跃、多点同时跳跃和多点逐次跳跃等方式，隐蔽机动，突然实施。

　　蛙跳战术的基本方法：根据总的作战意图和担负的作战任务，利用直升机运载突击部队、分队，在其他军种、兵种的密切配合下，对敌方纵深要点实施超越攻击。完成当前任务后，按预定作战计划，机动至下一个要点，组织第二次突击。依次跳跃式攻击，直至达成作战目的。达成作战目的后，迅速退出战斗或转换作战行动。

　　未来，随着信息技术、直升机技术及机载武器装备的不断发展，陆军航空兵的空中机动力、突击力将不断增强，蛙跳战术将得到进一步发展和完善，并将成为陆军航空兵作战的重要方法。

搭乘直升机的陆军士兵

士兵在搭乘直升机

士兵练习直升机索降

→ 美军为何组建濒海作战团

2020 年，美国海军陆战队发布《部队设计 2030》报告称，随着美国军事战略从参与反恐战争转向大国竞争，海军陆战队将对编制组成和任务装备进行调整，正在组建新的作战单位——濒海作战团。

美国海军陆战队高层表示，濒海作战团是一个全新的作战单位，基本编制 1800 人至 2000 人，少于陆战团 3400 人的编制，不过其人员配置合理，下辖 1 个濒海作战队、2 个濒海防空营和 2 个濒海后勤营。

濒海作战队配备远程反舰导弹，作战时可出动多支排级作战分队抵达前沿据点，执行远程反舰、对关键海上通道侦察与监视等任务。濒海防空营为濒海作战队承担防空任务，兼顾空中侦察与预警、空中控制与联络等职能；濒海后勤营负责为濒海作战团提供后勤保障。濒海作战团在常规人员基础上招募了信号与人力情报、后勤保障、民事事务、网络作战等领域的人员，可保证其在脱离后方指挥情况下独立执行任务。

截至 2021 年 11 月，首支濒海作战团已完成试验性组建，人员基本来自驻夏威夷的海军陆战队。濒海作战团将获得最新的技术装备，包括联合轻型战术车辆、海上远程打击武器、体积小而航程远的登陆艇等，但这些装备尚

海军陆战队士兵搭乘两栖装甲车

全副武装的海军陆战队士兵

处于研发阶段，该团只能在现有装备基础上对新装备的作战效果进行兵棋推演。

二战时期经典的"跳岛作战"战术将成为濒海作战团未来使用的主要战术。该团可派出由 50 人至 100 人组成的作战小队，驾驶登陆艇赶往散布在大洋上的小岛，向敌舰发射反舰导弹，或引导后方空军、海军的远程火力对敌目标进行打击，进而控制小岛及附近海域。随后，作战小队将以被控制的小岛为"跳板"，借助新一代水陆两栖舰艇在 48 小时或72 小时内向下一个关键岛屿跃进。据称，有别于二战时期的大规模登岛作战，新的"跳岛战术"将由"分散、小规模且机动灵活的濒海作战团"利用先进技术装备实施，作战节奏快速高频，能够大幅增加敌方失误概率，令其陷入被动局面。

尽管濒海作战团组建计划得到美国海军陆战队高层和一些防务专家的支持，但无法掩盖来自美国国内的批评之声。有美军专家认为，有关濒海作战团作战模式的设想并不完善，未曾考虑如何在复杂的实战环境下实现快速机动、快速占领、快速攻击和快速转移。此外，也没有考虑后勤方面的挑战和对手的实力。

→ 野战中如何利用地形地物

在野外战场上，步兵暴露自身是极其危险的，特别是暴露在敌人的目视范围内，将招致敌人毁灭性的的火力打击。因此，步兵必须尽可能地利用地形地物隐蔽自己。具体来说，步兵应根据敌情和遮蔽物的高低取适当姿势，迅速隐蔽地接近目标，由下而上地占领，周密细致地观察，不失时机地开火。对不便于射击的位置，应加以改造。在一个地方不要停留过久，视情况灵活地变换位置。

利用堤坎、田埂时，由于堤坎、田埂有纵向、横向和高低之分，应根据地物的高低采取不同姿势（跪、蹲、坐、立）。如横向坎要利用背敌面隐蔽身体，纵向坎要利用弯曲部、残缺部或顶端的一侧隐蔽身体，以其上沿做射击依托。对土坎最好利用残缺部，对堤坎利用凹陷部。根据坎的高度可取卧、跪、立等姿势射击。

利用较大土堆时，身体一侧应紧贴在土堆的背敌斜面上；如土堆较小时，也可纵向卧倒，头紧靠土堆。对独立土堆通常应利用其右侧，视情况也可利用其左侧或顶端射击。双土堆可以利用其鞍部射击。对空射击时，通常应利用其后侧或顶端。

利用土（弹）坑、沟渠时，通常应利用其前切面（前沿）和底部隐蔽身体，纵向沟渠利用其壕壁或拐弯处隐蔽身体，其上沿作射击依托。根据敌情和坑的深浅、大小，可采取跳、滚、匍匐等方法进入。在坑里可采取卧、跪、立、仰等姿势实施射击。

陆军士兵在土堆后方射击

利用树木，可以有效防敌直瞄和间瞄火力的杀伤。通常可利用其背敌面隐蔽身体，依其右后侧作射击依托。利用大树时（直径 50 厘米以上），可采取卧、跪、立等姿势；利用小树时，通常应采取卧姿利用根部。

藏身在树后的陆军士兵

→ 野战时士兵如何伪装

在野外作战时，士兵利用地形伪装既是一种简便易行的方法，也是非常有效的方法。善于伪装的士兵，能够与周围环境融为一体，让敌人难觅踪影。懂得如何利用自然环境，是成功伪装的重要因素。不破坏周遭环境、尽量与环境融为一体，是伪装的最高指导原则。

利用地形伪装有两种方法，一是利用地形的遮蔽能力。在战场上，高低起伏的地貌和凸出地面的地物，都能造成不同范围的观测盲区。在山岳丛林地，草深林密、山岭起伏、沟壑纵横，是单兵隐蔽及活动的天然遮障。如能充分加以利用，敌方很难发现目标。二是利用有利的自然背景降低目标的显著性，使自己处在与服装颜色相似的背景上，或者利用阴影和暗色的自然斑点，尽量避免使自己的身体形状投在明亮单调的背景上，以降低暴露的可能性，使敌难以辨别发现。

士兵要融入自然环境，就要对当时当地的色彩、条纹、树枝形态、植被密度和景深有所了解。在转移阵地时要养成根据周边景物的变化，随时改变自己伪装的习惯。例如，在树林中隐蔽时，最好给作战服插上树枝树叶。而转移到草地时，要及时丢弃树枝，换成草堆伪装。当然，士兵毕竟不是变色龙，不可能在行进过程中随时随地根据环境变换伪装。但无论如何，都要牢记一条基本原则：在战场条件无法满足成功伪装的要求时，应尽量使用深色进行伪装。因为人眼对深色物体的敏感度，要远低于浅色物体。

在野外作战时，要牢记不要站在浅色的岩石上，它可以将人的轮廓清楚地映衬出来。同时，当敌人准备射击时，浅色的岩石又会使步枪的黑色缺口、准星看起来很清楚，便于瞄准。另外，在山地行进时，背景色的原理同样有效。一名训练有素的士兵，不得不沿山脊行进时，他一定会想办法让自己的身影低于山脊。对于隐藏在山下的敌人来说，天空是最佳的背景，他可以清清楚楚地发现和瞄准山脊上的人。

当地形条件不足以获得伪装效果时，就必须采取人工措施来加以伪装。士兵的人工伪装主要是处理好服装、头部和武器的关系。

各国军队在野外作战时都配备有迷彩服等伪装性质的衣服，可对付敌人的可见光侦察和近红外侦察。当没有制式的伪装服时，可用泥土、石灰、煤灰等材料加上胶合剂，涂抹军服、麻片、帆布等制成与环境相应的应用伪装衣，或者根据背景颜色把网状织物编扎上布条、杂草、树枝等制成伪装衣。此外，还可用小树枝、杂草、布条等糊成伪装带，使其缠绕上身和头部，以改变身体的外形，降低显著性。

对于头部的伪装，可给钢盔涂刷不规则的斑点图案，或者用暗色粗织物、小布袋、网套做成盔罩套在钢盔上，并在其上编插树枝等伪装材料。另外，也可在距钢盔边缘 1～5 厘米处套上橡皮带，并插上树枝等材料进行伪装。

对于枪械，可用暗色宽布条缠绕，或缠绕捆有草束等的伪装带。这种做法主要有以下几个好处：可以防止枪械的金属部件和木制部件涂漆产生的反光；可以避免枪械与周围硬物发生磕碰而产生声响；可以降低枪身的红外特征。

利用干草伪装自己的士兵

士兵在学习伪装技巧

→ 野战时如何隐蔽行进

在野外作战时，士兵行进的时间远比作战的时间多。在没有准备好与敌人正面交锋时，就要灵活运用行进技巧，避开敌人的搜索和攻击。除了正常行走以外，士兵在野外作战时最常用的行进方式是低姿匍匐、高姿匍匐和跃进。

低姿匍匐时，身体的着弹面积最小。在需要穿过只有低矮隐蔽物的地方，且处于敌人的火力控制之下或敌人正在实施侦察时，可使用这种行进方式。低姿匍匐时，身体应平贴地面，用扣动扳机的手紧握枪身前方枪带挂钩处的枪带，保持枪口斜朝上，拖枪行进。行进时，双手拉动身体，用腿将身体向前推，如此反复进行。

高姿匍匐比低姿匍匐速度快，但着弹面积也有所增加。当隐蔽较多，且敌人的火力使士兵无法站立行进时，可使用这种行进方式。高姿匍匐的动作要领为用手肘和膝盖支撑身体并移动，身体离地，双手持武器。在移动时，右肘配合左膝与左肘配合右膝交替使用。

跃进是最快的行进方式。为了防止敌人的机枪和步枪追踪射击，每次跃进的时间必须控制在3～5秒左右。跃进过程中切记不可停下来站在空旷地带，否则将会立刻成为敌人优先打击的目标，招致猛烈的攻击。在跃进前，一定要尽量选择有掩体或隐蔽的路线。跃进前，如果士兵在某阵地进行过持续射击或者明显暴露，这会让士兵的位置更为敌人所关注，他们的枪口可能已经瞄准士兵会出现的位置，随时开火，所以在跃进之前，要从阵地翻滚或爬行一小段距离，脱离阵地正面，从其他位置发起冲击。也可朝阵地的一个方向抛出沙土或者醒目物体，然后立刻从阵地另一侧跃出，总之一切目的在于发起跃进冲击前干扰敌人的判断。如果必须通过空旷地带，面对敌人正面火力，应该以"Z"字形路线跃进。在跃进过程中，一旦在同一个

士兵在丛林中低姿匍匐前进

在丛林中跃进的海军陆战队士兵

运动方向或运动姿态持续2～3秒后，必须随机变换姿态、方向，如向右或向左翻滚。

士兵在自然环境中行进时，应选择隐蔽的路线，而且最好是利用夜暗、浓雾行动。利用树林时，要距树林边缘10米以上，以免被敌人透过林木间隙发现。遇到林间空地最好绕行或匍匐通过。走出树林前应先仔细观察，确认不会暴露再行动。在通过光秃透空的岗顶时应沿斜坡绕行，如必须从岗顶通过，则应采用低姿匍匐前进的方式通过。

夜间行动时，要仔细地固定好装具；行走时脚要高抬轻放，并尽量沿松软的地面行动，必要时可在鞋上缠布条，以减小声响。夜间遇到敌

照明时，应立即卧倒，面部朝下。此外，夜间行动还不能发出亮光。吸烟是绝对禁止的，特别在靠近敌方阵地行动时。看地图必须照明时，应在手电筒上包暗色布，并尽量选择遮蔽的位置。

行动时要尽量注意消除痕迹，必要时可伪造痕迹来迷惑欺骗敌人。每名士兵在宿营或监视活动之后，要确保收集起所有包裹内的物品，甚至人体的代谢物。任何可以表明有人类存在的遗留物，都有可能让敌人发现行踪。

士兵在行动时还要保持高度警惕，随时注意观察和倾听周围的动静，争取先敌发现，力避被动。一般要避开那些会有人经过的大路、桥梁和小径等通行路线，尽管沿路边低矮茂密的灌木丛而行，以保持隐蔽，同时为己方找到行军方向。在士兵离开一个隐蔽之处时，他应该清楚地知道他将行至何处，到达目的地所需时间，一旦被发现将奔向何方。

在丛林中秘密前进的海军陆战队士兵

→ 如何在敌方火力下运动

士兵在敌方火力下运动时，应根据敌情、任务，善于利用地形，灵活地采取不同的运动姿势和方法，正确处理运动中出现的各种问题，迅速隐蔽地接敌或实施机动，以灵活的战斗动作保存自己、消灭敌人。

（1）通过开阔地。距敌较远通过开阔地时，通常应持枪快步通过，距敌较近、敌方火力封锁较严时，应趁敌方火力中断、减弱、转移和被己方火力压制等有利时机跃进通过。

（2）通过道路。一般应选择拐弯处、涵洞、树木等隐蔽地点迅速通过。如果敌方火力威胁不大，可不停地快跑通过；当敌方火力封锁较严时，应先向隐蔽地接近，并周密观察道路情况和敌方火力规律，而后突然跃起，快速通过。

（3）通过隘路、山垭口。如果敌方火力威胁不大，可快步通过；敌火力封锁较严时，应隐蔽观察敌人封锁规律，趁敌方火力间歇、中断、减弱等有利时机，沿隐蔽的一侧快跑或跃进通过，并尽量减少停留时间。

（4）通过冲沟。冲沟是侵蚀沟中规模最大的一种，长度可达数千米或数十千米，深度可达数米或数十米，有时可达百米以上。冲沟在丘陵和山区很普遍。通过较大的纵向冲沟时，应沿一侧的斜坡前进，尽量不要走沟底，以便观察和处理行进过程中出现的各种问题；遇有横向冲沟应快速通过；遇有断绝地应绕行或与战友协同搭人梯通过；遭遇敌方火力封锁时，应利用冲沟两侧的沟岔、弹坑等跃进通过。

（5）通过乱石地、灌木林、沼泽地。通过这些地域时应周密观察，保持前进方向，并与战友协同配合，及早发现敌情，随时做好射击准备，以便消灭突然出现的敌人。

（6）通过高地。通过高地时应尽量利用高地两侧运动，力避从顶端通过。如果必须通过顶端又没有隐蔽物时，动作必须力求迅速。

在开阔地运动的陆军士兵

快速奔跑的陆军步兵班

→ 如何应对敌方不同攻击

随着现代战争的立体化程度越来越高，士兵在战场上会遭到多种不同类型武器的攻击。针对不同类型的武器制定不同的应对战术，可有效提高士兵在战场上的生存能力。

1）遭敌机轰炸、扫射

当敌机轰炸时，士兵应按上级命令快速前进或立即利用地形隐蔽，待炸弹爆炸后继续前进，也可利用敌机投弹间隙迅速前进。当敌方武装直升机发射火箭弹或用机枪扫射时，士兵应立即利用地形隐蔽，或根据上级统一口令，抓住敌武装直升机悬停、俯冲扫射等有利时机进行对空射击。

美国 F-15 战斗机投放炸弹

2）遭敌核、化学、生物武器袭击

当士兵接到敌方核武器袭击警报时，应根据命令，迅速隐蔽或继续前进，随时做好防护准备。当发现核爆炸闪光时，应迅速按计划实施防护方案。冲击波一过，应视实际需要，穿戴防护器材，迅速前进。

当士兵接到化学武器袭击警报时，或遭敌化学武器袭击时，应立即穿戴防护器材，或利用就便器材进行防护。遇到敌方染毒地段时，应穿戴防护器材迅速通过，或根据指示绕行。

当敌方施放生物战剂气溶胶时，士兵应佩戴防毒面具或简易防护口罩、自制防护眼镜等，做好对呼吸道、面部和眼睛的防护。当敌方投掷带菌媒介物时，应戴手套、穿靴套、披斗篷或穿雨衣，并扎紧袖口、领口、裤脚口，以防生物战剂气溶胶污染和带菌昆虫叮咬皮肤。如果有掩蔽工事，应立即进入工事进行防护。

3）遭敌炮火袭击

士兵在接敌时必须随时准备防御敌方炮火袭击。当遇到敌方零星炮火袭击时，应注意听、看，快速前进，如果判断炮弹可能在附近爆炸时，应立即卧倒，待炮弹爆炸后继续前进。当遭到敌方猛烈炮火袭击时，应趁炮火爆炸的间隙，利用弹坑和有利地形逐次跃进。当通过敌方炮火封锁区时，士兵应观察敌方炮火封锁的规律，利用敌方射击间隙快速通过。如果封锁区不大，也可绕行。

士兵在防御敌方炮火袭击时，也必须防止敌方化学弹的杀伤。当发现化学炮弹爆炸时，应立即利用地形，采取蹲、跪姿（如果地面尚未染毒，也可采取卧姿），穿戴防护器材，而后快速通过。

海军陆战队装备的M777榴弹炮

4）遭敌步枪火力封锁

当遭遇敌方步枪火力封锁时，士兵应利用地形隐蔽，抓住敌方火力中断、减弱、转移等有利时机迅速前进。另外，也可采取迷惑、欺骗和不规律的行动方式，转移敌方视线，突然隐蔽地前进，或以火力消灭敌人后迅速前进。

5）遇敌雷区、定时炸弹、电子侦察器材

遇到敌方雷区和定时炸弹时，士兵应迅速报告上级并进行标示，按照班（组）长的口令排除或绕行。对敌方设置（投放）的电子侦察器材，应迅速排除。排除时，应先查明是否设置有爆炸物，而后视情况将其排除或炸毁。

→ 什么是军事自由跳伞

根据美军战地手册，军事自由跳伞（MFF）是理想的人员投送手段，包括且不限于渗透部队、机组人员、先遣开路人员、特殊战术小组等。MFF 主要应用于地形交通限制、敌方防空覆盖、政治敏感区域条件下执行秘密任务使用。MFF 人员在任务区外跳伞，使用滑翔伞空中机动进入目标任务区并降落，以规避防空火力打击和激化敏感地区（避免领空跨越或空域申请引起事端）局势。

MFF 最初是作为一种渗透战术加以应用的，为部署于越南的美国陆军特种部队成员所采用，该举措大获成功。之后，美国联合特种作战司令部直属的两支特种部队，即海军"海豹"突击队以及陆军"三角洲"特种部队，将该战术细分成了高跳低开（High-Altitude Low-Opening，HALO）和高跳高开（High-Altitude High-Opening，HAHO）两种战术。

高跳低开指的在 35000 英尺（约 10668 米）平均海拔高度离机，在低于离地高度 6000 英尺（约 1829 米）的高度开伞。适用于防空力量比较弱的区域，并且要求离机位置不能偏离降落点太远。

高跳高开指的在 35000 英尺（约 10668 米）平均海拔高度离机，在高于离地高度 6000 英尺（约 1829 米）的高度开伞。适用于防空区外投送（飞机不进入防空区），并且能在不被发现的前提下深入敌后。

高跳低开和高跳高开是一个技术框架下的两种产物，因此执行细节不同（还有执行高度的不同）所用装备也会有差异。MFF 用的伞具中比较常见的是 MC-4 滑翔伞。除了伞具和背包之外，MFF 伞具都会加上一个自动开伞器（ARR），以确保在预设高度开伞。ARR 的预设高度通过专用的高度计算器计算确认后由跳伞长（Jumpmaster）设置输入。因为高跳低开和高跳高开都需要滑行到指定地点，每个跳伞队员身上都必须装备导航面板（大多是胸口位置），面板上有 GPS 导航装置和罗盘。位置充裕的话还可以加上地图和高度计。

民间表演大多为海拔 2000～2500 米，这个高度不需要考虑供氧问题。而 MFF 的高度则取决于任务需要，需要的滑行距离越远，所需高度就越高。当跳伞海拔超过 6000 米以上高度时，跳伞前就要开启随身供氧系统，氧气瓶就绑在跳伞队员身前。因为需要夜间执行任务，MFF 的伞具和人员身上都会增加可见光识别附件（MFF 跳伞过程中禁止使用头戴夜视仪）。

因为跳伞的特殊性，MFF 人员身上除了伞包和挽具之外，还有各种五花大绑的任务装载。武器要捆扎固定，包具还要专门处理。伞降装具不仅仅是背包，还有一套带有快速释放功能的伞降专用携行系统。这样设计的主要原因是为了让伞降人员在接近地面时减轻质量，减少冲击力，降低受伤概率，提高安全性。

常规空降部队的大规模伞降活动采用的是强制开伞（固定索开伞）方式，俗称"拉绳跳"，它与 MFF 的区别较大。拉绳跳用的都是圆伞和方伞（圆伞的变体），而 MFF 用的则是滑翔伞。拉绳跳在机舱内就需要将开伞绳紧扣舱内的专用固定索。跳伞队员依次离机之后，定长的开伞绳会因为固定索的阻滞而直接拉开伞包，放出导引伞，随后主伞开启。MFF 虽然也是一样先开导引伞，再开主伞，但是开伞由人手操作，在空中自由落体的过程中进行的，而不是在机舱内。此外，因为开伞时间滞后，MFF 在降落过程中有一段是自由落体运动，下落速度非常快。而拉绳跳是立即开伞，下降速度没有那么快。

海军步兵进行跳伞训练

陆军空降兵进行跳伞训练

陆军空降兵在寒冷地区伞降

→ 如何有效布设地雷

　　在野外作战时，地雷是敌我双方都会大量使用的一种武器。地雷的作用与古代的机关陷阱类似，主要用于阵地防御、道路封锁、迟滞追兵和对敌占领区的袭扰等。布设地雷可以运用机载布雷器、自动布雷车、火箭布雷车等多种较为高效的布雷装备，但有时候也需要人工布雷。

　　单兵布设地雷的方法虽然比较简单，但也有操作规范，并非挖坑埋土即可。首先，坑的深度要按照地雷的厚度来定，太深可能会在后期掩埋的时候爆炸（因为地雷上的泥土盖得太重），太浅可能会因雨水冲刷或是风吹使其暴露在地表。

　　其次，坑底的泥土一定要夯实，尤其是反坦克地雷，以免目标碾过地雷时非但没有触发引信，反而将地雷压入地下。坑挖好后，要把地雷平放进坑内，此时的地雷通常没有安装引信，需要先拆下保险栓，然后将拔掉保险针的引信装入，再安装保险栓。此时，先不要着急转动保险栓的开关，使其处于战斗状态。要先将一部分泥土盖在地雷上，再转动保险栓开关，以免在掩埋时一不小心触发了地雷。

陆军士兵布设 M18A1 "阔刀" 地雷

　　最后，将地雷伪装好，如果地雷体积很小，为了增加踩踏面积，可在上面盖上一块薄木板，但需注意不要留下埋雷的痕迹。

M18A1 "阔刀" 地雷爆炸瞬间

→ 如何安全排除地雷

地雷主要可分为防步兵地雷和防坦克地雷两大类。士兵在敌区活动时，最需要注意的就是防步兵地雷。这种地雷有三种，即爆炸式、跳跃式和碎片式。爆炸式地雷比较常见，通常埋于地下几厘米深，由人踏在压盘上触发，需要 5 ～ 16 千克的压力。爆炸式地雷能够将人的脚或腿炸成碎片，引起二次伤害，如感染和截肢；跳跃式地雷在埋设时通常将一小部分导火索伸出地面，由压力或引线触发。一旦被触发，导火索点燃发射装药，将地雷推起离地约 1 米高。地雷随即点燃主装药，对人的头部和胸部造成伤害；碎片式地雷朝各个方向释放碎片，也可只朝一个方向释放碎片（定向破片地雷）。这种地雷可以对远达 60 米之外的人造成伤害，可以杀死近距离的敌人。地雷中使用的碎片为金属或玻璃。

如果不慎进入敌人布设的地雷区，士兵必须充分利用自己掌握的排雷知识和排雷技巧，为自己和友军扫除障碍。与布雷相比，排雷则显得十分困难，就算排雷的过程中没有造成人员伤亡，排雷所花费的成本和时间都远远高于布雷。

排雷的前提是探雷，而探雷是一个讲究方法、速度缓慢的过程，

M14 防步兵地雷内部构造图

因为确定地雷位置时有很大危险。倘若没有探地雷达和金属探测器等较为先进的探雷设备，士兵就只能采用传统的探雷技术了。

探雷时，首先要侦察附近有没有潜伏的敌人。如果有敌人的巡逻兵，需要观察巡逻兵的行进路线是不是在刻意避开某些区域。此外，还要留意土壤的色泽是否有不协调的地方，地面是否有裂纹，以及附近是否有埋设地雷的工具等。在疑似埋有地雷的地点，士兵可用棍子或刺刀轻轻戳探地面进行确认。

在探明地雷位置后，就要着手进行排雷工作。排雷的主要手段有机械排雷和炸药排雷两种，但在敌区活动的士兵并不具备这种条件，所以

第 5 章

只能选择人工排雷方式。除了拆除引信外，也可以使用炸药直接诱爆，或使用专用试剂固化地雷和周围土壤，使其不会被触发。如果没有排雷工具，也可以放弃排雷，只要做好标记，防止友军触雷即可。

陆军士兵正在学习人工探雷和排雷

正在排雷的陆军士兵

→ 如何转移伤病员

战争中，胜负双方都会出现伤病员。伤病员在经过现场的初步急救处理后，还需要尽快将其转移到舒适的养伤地点，或者送到己方营地做进一步的救治，这就需要转移伤病员。如果转移工作做得正确及时，不但能使伤病员迅速地得到较全面的检查、治疗，还能减少在这个过程中病情的加重和变化。如果转移不当，轻则延误对伤病员进行及时的检查治疗，重则使伤情、病情恶化，甚至造成死亡，使现场抢救工作前功尽弃。因此，绝不能低估转移伤病员的意义。转移伤病员时，要根据伤病员的具体情况，选择合适的搬运方法。

在仅有一位救护者时，可以采用的搬运方法有扶行法、背负法、爬行法和抱持法等。扶行法适用于没有骨折，伤势不重，能自己行走的伤病员，救护者需要将伤病员的一侧上肢绕过救护者的颈部，然后用手抓住伤病员的手，另一只手绕到伤病员背后，搀扶行走；背负法适用于体轻、清醒的伤病员，并且没有上肢、下肢和脊柱骨折的伤情。救护者需要朝向伤病员蹲下，让伤病员将双臂从救护者肩上伸到胸前，然后抓住伤病员的大腿，慢慢站起来；爬行法适用于在狭窄空间或浓烟的环境条件下，搬运清醒或昏迷伤病员；抱持法适用于没有骨折，体重较轻的伤病员，是短距离搬运的最佳方法。救护者需要蹲在伤病员的一侧，面向伤病员，一只手放在伤病员的大腿下，另一只手绕到伤病员的背后，然后将其轻轻抱起。

在有两位救护者时，可以采用的搬运方法有轿杠式和双人拉车式。轿杠式适用于清醒的伤病员，具体方法是两名救护者面对面各自用右手握住自己的左手腕，再用左手握住对方右手腕，然后蹲下让伤病员将两上肢分别放到两名救护者的颈后，再坐到相互握紧的手上。两名救护者同时站起，行走时同时迈出外侧的腿，保持步调一致；双人拉车式适用于意识不清的伤病员，具体方法是一人站在伤病员的背后将两手从伤病员腋下插入，把伤病员两前臂交叉于胸前，再抓住伤病员的手腕，把伤病员抱在怀里，另一人反身站在伤病员两腿中间将伤病员两腿抬起，两名救护者一前一后地行走。

在有三位或四位救护者时，可以采用的搬运方法有三人异侧运送、四人异侧运送。三人异侧运送的具体方法是两名救护者站在伤病员的一侧，分别位于肩、腰、臀部、膝部，第三名救护者可站在对面，两臂伸向伤病员臀下，握住对面救护者的手腕。三名救护员同时单膝跪地，分别抱住伤病员肩、后背、臀、膝部，然后同时站立抬起伤病员；四人异侧运送的具体方法是三名救护者站在伤病员的一侧，分别位于头、腰、膝部，第四名救护者位于伤病员的另一侧。四名救护员同时单膝跪地，分别抱住伤病员颈、肩、后背、臀、膝部，再同时站立抬起伤病员。

以上是徒手搬运伤病员的方法，如有条件，也可以就地取材制作一副简易担架。

陆军士兵练习单人搬运伤员

海军陆战队士兵练习搬运伤员

陆军士兵在练习搬运伤员

用粗绳在两个竹竿间交叉结成锯齿状结构，即可做成一个简易担架。利用木棒与大床单折叠，也可快速制成简易担架。如果急救现场一时找不到粗绳或大床单，救护者可将衣裤脱下套在两个木棒之间制成简易担架。此外，还可以用大床单将伤病员放在中央，两端卷起，两侧各站三人，一起抬起，搬运伤病员。需要注意的是，凡是创伤伤员一律应用硬直的担架，决不可用软性担架。如果是腰部、骨盆处骨折的伤员，就要选择平整的硬担架。在抬送过程中，应尽量减少震动，以免增加伤病员的痛苦。

→ 山地战场如何安全行进

　　山地往往由起伏不定的山丘或沟岭组成，间有小溪、山崖或林丛。路面往往较为复杂，需要综合运用各种徒步行进技巧。在山地行进，为避免迷失方向，节省体力，提高行进速度，应力求有道路不穿林翻山，有大路不走小路。如没有道路，可选择在纵向的山梁、山脊、山腰、河流小溪边缘，以及树高、林稀、空隙大、草丛低疏的地形上行进。一般不要走纵深大的深沟峡谷和草丛繁茂、藤竹交织的地方，力求走梁不走沟，走纵不走横。

　　山地行走，经常会遇到各种岩石坡和陡壁。因此，攀岩是登山的主要技能。在攀登岩石之前，应对岩石进行细致的观察，慎重地识别岩石的质量和风化程度，然后确定攀登的方向和通过的路线。攀登岩石最基本的方法是"三点固定"法，手和脚要做好配合动作。两手一脚或两脚一手固定后，再移动其他一点，使身体重心逐渐上升。运用此法时，不能向上窜跳和猛进，并避免两点同时移动，而且一定要稳、轻、快，根据士兵自己的情况，选择最合适的距离和最稳固的支点，不要跨大步和抓、蹬过远的点。

在山区行进的陆军士兵

　　草坡和碎石坡是山地间分布最普遍的一种地形。在海拔 3000 米以下的山地，除了悬崖峭壁以外，几乎大都是草坡和碎石坡。攀登 30°以下的山坡，可沿直线上升。身体稍向前倾，全脚掌着地，两膝弯曲，两脚呈外八字形，迈步不要过大过快。当坡度大于 30°时，沿直线攀登就比较困难了。因为两脚腕关节不好伸展，容易疲劳；坡度大，碎石易滚动，容易滑倒。因此一般均应采取"之"字形上升法。即按照"之"字形路线横上斜进。攀登时，腿微曲，上体前倾，内侧脚尖向前，全脚掌着地，外侧脚尖稍向外撇。通过草坡时，注意不要乱抓树木和攀引草蔓，以免拔断使人摔倒。

　　在碎石坡上行进，要特别注意脚要踏实，抬脚要轻，以免碎石滚动。在行进中不小心滑倒时，应立即面向山坡，张开两臂，伸直两腿（脚尖翘起），使身体重心尽量上移，以减低滑行速度。这样，就可设法在滑行中寻找攀引和支撑物。千万不要面朝外坐，因为那样不但会滑得更快，而且在较陡的斜坡上还容易翻滚。

在高海拔山区积雪地带行进的陆军士兵

　　雨季在山地行进，应尽量避开低洼地，如沟谷、河溪，以防山洪和塌方。如遇雷雨，应立即进入附近的低洼地或稠密的灌木丛中，也可以寻找地势较低的地方卧倒。在山地如遇风雪、浓雾、强风等恶劣天气，应停止行进，躲避在山崖下或山洞里，待气候好转时再走。山地行进不要过高估计自己的体力，疲劳时，就应适时休息。不要走到快累垮了再休息，那样不容易恢复体力。正确的方法是大步走一段，再放松缓步慢行一段，或停下来休息一会，调整呼吸。站着休息时，不要卸掉装具，可以在装具下支撑一根木棍，以减轻身体负重。若天气冷，不要坐在石头上休息，因为石头会迅速将身体的热量吸走。

→ 如何在丛林中安全行进

在丛林中行进时，士兵应该寻找最安全、阻碍最小的路线。在选择路线时，士兵需要考虑的主要因素是天气状况、地形。阻碍最少的路线常常是水路。如果可能，要尽量避免越野穿行。如果能找到溪流，就可以沿着溪流行进。

沿着溪流行进可能需要涉水、绕路、穿越稠密的植物等。在山地，溪流可能会弯弯曲曲，植物可能非常浓密，可供观察的地点很少，而沼泽湿地也很常见。然而，即使在陌生的野外，沿着溪流行进还是有一些优势：它提供了一条明确的路线，也能提供水和食物，士兵还可以乘小船或木筏在溪流上行进。

如果士兵在山脊附近，就会发现在山脊上行进比在山谷里行进要容易得多。比起山谷，山脊上较少有植物、溪流和沼泽需要穿过。山脊还可以带路，可以给士兵提供观察地点，士兵可以找出陆标。另外，山脊上通常会有野兽的足迹。但是，如果该地区有敌人，要小心隐蔽自己。

士兵要计划好每天的行程，要留下足够的时间和精力去搭建一个安全、舒适的营地。在继续行进前，要确保自己已经获得了充分的休息和睡眠。士兵行进的速度有多快，取决于天气情况、士兵和战友的身体状况、地形、携带的装备量、食物需求，以及该地区敌人的位置和数量。

在丛林里行进，植物障碍很多，需要协调身体各个部位来避开植物：侧一下肩膀、挪一下臀部、弯一下腰等。根据植物的类型和浓密程度调整自己的步幅和速度。在穿越密集的植物时，动作要慢、要稳，还需要不时停下来聆听周围的动静，辩明方位。声音在丛林里可以穿得很远。

可以用一根树枝或棍棒来分开植物，免得碰上毒虫。

　　一般情况下，不要试图抓住树枝或藤条来爬坡或越过障碍物。它们可能长有刺人的荆棘或尖利的刺，而且它们可能支撑不了人的重量。遇到木头时，如果可以绕过去，就不要翻过去。绕着走既可节省体力，也可降低受伤的可能性。

　　许多丛林动物会沿着野兽踩出的道路活动。这些路可能会蜿蜒迂回，但是它们经常通向水源或开阔地。上路行进之前，应先检查一下是否有敌人以及危险的野生动物。敌人很容易观察到路面的情况，在路面布置埋伏也很容易，因此应该尽量避开道路，除非实在没有其他路可以走。

在山脊行进的陆军士兵

　　如果士兵沿着道路行进，一定要经常检查方位，确保道路通向目的地。小心那些被动过的地方，那里很可能是一个陷阱或圈套。如果路上有很明显的障碍，如一根绳子或一块草垫子，那就不要走这条路的方向，它很可能通向一个捕捉动物的陷阱。

陆军士兵在丛林内部行进

→ 如何在沙漠中秘密行进

要想在沙漠地区行进和躲避敌人，士兵必须知道自己面临的环境条件，并做好准备。沙漠不仅影响士兵获得水、食物、避身场所等，还会影响身体运动和地面导航，也会限制士兵的隐蔽和掩护行动。在沙漠地区，士兵必须考虑以下环境要素：降雨少、烈日酷暑、温差大、植物稀少、地表矿物含量高、沙暴、海市蜃楼、光线水平。士兵要决定自己将使用的装备，将采用的战略，还要知道环境会对装备、战略以及自身产生什么样的影响。

降雨少是沙漠地区最明显的环境特征。有些沙漠地区年降雨量不到 100 毫米，而且降雨会迅速渗入地下。沙漠地区白天大气温度可以高达 60℃。热量主要来源于阳光直射、火热的流动风、反射的热量（阳光照在沙子上反射的热量），以及从沙子和岩石上直接传导的热量。沙子和岩石的温度比大气温度平均高 17℃～22℃，例如，当大气温度达到 43℃时，沙子的温度可能达到 60℃。若将无线电以及其他敏感设备暴露于烈日直射下极容易发生故障。烈日酷暑还增加了身体对水的需求，为了保存体力和能量，士兵需要一个避身场所来减少暴露于酷热之下的时间。

沙漠地区植物稀少，所以避身或掩饰行踪很困难。白天，可视范围非常大，很容易被敌方火力控制。士兵必须遵循以下沙漠隐藏的原则：隐藏在植物生长比较浓密的谷地里，尽量不要让自己一览无遗；利用灌木、石头、露出地面的岩层等投射的阴影。阴暗处的温度比大气温度低 11～17℃。另外，将随身物品盖住，可以反射一部分阳光光线。

在沙漠地区，白天的大气温度可以高达 54℃，而晚上却会降到 10℃。晚上气温迅速下降，如果士兵没有保暖的衣物，就会冻得瑟瑟发抖，无法移动。然而，凉爽的夜晚也正是工作或行进的最佳时机。夜间行进可以使水的用量降到最小。士兵可以在黎明、黄昏或月光下侦察地形，因为那个时候不大可能有海市蜃楼出现。

行进之前，要观察地形，寻找能够提供掩护和遮蔽的地点。在空旷的沙漠地区，多数人都会低估距离，估计的距离只有实际距离的 1/3：看上去 1 千米的距离，实际上有 3 千米。在沙漠中无法保证从外界补充足够的水分，所以要尽量减少体内水分的流失来减少摄水量。行走过程中，要控制好节奏，不要走得太累，一定要用鼻子而不是嘴巴呼吸，用鼻子呼吸可以有效减少呼吸所造成的体液蒸发、流失。嘴里可以含一小口水，这样吸进来的空气经过水的降温再进入肺部后，可以减少肺部的体液流失。喝水时一定要小口喝，不要大口灌。

沙暴在多数沙漠地区都经常发生。位于伊朗和阿富汗境内的锡斯坦沙漠，沙暴可以连续吹 120 天。在沙特阿拉伯境内，沙暴平均风速为 3.2 ～ 4.8 千米 / 时，而下午风速可达 113 ～ 129 千米 / 时。大的沙暴和尘暴一星期至少一次。对于士兵来说，最危险的事是在漫天风沙中迷路。

在沙漠中行进的陆军士兵

利用灌木丛隐藏自己的陆军士兵

陆军士兵在沙漠中训练

士兵应该戴护目镜，用衣服将口鼻都遮起来。如果没有天然的避身所，应该做一个记号表示自己行进的方向，然后躺下来，等待沙暴停息。风里面的尘土和沙子都会影响无线电的通话，所以士兵需要使用其他发信号的方法。

海市蜃楼是一种光学现象。沙质或石质地表热空气上升，使光线产生折射作用，因此就出现了海市蜃楼现象。海市蜃楼会发生在离海岸线大约 9.6 千米的沙漠地区，会使 1.6 千米以外或更远的物体看起来似乎要移动。海市蜃楼会使一个人很难辨别远处的物体，同时也会使远处视野的轮廓变得模糊不清。海市蜃楼还会使士兵识别目标、估计射程、发现人员等变得十分困难。但是，只要士兵到一个高一点的地方（高出沙漠地面 3 米），就可以避开贴近地表的热空气，从而消除海市蜃楼幻影。

沙漠地区的光线水平比其他地形中的光线水平要强得多。有月光的夜晚，士兵可以看见很远的灯光、红色信号灯，甚至照明不足的光。声音也传得很远。相反，没有月光的夜晚，视线极差，此时行进会非常危险，士兵必须加倍小心，避免迷失方向，防止掉进沟里，或者误打误撞进入敌方阵地。在这样的夜晚，除非士兵有一个指南针，并且白天已经在避身所休息过，观察并记住了地形，选择好了路线，在这样的情况下，行进才是可行的。

→ 如何在极地安全行进

由于南极地区气候恶劣，且美国、英国、苏联、法国、澳大利亚等国于 1959 年签订的《南极条约》禁止在条约区从事任何带有军事性质的活动，所以现在南极地区发生战争的可能性不大。人类有史以来在两极地区进行的战争大多发生在北极地区。

在北极地区，一年中最温暖的月份，平均温度不超过 10℃。寒冷的气候是一种很强的自然力量，即使士兵认识到它的危险性以及能够利用它的一些个别特征，它还是可能会成为一个可怕的对手。忽视或低估这股力量可能会导致死亡。

在北极地区，冷风降温会置人于危险境地，这是流动的空气吹在暴露在外的人体皮肤上引起的结果。例如，15 节的风在 -9℃气温下对人造

成的伤害，与 -23 ℃
无风环境所造成的伤
害差不多。

在寒冷的环境
中，天气和温度的变
化很快。这些变化会
影响士兵的行军速度，
增加行进的困难。例
如，雨、雪或者温度
的升高都可能使士兵
无法继续前进，或者
使前几天还很容易翻
越的地形变得非常危
险。在寒冷地区获得
生活基本所需，要比
在温暖环境中困难得
多。即使士兵已经有
了这些基本必需品，
还必须有足够的衣服
保暖，以及极强的战
斗意志。

陆军士兵在北极训练

海军陆战队士兵在北极行进

在极地地区行进，士兵会遇到很多障碍，障碍类型及其危险性取决
于士兵的位置和季节。首先，士兵应该避免在暴风雪中前进。穿越较薄
的冰层时要特别小心，可以平卧在冰面上匍匐前进，这样可以分散自己
的重量分布。过河时，要等到河水水位最低时。正常的结冰、解冻作用
可能会使水位在一天中相差 2～2.5 米。而结冰、解冻可以发生在一天
之中的任何时刻，这取决于河流到冰川的距离、温度、以及地形。在河
水边扎营时，也要考虑到水位的变化。

过雪桥时，只有和水流障碍呈直角的雪桥才可以通过。应先用棍子
或冰镐找出雪桥最坚实的部分，为了分散重量，士兵可以爬过去，或者
穿上雪鞋或滑雪板。在积雪覆盖的地区行走时要穿上雪鞋，30 厘米或以

上的积雪会使行走非常困难，而且如果鞋袜变湿，还会导致战壕足病或冻伤。如果士兵没有雪鞋，可以用柳树、布条、皮革或其他适合的材料自己做一双。

大多数时间，应考虑将河流（无论结冰与否）作为行进之路。结冰的河面通常没有松软的积雪，因此比陆地更容易行走。如果是在有山的地区，要避开那些可能发生雪崩的地方。在有雪崩危险的地区，应选择在凌晨行进。在山脊上，雪会在背风的一面积聚起来，形成垂悬的雪堆，称为雪檐。雪檐经常会延伸出山脊很远，如果踩在上面，可能会断开。

北极清澈的空气会影响士兵对距离的测量，低估距离比高估距离更常发生。士兵要尽量避免在"乳白天空"的环境下行进，在颜色失去对比的时候，士兵就无法对天然地形作出判断。无论如何，士兵都应该在天色尚早时开始扎营，这样才能保证有足够的时间在天黑前搭建好避身场所。

→ 在野外如何识别方向

在我国古代，"飞将军"李广是一位名气很大的将领，但他在抗击匈奴的过程中，并没有立下太大的功劳，因而他的官爵并不高。这与他在打仗的时候经常迷路有很大的关系。正是由于李广一生有很多次迷路，好多次都没有准时到达目的地，所以未能建功立业，最后甚至因此而自杀。由此可见，识别方向在野战中是一项非常重要的能力。即便是军事科技高度发达的今天，这一点也没有发生任何变化。

要想在野战中克敌制胜，士兵必须树立正确的方向概念，即搞清楚东、南、西、北这四个基本方向。只有找到正确的前进方向，才能避免走弯路，成功击败敌人。正确辨认方向的基本方法如下所述。

（1）指北针。指北针通常是士兵的标准装备。要注意的是，指针指向"北"或"N"，这个方向是磁北方向，与正北方向有一个偏差角度，所以使用时应先计算出磁偏角的数差，以取得准确的指北针方向。

（2）手表。将手表托平，表盘向上，转动手表，将时针指向太阳。这时，表的时针与表盘上的 12 点就会形成一个夹角，这个夹角的角平分线的延长线方向就是南方。

（3）北极星。北极星最好的指北针，其所在的方向就是正北方向。北斗七星（大熊星座）像一个巨大的勺子，在晴朗的夜空里很容易找到，从勺边两颗星的延长线方向看去，约5倍距离处，有一颗较亮的星星就是北极星，即正北方。

（4）影子。在晴朗的白天，找一根直杆，垂直插在地上，在太阳的照射下就会形成一个阴影。把一颗石子放在影子的顶点处，约15分钟后，直杆影子的顶点移动到另一处时，再放一颗石子，然后将两颗石子连成一条直线，向太阳的一面是南方，相反的方向是北方，直杆越高、越细、越垂直于地面，影子移动的距离越长，测出的方向就越准。

（5）植物。树冠茂密的一面应是南方，稀疏的一面是北方。苔藓的道理与之相同。另外，通过观察树木的年轮也可判明方向。年轮纹路疏的一面朝南方，纹路密的一面朝北方。

正在使用指北针的陆军士兵

陆军士兵查看地图

陆军士兵在沙漠中训练

→ 如何安全渡过水障

地球表面71%为海洋，仅有29%为陆地，而陆地上还有许多河流湖泊。可以这么说，除了沙漠，士兵在其他任何地方都可能会遇到因水而形成的障碍物，可能是小溪、河流、湖泊、沼泽或者湿地。不管是什么水障，士兵都需要知道如何安全渡过。

一条小溪或者一条河可能很窄，也可能很宽；可能很浅，也可能很深；可能是缓流，也可能是急流；可能覆盖着积雪，也可能结了冰。士兵需要做的第一步是选择一个基本安全的过河点。所以应先寻找一

陆军士兵学习渡过水障

块高地，从上面可以看到整个河面的情形，然后找到过河地点。如果没有高地，那就爬到树上。

仔细检查河流，看有没有以下情形：有没有分成几条水道的水面。通常过两三条窄窄的水道要比过一条宽阔的河流容易得多；对岸是否有障碍物，它可能会阻碍士兵行进，可以选择最安全、最容易行进的地点；有没有很深的、水流很急的瀑布，有没有很深的水道。绝对不能从这些地点或其附近过河；有没有岩石丛生的地方，避开这里。撞到岩石上可能会使人受重伤。不过，零星的、隔断水流的石头可能会对士兵有所帮助；有没有浅滩或沙洲。如果可能，应选择浅滩或沙洲上游的地点过河，那么即使士兵失足了，水流只会将其冲到浅滩或沙洲上；河中有没有一条水流朝下游流去。过河时，应沿着与这条水流呈45°角的方向行进。

如果士兵能站住脚，不用过于担心河流或溪流的深度。事实上，较深的河水通常流得比较缓慢，因此比水流很急的浅水要安全。士兵可以在过河后弄干衣服，也可以做一条筏，将衣服和装备放在筏上过河。

如果游泳过河，要顺着水流的方向游，绝不可逆流而上；应尽量保持身体呈水平状，这会减少自己被暗流拖入水中的危险。过较浅的急流时，应背部朝下，脚朝前，两手放在臀部两侧快速拍打水面以增加浮

在河流中行进的海军陆战队士兵

力，从而避开水下的石头。抬高双脚，避免被石头擦伤或撞上石头。过较深的急流时，应腹部朝下，头朝前，尽量使身体与河岸保持直角。在浪峰之间呼吸。避开回流和水流汇集处，因为那里经常会有危险的漩涡。避开瀑布落下泛泡沫的水面，那里几乎没有什么浮力。

如果士兵准备通过一条急流或者危险的河流，可以脱掉裤子，以减少水流在自己腿上的摩擦。但要穿着鞋子，以保护脚和脚踝免受石头伤害，并且可以使自己立足更稳。将裤子和其他重要物品紧紧绑在背包顶部，这样，如果士兵不得不放弃背包时，所有的物品都会在一起。找一个大背包比找几种零碎的东西要容易得多。应将背包背在双肩上，一旦立足不稳，可以马上松开背包。

为了保险起见，士兵可以找一根直径约为 12 厘米、长约 2 米的杆子，要足够结实，用这根棍子帮助自己过河。紧紧握住杆子，将它插入上游的水流中，它可以隔断水流。每一脚都要踩实，将杆子往前移时，插入的地点要比上一次的地点稍稍往下游一点，不过仍要在身体的上方。往前行进时，脚踩在杆子下方。保持杆子倾斜，水流会使杆子抵在士兵的肩膀上。

如果士兵还有战友，应和战友一起过河。通过时体重最重的那个人握住杆子的末端，站在下游的位置，体重最轻的那个人握住杆子的前端，站在上游的位置。这样，上游的那个人会阻断水流，而后面的人通过前面的人造成的漩涡时也相对更加容易。如果上游的人立足不稳，其他人

也能够稳稳站住，直到那个人重新站稳。

在渡水前要先检查水的温度。如果水温过低，而且没有较浅的地方可以涉水而过，就不要试图涉水，而要思考其他的渡水方法。例如，可以推倒一棵树，使之架在河上，临时搭建一座桥。或者可以做一个足够大的木筏，可以承载人和装备。但是做这些需要一把斧头、一把刀、一条绳子或者藤条，而且还需要足够的时间。可以用干枯的、直立的树来做圆木。两极和两极附近地区的云杉是做木筏的最好圆木。做木筏最简单的方法是用横木将一排圆木的两端紧紧固定在一起。

如果水温适合游泳，但是士兵却不会游泳，此时可以做一个漂浮装置来帮助自己。士兵可以将空罐头盒、汽油罐或者盒子绑在一起来做漂浮装置，不过这种漂浮装置只能在水流较缓的河流里使用。士兵也可以找一根圆木来做漂浮物，但渡水前一定要先测试圆木能否漂浮，有的树木即使是干枯也会沉到水里。

有些水域可能会有暗流或者漂浮的植物，从而增加士兵游泳的困难。但如果士兵能保持冷静，不去和那些植物纠缠，那么即使植物相对密集，士兵还是可以游泳通过。越贴近水面越好，用蛙泳的方式，腿部和手部动作要小。拨开周围的植物，避免自己被它们盖住。如果累了，换用仰泳的方式，或者仰浮于水面，直到休息够了再继续用蛙泳姿势。

如果要过红树林湿地，要先等潮退，如果士兵在陆地这边，应先找一片狭窄的小树林，然后从这里往海边走。或者寻找在树木间流淌的水道，跟着水道到海边。如果士兵在靠海这边，沿着溪流或水道到陆地。如果要通过大面积的湿地，用筏是最好的方法。

对于沼泽，最好选择绕过，如果无法绕过，士兵可以用圆木、树枝或树叶架在上面，然后再过去。另一种方法是趴下，双手展开，游过去，或者爬过去，一定要确保身体水平。切记

陆军士兵渡过塔尔纳克河

不要徒步走过去，站立时如果抬脚只会使自己下沉更深。在沼泽地，那些长有植物的地方通常都够硬，能支撑人的体重，但是在开阔的泥淖地或水面，通常没有植物。

陆军士兵利用绳索渡河

→ 士兵坠海后如何求生

士兵在战斗中坠海，需要面对海浪和海风，也可能会遇到酷热或严寒。为防止这些环境危害造成严重后果，士兵必须尽快采取预防措施，利用可用资源保护自己不受天气、酷热、严寒或湿度的伤害。但是，保护自己免受天气伤害只是基本需求之一，士兵还必须能够获得水和食物。如果这些基本需求得到满足，士兵就不容易出现生理及心理的问题。

在海上生存取决于士兵对自己的求生装备的了解和使用能力，以及士兵应用装备对付遇到的危险的特殊技术和能力。如果士兵乘坐飞机落入海中，不管士兵是在水里，还是在救生筏上，都要尽快离开飞机，到它上风的位置，但要停留在附近水域，直到飞机沉下去。同时，要注意离开燃油覆盖的水面，以防燃油着火。

如果士兵在水里，要往救生筏游过去。如果没有救生筏，应努力找一块漂浮的飞机残片，攀附在上面，放松自己。即便没有任何漂浮物可以借用，士兵也要努力使脸部浮出水面。一般来说，仰浮于水面所消耗的能量最少。士兵可以背朝下平躺在水上，手臂放在身体两边，用手掌拍打水面，士兵的头部会部分浸入水中，但是脸部会露在水面之上。另一个保持漂浮的方法是脸朝下，双臂伸展开来，双腿指向水底。呼吸的时候，双手往下按水，将头抬出水面，吸一口气，然后再低下头，让双臂恢复成伸展的姿势。

在水中求生时，应尽量采用下列游泳姿势：①狗刨。如果士兵穿着衣服或者穿着救生背心，这种姿势是最好的，尽管速度慢，但是不需要太多力气；②蛙泳。这种姿势用于水下游泳，或者需要穿过水面的油层或残骸时，或者海浪很大时，应该采用这种姿势。对于长距离的游泳，蛙泳可能是最好的姿势，因为这种姿势能使游泳者保持体力，并且能保持合理的速度；③侧泳。这是很好的放松泳姿，因为只需要一只手臂来维持动力和浮力；④仰泳。在其他泳姿中需要运用的肌肉可以用这种泳姿来放松。如果有水下爆炸的可能，那么也要采用这种泳姿。

如果士兵在救生筏中，必须尽力打捞所有漂浮的装备：无线电收发机、干粮、饭盒、热水壶、衣服、座垫、降落伞，以及其他任何可以帮助自己的东西。将打捞上来的物资固定在救生筏上，并确保这些物资当中没有尖利的边角，以免刺穿救生筏。士兵还需要使用一个水桶或一卷布制作一个简单的锚，它可以帮助士兵停留在逃生点附近，这样更容易被搜救人员发现。

不管士兵怎样做，救生筏都会移动，而移动路线则取决于风、海流，以及士兵如何使用桨、舵、锚和帆。如果海流朝士兵的目的地流动，而

陆军士兵在夏威夷海域进行水下训练

风向却相反，此时应放下海锚，蜷缩在救生筏里，使风的阻力减到最小。在远海水域，水流一天移动的距离很少超过 13 千米。

救生筏没有龙骨，所以无法迎风行驶，不过可以顺风行驶。多座救生筏可以成功地朝偏离风向 10°的方向行驶。如果风向是朝着士兵的目的地吹，那么要充足救生筏的气，坐直，收起海锚，升起帆，用桨当舵。在多座救生筏里，应把帆直立在救生筏前端，利用桨做桅杆和横木。如果没有常规的帆可用，可以用防水的油布或一两张厚厚的降落伞布制做一张船帆。

在暴风雨天气中，应立刻装上天篷和风挡。所有的人都要坐下，最重的人坐在中间。在寒冷的天气中，尽量多穿衣服，依然应保持衣服宽松、舒适。士兵也可以和战友抱在一起以保持体温，并适当运动保持血液循环。在炎热的天气中，应将所有能遮盖的皮肤都遮盖住，以免被阳光灼伤。

如果士兵落入敌方海域，要采取特别措施防止被敌人发现。一般来说，最好不要在白天行动，应放下锚，等待夜幕降临再划桨或升帆，在救生筏里应尽量使身体低平。在试图引起经过船只注意之前，一定要先确认对方身份。

陆军士兵在海上训练

→ 与部队失散后如何自救

士兵与部队失散后，应采取适当的躲避措施，避免在敌占区被俘虏。以下措施能够帮助士兵避免被敌人俘虏并与原单位汇合。

第一种措施是待在原地，等待友军找到自己。执行该措施的前提是士兵能确定友军会在该区域行动，通常在该区域周边有大量敌人时，应采用这种方式。

第二种措施是找到合适机会向友军阵地前进。执行该措施的前提是士兵知道友军的准确位置，并且敌人的队伍较分散，便于之后的行动。

在其他措施不可行的情况下，可以选择一个临时行动方法，即深入敌后，暂时采取游击战的策略。如果该区域的敌人数量不多，或者在此区域有极大的可能性与友军游击队相遇，那么这就是一种不错的策略。

在野外作战的陆军士兵

士兵还可以将以上措施结合在一起，根据实际情况加以运用，例如：待在原地，一旦敌人由该区域撤离，立刻去友军驻地寻求帮助。

为了保证自己，不被敌人俘虏，士兵可能必须独自杀死、

陆军士兵使用单兵电台联系友军

击晕甚至俘虏敌人，在进行这些活动时，使用步枪和手枪都会发出巨大的声响，为了不惊动敌人，应使用以下武器：刺刀、绞索（带手柄的绳子）、棍棒。无论白天还是黑夜，使用这些不会发出巨大声响的武器都需要高超的格斗技能和隐蔽技术。

→ 如何提高野外生存能力

在野战中，士兵是否掌握足够的野外生存知识，具备野外条件下很强的生存能力，战胜来自大自然的侵袭和来自敌方的种种威胁，将是完成任务、保存自己的关键。生存是完成作战任务的基础，完成任务需要具备在各种恶劣条件下生存的能力。从某种意义上说，生存能力就是完成任务的能力，就是战斗力，它的强弱将决定作战行动的成败。对于在野外作战的士兵来说，威胁生存的因素是非常复杂的。但归纳起来主要大致有两种：一是主观因素，二是客观因素。

主观因素是指士兵的基本素质，如身体素质、知识结构、心理素质等，尤其需要强调的是士兵的主观能动性。士兵是否具有强健体魄，是否训练有素，是否掌握丰富的求生知识，都对士兵的生存能力具有关键作用。一般来讲，士兵的身体越强健，掌握的求生知识越丰富，那么生存的机会就会越多。此外，心理素质也尤为重要，无论遇到什么困难，都要冷静地去对待，要保持一种乐观的战斗精神，并使其感染其他战友，强化生存意识，树立必胜的信念，使小队形成强大的战斗力。

在现代战场上，士兵单有丰富的知识和强健的身体还不足以在任何地点完成各种异常艰巨的任务，关键还要看士兵是否具有主观能动性、辨识的能力和聪明的才智。士兵要充分发挥

陆军将领视察士兵野外生存训练情况

主动性，能在生存时灵活变通，能迅速作出决定，能保持冷静和镇定，能很快适应环境，把不利因素变为有利因素，使自己独立生存。

客观因素是指来自敌人和大自然的威胁。来自敌人的威胁主要表现在以下几个方面：各种侦察卫星的侦察和监测；侦听设备的布控；夜视器材的运用，传感器的侦察搜索；在重点目标附近布雷；在必经之路上布洒毒剂、设置障碍或进行火力封锁。这些因素都会直接威胁士兵的生命安全，如果生命安全得不到保障，完成作战任务也就

陆军士兵在用藤蔓编织漏斗形陷阱

无从谈起。因此，影响士兵野外生存最直接、最根本的因素是来自敌人的威胁。

孙子在《地形》中有言："知彼知己，胜乃不殆；知天知地，胜乃可全。"这里强调了自然气候地理条件对战争的影响。在战争史上，由于不适应自然环境，造成大量减员乃至战争失败的例子很多，例如三国时期的赤壁之战、二战时期的苏德战争。对于独立作战、无后方供应保障的某些兵种来说，能够掌握在各种环境中生存的技能，就更显得尤为重要了。因此，飞行员、侦察兵、特种兵和海军陆战队员等特殊兵种，平时要全面掌握各种地形的不同特点，研究各种地形对生存的所产生的各种影响，并有针对性地进行生存技能训练。

总而言之，只有充分了解野外生存的主、客观因素，并弄清这些因素对生存的影响，才能提高野外生存能力。

陆军士兵使用自制鱼竿钓鱼

第6章
巷 战 篇

　　巷战，一般也被人们称为"城市战"，这是因为巷战是在街巷之间逐街、逐屋进行的争夺战，发生的地点通常都是在城市或大型村庄内。其显著特点一是敌我短兵相接、贴身肉搏，残酷性大，二是敌我彼此混杂、犬牙交错，危险性强。本章主要就单兵巷战相关的问题进行解答。

→ 概　述

　　巷战是随着城市的产生而出现的一种作战形式，是以人口聚居的城市或城镇，甚至更大的都会区作为主要战斗场所的现代化战争方式。城市的安危得失是战争胜败的重要标志，城市地区已成为 21 世纪的主战场。一般来说，巷战具有下述诸种特点。

　　1）战场环境异常复杂

　　巷战中，防守一方可以利用高大的建筑物和四通八达的地下工程设施，构筑坚固的堡垒；可在市区内大量设置地雷和各种障碍物；可以居高临下，以点控面，进行观察和狙击；可以利用楼房、街区，组织交叉火力。而对进攻一方来说，常常需要攻坚夺点、短兵巷战，加之地形、敌情不明，易遭敌方伏击和冷枪射击。20 世纪 80 年代以来的几次巷战，进攻一方都付出了沉痛的代价。

陆军士兵参加巷战训练

受地形所限，巷战中的兵力兵器主要沿道路及其两侧街巷机动，因此战斗队形易被割裂，不利于大兵团活动，而小分队却可以发挥极大的作用。为适应巷战独立战斗、攻坚战斗的要求，需要编成集突击、破障、火力支援于一身的最低一级的诸兵种合成分队，并使各分队保持战斗队形，灵活机动地执行任务。

2）通信指挥协同困难

巷战中，有线电通信机动性不强，无线电通信特别是其高频和超高频通信，受高大建筑物的影响和声、光、磁的干扰，信号欠佳。旗语、手语等联络方式会受到墙壁和建筑物的遮挡，难以沟通。战斗接触面小，与敌人交战的多是班组或单兵，交战双方往往是一路、一墙之隔，兵力分散，不便指挥协同。因此，巷战利于单兵作战，而不利于联合行动。美军认为，巷战是"下士（班长）决定的战斗"，是"真正的勇士的搏斗"。

3）装备优势发挥受限

军队现有的技术装备主要是针对一般地形作战设计的。在一般地形可以最大限度发挥优势的军事技术，在巷战中其作用将大大削弱。巷战面临的是不规则的、复杂的作战环境。大范围侦察定位系统、空中火力、远距离火力，在有防护、伪装和隐匿的城区，其看得远、打得准的优势很难发挥。例如，1993年10月，进入摩加迪沙市区的美军，虽然拥有绝对的技术优势，但面对艾迪德民兵武装的袭击，也只能进行"步枪对步枪"作战，其高技术装备几乎无用武之地。当然，如今美军正在大力研制适用于巷战的高科技侦察装备，这一困难将在一定程度上被克服。

4）射击和机动困难

在巷战中，由于近在咫尺的建筑物遮蔽了视线，致使视界和射界受限，存在大量观察和射击死角，不便于实施侦察，更不便于发挥火力优势；小巷狭窄，不便于坦克等装甲车辆的机动，且在主干道上行驶，易遭反坦克武器的打击，风险较大；军事目标和非军事目标紧密相连，战时既要摧毁军事目标，还要考虑保护重点非军事目标。因此，便于使用轻武器，重型兵器的使用则大大受限。

欧文堡国家训练中心的巷战训练场地

→ 巷战中如何构筑防御工事

一般来说，构筑巷战用防御工事也要符合一般阵地的要求，如防护、疏散、隐蔽、便于发扬火力等，但城市地形的特点对防御工事的构筑产生了很大的影响。大量建筑物虽使构筑工事有了现成的基础，但也对防御工事的构筑提出了新的要求。

被选为防御阵地的建筑物要满足以下要求：可以提供一定的防护能力；有坚固的地板，避免被上层建筑产生的瓦砾压垮；墙壁要厚实，并且为防火材料建造；位置位于转角处和突出部，可用火力向多个方向射击；邻近街巷、空地和停车场等开阔地形，以提供良好的射程和射界；可以储存较多的军用物资，以提供在被孤立情况下较长时间的独立作战能力。满足要求的建筑物会对敌方火力有一定的防护力，但却并不一定能起到完全的防护作用。在作战时，一般还需要在建筑物墙体内侧使用沙袋、装满沙土的家具或其他填充物进行加固，以提高防护力。

建筑物的窗户可以用来充当武器的射击位置，但需要经过相应的改造才能符合使用要求。窗户首先需要去掉所有玻璃，以防被击中破碎后飞散伤人，然后使用沙袋加以堵塞，仅留出射击孔即可；也可以

陆军士兵在围墙后方架设轻机枪

用网状遮蔽物遮住窗口，仅在射击时占领窗口阵地，其他时间则隐蔽在墙后。在很多影视作品中，即使在有防御准备的情况下窗户也是完全敞开的，这是一种非常致命的错误。另外，士兵应该占领窗口的侧面而不是正对窗口，这样可以降低被对方发现的可能性；在窗口对面有更高建筑物的情况下，为了避免被来自高层建筑物中的敌军火力击中，可以将桌子等家具靠近窗口垫高射击位置；如果窗口位置过高或过于暴露，应该避免使用窗口作为射击孔，可以将窗户用沙袋或其他材料完全封死，以免敌军火力从这里射入建筑物内。为了便于向敌方投掷手榴弹，封死窗户的材料也可以制作成可移动式的，移开后投掷手榴弹，随后应再移回封住窗户。

建筑物的门一般最便于通行，因此除了以火力严密封锁的门或留下作为己方撤退或补给增援的通道门之外都要封闭，且以沙袋或其他材料加固；在门外可以设置爆炸性障碍物加以封锁。

走廊是敌人突入建筑物后主要的通道，如果己方不准备利用的话可以用家具或铁丝网加以封锁，并且要以火力加以封锁以防止对方沿走廊扩大战果。楼梯也一样，如果不打算使用就加以封锁，必要时还可以在楼梯上设置爆炸性障碍物。

己方在建筑物内上下层之间运动时，可以采取打穿楼板、使用梯子上下的方式，当梯子不用时要移开以免敌方利用。建筑物内，尤其是居民楼内通常都有大量可燃物体，如木制地板、天花板以及家具等，因此

应采取严格的防火措施。在可能的条件下，应该拆除或移除房间内的可燃物体，或者在地板上铺上一层较厚的沙土以防起火，此外还应该预先准备灭火器材，以便及时扑灭火灾。

在现代条件下，来自空中的攻击也是据守建筑物一方的重大威胁，如果建筑物是平顶更是如此，这就需要设置障碍物阻止敌方直升机的降落或机降兵的索降行动。将相邻建筑物连接起来的通道也需要加以封堵，否则敌军可能采取攻占一个建筑物后从通道进入相邻建筑物内部的方式扩大战果。

城市中的建筑物由于不是专门用于作战的掩体，其建筑高度一般都很高并且垂直于地面，这样就带来了一个很大的弊端：在被敌方火力击中时容易发生垮塌现象，如果不采取相应的防护措施，就可能被垮塌的建筑材料砸中而导致伤亡。因此，在建筑物内部士兵射击位置的上方需要加以遮挡，一般可以采用将桌子等家具置于射击位置处，桌上堆积沙袋增强防护力，士兵钻到下方占据射击阵位，这样就可以在很大程度上避免被砸中。

陆军士兵在战场中作战

→ 巷战中如何选择射击位置

在巷战中，无论进攻、防御还是撤退，成功与否都取决于士兵能否精确射击敌人，同时尽量隐蔽自己，免受敌人攻击。这就要求士兵能迅速寻找和正确利用射击位置。一般来说，巷战中的射击位置可分为两种，一种是仓促射击位置，另一种是预设阵地。

仓促射击位置通常应用于进攻作战或防御的早期，可以是士兵主动修建，也可以是在敌人的打击下被迫修建，一般修建前都缺乏必要的准备。巷战中，常见的射击位置有建筑拐角、断墙、窗户、孔洞、房顶等。

（1）建筑拐角。士兵必须能熟练地用两侧肩膀射击，以有效地利用拐角，常见的错误就是用错肩膀，导致自己身体的暴露面积过大。另一种常犯错误是站姿射击，士兵会暴露在敌人预期的位置上，较高的身影会成为敌人很好的靶子。

陆军士兵在断墙后射击

（2）断墙。士兵在断墙后射击时，必须紧贴墙体，不能超出。

（3）窗户。窗户提供了一个很好的射击位置，士兵要注意不要站姿射击，那

陆军士兵在房顶射击

样会把自己暴露在敌人回击火力之下，而且自己的身影在深色背景前也很醒目，枪口火光在夜间更是明显的目标。士兵应该离窗口稍远一些，防止敌人看到火光，要采用跪姿或其他姿势射击，防止自己的形象过于突出。

（4）孔洞。士兵可以在墙上开洞用于射击，此时要注意自己的位置，要确保枪口焰不超出洞口，不会被外面看到。

（5）房顶。房顶为士兵提供了很好的射击位置，有着很好的视界和射界。房顶上任何突出物如烟囱、烟窗等都可以作为隐蔽物来使用。

预设阵地是指预先修筑或改造的射击位置，用于向特定区域开火并降低自身暴露的风险。预设阵地主要包括加固的窗户、加固射击孔、狙击阵地、反装甲阵地和机枪阵地等。

1）加固的窗户

士兵可以用封堵的方法加固窗户，只留下一个较小的射击孔。封堵材料可以是从内墙上取下的，也可以是其他途径得到的材料。封堵窗户时不能只封堵用于射击的窗户，也不能封堵得太过棱角分明，否则敌人马上可以判断出射击位置。

一般来说，士兵在窗户底部射击更为有利，射击位置暴露得更少。窗户下面要用沙袋加固。窗户上的玻璃要去掉，防止碎片伤人。窗帘要保留，因为士兵可以透过窗帘观察和射击，敌人却不能透过窗帘看到里面。武器下方应铺上湿毯子，防止激起尘土。窗口挂上纱窗或网可以防止敌人投入手榴弹。

2）加固射击孔

虽然窗户是很好的射击阵地，但不能总在一个地方射击。士兵应修筑备用射击位置，如在墙上打孔，用于观察和射击。打孔后可用沙袋堆在墙后射击孔的周围加固，如果阵地在二楼或更高楼层，还应在地板上铺两层沙袋，防止来自下方的爆炸。士兵后方也要用沙袋、碎石、家具等加以保护，还要用桌子、床架等保护士兵的顶部，防止来自上层的爆炸和落物伤人。为了进一步增强安全性，可以在墙上多开几个孔用以迷惑敌人。

陆军士兵利用射击孔射击

3）狙击阵地

烟囱为狙击手修筑阵地提供了很好的位置，房顶的部分建材要拆除，狙击手可以站在房顶下的檩条上或构筑的平台上，只露出头和肩部，在烟囱后射击。狙击手的侧面要以沙袋加固。如果房顶上没有突出物，狙击手应该在面向敌人的房顶下修筑阵地。阵地要以沙袋加固，把房顶材料如砖瓦等拆下一小块作为射击孔。为防止缺失的砖瓦成为敌军识别的标志，别处砖瓦也要拆下几块以迷惑敌人。狙击手和射击时的枪口焰都不能在外面看到。

在选择和构筑狙击阵地时，要注意以下几个问题：尽量利用隐蔽和掩蔽物；不要在掩蔽物顶部射击，尽量在掩蔽物旁边射击；不要把自己的身影暴露在浅色建筑、天空等背景下；在离开旧的阵地前就要谨慎选好新阵地；不要固定射击位置，在封堵和未封堵的窗户处都要射击；暴露时间应尽量缩短；一旦占领一个仓促射击位置，要立即加以改造；尽量用建筑材料加固阵地。

4）反装甲阵地

在城市进攻作战中，无后坐力武器的尾焰大大限制了士兵选择阵地的灵活性。在为无后坐力武器和反坦克导弹选择阵地时，要尽量用碎石、墙角、拐角、废弃车辆等保护炮组成员。没有时间在墙上打孔和清扫武器后方空间时，可以选择拐角窗户一类的地点，炮弹从一个窗口飞出，尾焰向另一个窗口泄出。房间的拐角可以用沙袋加固。此外，也可以在房顶以烟囱作掩护，阵地后方用沙袋加固。需要注意的是，士兵应多选择几个阵地，以保证需要时可以变换位置，尤其是原有阵地不能抵挡轻武器火力时。

装备 AT-4 火箭筒的陆军士兵

5）机枪阵地

机枪没有尾焰，可以布置在任何地点。在进攻时，门窗是很好的射击位置，但也是敌人重点观察和射击的目标，所以要避免。在进攻中造成的墙上的孔洞都可以用作射击孔，也可以用炸药炸孔。不管用何种射击孔，机枪都应在室内或阴影里射击。一旦占领建筑物，士兵要立即封堵门窗，只留下小口用于射击。射击中要灵活变换位置。

防御中要广泛地利用射击口，射击孔的布置不能有任何规律性，不能都布置成地面或桌子的高度，应变换高度和位置以免被敌人识别。假射击孔、成排的孔、临时用非故意造成的孔射击都可以欺骗敌人。灌木丛后、屋檐下、门口立木下的射击孔都难以被敌人识别。可以把机枪布置在墙角和建筑物下的沙袋工事里以加强火力，桌子、沙发等都可以完整地用来加固阵地。

此外，还有一种不常用的机枪布置方法，就是将机枪安置在高处，让子弹越过废弃的车辆、障碍物等以避免被它们遮住射界，这就要求在楼上或房顶寻找精确射击位置，而且要严密伪装。

→ 如何在拐角处观察敌情

巷战和野战的最大区别就是，战场被无数按照一定规律排列的建筑物分割，任何战术单位都处于一个相对封闭而狭窄的空间，这给进攻一方观察、火力的运用都带来了限制。同时，对于防守一方而言，这个问题同样存在，只不过他们对于场景的构造更加熟悉，并且处于守势，这一切都使巷战战术成为最复杂的步兵战术。街道两侧的墙壁阻碍着敌人视线，也保护着己方战术单位免于火力的直射，所以从某种意义上说，巷战战术就是围绕墙壁而运用的战术，这直接体现为对各种拐角处的运用——无论是观察还是攻守，都是通过拐角处来实现的。

在敌情不明的区域拐角进行观察，无疑是对执行者勇气和智慧的双重考验。在战况复杂多变的特殊环境下，延迟一秒往往就会给己方小队带来毁灭性的后果。美军在20世纪90年代初就开始研发的，旨在提升数字化单兵作战能力的"大地勇士"系统（其中就包括传

陆军士兵在拐角瞄准敌人

输到头盔中液晶显示器上的拐角观察探头）迟迟通不过最终评估，其根本原因就在于过分依赖设备的特性，可能导致士兵在激烈战况中丧失最有效的对敌反应时间，况且当电池在消耗战中用完之后，身上的大量科技装备就如同废铁。所以，拐角观察在21世纪的高科技战争中依然要依靠肉眼来完成，而如何在执行这项危险任务的过程中既清楚地观察到敌情，又能有效地保护自己，就要看对拐角观察战术运用的熟练与否了。

拐角观察的正确做法为士兵行进到拐角后，背对墙壁单膝下跪，重心调整到拐角的相反方向（立足腿），这个对重心的调整动作非常重要，因为对于当今负重普遍超过20千克的步兵而言，在探身后往往会因为装备重量的势能而将自己直接推出拐角，成为敌人的活靶子。如果从拐角右侧位置探头，还要用左手抓住武器，避免让伸出拐角的枪械暴露自己的位置。探头动作不能有所顾忌，因为只要对面街道有敌人在警戒，

一旦探头就肯定会被敌人发现。在这种情况下，缩小探头的时间和幅度不可能减小自己被敌发现的概率，所以要看就必须彻底观察清楚，尤其要看清楚自己墙角平行位置的死角。观察后要在第一时间报告敌情，或用手势来指挥队友的下一步行动。

最为安全的观察方式是卧姿探头观察。观察前，士兵要摘下头盔，避免目标过大。这种做法看似缺乏保护，但在80米以内的交战距离内，一旦士兵的头部被击中，戴不戴头盔其实没有任何区别。且不说 M2HB 重机枪的12.7毫米子弹，单说 AKM 突击步枪的7.62毫米子弹对公认防弹效果最为优秀的凯夫拉头盔在80米内射击，被击中后头盔即便能挡住子弹，士兵的颈部也会由于子弹的强大动能而在瞬间折断。所以摘下头盔对于观察者而言是最好的选择。蜷缩躯干前进到和墙角平行的位置后，将躯干调整到正常姿势，就可以观察到街道内的战况，并且这个位置是任何人都不可能直接瞄准的，即便有敌方火力直射，也可以在瞬间回到墙角后隐蔽自己。

陆军士兵在建筑拐角观察敌情

陆军步兵班经过建筑拐角

→ 步兵小队如何在拐角处交火

在巷战中，建筑拐角是常见的掩护物和射击位置，所以拐角交火战术至关重要。在以 4 人小分队为单位的战斗模式中，比较常见的方式是小队长以蹲姿紧贴墙壁，机枪长手持机枪面向墙壁站在拐角处，并尽量保证不提前暴露。这样做的好处是机枪手只需向外跨一步便能进入交火，将腿收回便能退回墙内。小队长身后的一名队员做好救援的准备（如小队长或机枪手中弹受伤，需将其拉回墙角并顶替其位置继续射击），离墙角最远的一名队员则警戒整个小队身后。

交火时，小队长率先探头射击，尽量杀死或杀伤敌人。机枪手向外跨一步对敌人进行火力压制，而小队长则继续点射。然而，这种作战方式只适用于 3 名以下的敌人。当敌人数量在 3 人以上时，这种战术对机枪手的生命将构成极大威胁。机枪手以站姿向敌人射击无疑增大了被敌人击中的概率，而且机枪手可能会因敌人火力过猛而感到紧张，加上机枪巨大的后坐力，很有可能误伤小队长，甚至误伤墙后的战友。所以，在这种情况下小队长的拐角位置应让位给机枪手，机枪手将机枪三脚架打开，以卧姿向敌人射击，以便压制敌人火力。而小队长则在机枪手身后以蹲姿向敌人射击，必要时可让另一名队员进入交火位置。

陆军士兵在拐角交火

陆军士兵进行拐角交火训练

当敌人躲在掩体后射击时，可考虑让所有队员冲出墙角，站成一排火力全开压制敌人。这里需要注意的是，所有队员冲出墙角的行动必须迅速，而且必须是火力全开，要将敌人打得连将枪举过头顶盲射的勇气都没有。在这种火力全开的压制方式下，弹药的消耗非常快。一旦弹药耗尽，出现集体换弹匣的问题，将给整个小队带来极大的危险。所以，一旦有人弹药耗尽，一定要高喊"换弹匣"，让周围的战友调整射速，保证压制火力。当然，这种火力全开的压制方式也适用于撤退。美军将其称为"地狱火"撤退。

→ 巷战中如何利用掩护物

城区人口和建筑物密集，敌我双方交战距离近。这种环境的掩护物多，对交战双方造成的障碍也较多。无论任何一方，如果能合理利用各种环境因素，找准掩护物，就能争取战术优势，并大大提高己方的生存概率。

陆军的巷战装甲车掩体

任何能够抵挡枪弹射击的物体，都可以视为掩蔽物。战斗中，只要躲在掩蔽物后方，便可避免被枪弹所伤。掩护物的抵御强度没有固定标准，要视当面敌人的火力而定。在战斗中，士兵寻找掩蔽物是需要时间及空间的。大多数建筑物里或市区内的枪战都是短暂而激烈的，交战双方的距离越近，可供反应的时间便越少。尤其是当士兵遭到伏击时，如果一两步内没有掩护之处，就只能一边反击，一边退到就近的掩蔽物后，这个过程中极有可能出现较大的伤亡。为了避免出现这种极端不利的局面，士兵从某处移动另一处之前，往往要事先盘算好一条机动路线，尽可能地靠近一些合适的掩蔽物，避免陷入被动的险境。

在利用掩蔽物时，最需要注意的一个问题就是跳弹。因为掩蔽物往往具有坚硬的表面，这样才能抵御枪弹的强大侵彻力，但同时也会造成弹丸的反弹和跳飞现象。如果士兵忽略这个问题，那么即使找准了掩护物，也依然会被跳弹所伤。因此，如果条件允许，应与掩蔽物相隔2米左右，这样就能大大降低受伤的概率。

在巷战中，最常见的两种掩蔽物便是墙壁和汽车。利用这两种掩蔽物时，需要一定的战术技巧。在许多人的认知中，最安全的方式就是紧贴墙壁。其实，这样反而容易受到伤害，因为士兵身上的衣服及装备与墙壁摩擦会产生声音，进而暴露行踪，招致敌人的攻击。另外，紧贴墙壁也容易受到跳弹的伤害。

在街道中战斗时，汽车是最普遍的掩护物。很多动作电影里都曾出现交火双方以汽车为掩蔽物的画面，但其中有许多动作都是不正确的。与墙壁相似，紧贴车身极易受到跳弹的伤害。如果与车身保持2米左右的距离，就可避免被跳弹所伤。然而，当敌人占据较高的位置时，与车身保持2米距离反而会使身体完全暴露在对方的火力之下，而且从高处落下的靠近弹的反弹角度也会相应提高，此时便无需与掩护物保持距离。此外，车辆虽然是很好的掩护物，但车底与地面间的空隙往往是被忽略的跳弹弹道。要发挥车辆的最大掩护效果，士兵应选择车轮后方作为藏身之处。

在掩蔽物后方战斗时，最容易犯的错误就是从掩蔽物上方探头寻找敌人的踪迹，这样极易成为敌方射击目标。较为安全的方式是在掩蔽物的两侧持枪射击，以减少身体暴露面积。军队在街区作战时，步兵往往会俯卧在墙角，冒出头来窥探敌人的动静。当双方交战距离较远时，这种动作是可以接受的。如果交战双方都在室内，敌人近在咫尺，就不能探出头去，否则极易遭到敌人的攻击。

陆军士兵以墙壁为掩护物

以汽车为掩护物的陆军士兵

→ 步兵乘车射击有何难点

随着各国部队机械化程度的不断提高，步兵乘坐步兵战车或装甲输送车实施机动作战的机会越来越多。因此步兵熟练掌握乘车射击技术，在巷战和野战中都有好处。乘车射击是指步兵在车内面向外坐，用轻兵器通过射击孔或载员窗口实施射击。乘车射击与地面射击差别较大，且具有下述各种难点。

（1）据枪动作受车辆影响较大，稳定性较差。乘车射击时，步兵随车辆一起，经常处于颠簸运动之中，射击姿势难以稳固，不可能做到精确射击。第一是上下震动。由于路面不平，引起车辆减震装置的伸缩，使车辆的重心产生上下震动。车辆震动时，对射弹的高低可产生一定的影响，但对其方向影响不大。第二是方向摆动。由于车辆方向装置的空回，或转弯规避障碍物等，造成车辆在水平面上产生方向摆动。方向摆动对射弹的方向影响较大，而对高低影响较小。第三是惯性晃动。当车辆加速或减速时，由于步兵身体的惯性，会产生前后晃动，严重影响步兵据枪的稳固性，使射弹产生偏差。由于以上三种因素不同程度地同时作用，更增加了稳固据枪的难度。

（2）射击有利时机极为短暂。行进间射击时，由于受车身晃动的影响，步兵射击的有利时机极为短暂。利用短点射实施概略瞄准射击成为射击的主要方式。当进行短停射击时，步兵可利用车体瞬间停顿的短暂时机，快速瞄准进行射击。

（3）视野、射界相对较小，不易观察和及时发现目标。实施乘车射击通常有两种方法，一种是利用车体顶部的载员窗口射击，另一种方法是利用车体两侧的射击孔射击。射击孔的观察视野、射界非常有限，对于步兵及时发现目标和据枪瞄准影响均较大。

（4）对运动目标射击提前量难以把握。特别是车辆在冲击过程中，对运动目标既要取好提前量，又要对高低进行修正，因为向前运动时，与目标的距离也在不断发生变化。当目标与车辆同时运动时，还要考虑相对速度的大小和求取提前量等问题，有时需要瞄准目标的前方，有时需要瞄准目标的后方。

陆军 AMX-10P 步兵战车在城区行进

高速行驶的"美洲狮"步兵战车

→ 巷战中如何使用手榴弹

手榴弹是巷战中使用频率较高的单兵武器。由于巷战环境复杂、战斗激烈，士兵在投掷手榴弹时更需要万分小心。

巷战中经常使用破片手榴弹，用于投掷到步枪和40毫米枪挂榴弹发射器攻击不到的区域，压制近距离内及各种掩体后作战的敌方火力和人员。破片手榴弹起爆产生的破片可侵彻石膏板隔墙，但不能侵入沙袋、砖块建筑，对于木质框架建筑或劣质房屋，如果在墙面近处爆炸，也可在墙面打出裂孔。破片手榴弹在15～20米内具有较大的杀伤力，25米外杀伤性骤降。室内的家具、床垫、门以及书本等均对破片手榴弹具有一定的防护屏障作用，但无法保证房间内人员的安全。地板上爆炸的破片手榴弹，其产生的破片不仅会向周围发散，而且还会侵入到下一楼层。破片手榴弹的这些特点都需要士兵牢记在心。

士兵对准窗户投掷破片手榴弹时，必须考虑掩护措施，因为在20米距离以外未将手榴弹投入1米×1米的标准窗户的概率很大。如果破片手榴弹撞到窗角或者窗户玻璃太厚，手榴弹就不能进入房间或者会被弹回。

至于其他类型的手榴弹，也各有各的特点，均需要士兵熟练掌握。烟幕手榴弹可为部队和车辆机动提供有效掩护，但在巷战中必须慎重使用。燃烧型烟幕手榴弹一经点燃将剧烈燃烧，难以熄灭，使用不当

陆军士兵在战斗中投掷手榴弹

可能灼伤自己，同时其产生的烟雾浓度高，并且消耗空气中的氧气，会令人呼吸困难，在狭小空间内甚至可导致窒息而死。爆炸型烟幕手榴弹起爆产生的燃烧颗粒也会带来附加伤害。燃烧手榴弹用于毁坏装备和纵

火，可以焚毁敌方的车辆、武器系统、工事、弹药等多种军事装备，对诸如木质结构的易燃目标纵火十分有效。在城市近战中，是用于对付敌方装甲车辆的有效武器，可以从高处向敌方车辆顶部投掷。

进攻手榴弹可以在封闭区域内产生强烈的爆震效果，在巷战中备受青睐。它可以用于轻型爆破和毁坏，甚至用于在建筑物的内墙上制造裂口。进攻手榴弹产生的爆震效果比破片手榴弹要强很多，在杀伤碉堡、建筑物和地下坑道内的敌人时效果比较显著。

→ 扑手榴弹为何九死一生

在很多国家的军队中，都出现过士兵扑手榴弹挽救战友的英雄事迹。在西方国家的军事术语中，对于肉身扑手榴弹，有一个名词：Falling on a grenade。它的含义是指在战争期间，用身体盖住即将爆炸的手榴弹，吸收爆炸的碎片而挽救他人的生命。这种九死一生的行动，被西方人认为是一种特别引人注目的无私的个人牺牲精神。

扑手榴弹的士兵大多会当场牺牲，只有极少数幸运儿侥幸保住了性命，但也会付出极大的代价。有人会有这样的疑问：现代军队的士兵大多装备了防护力很强的头盔和防弹衣，能否利用它们抵御手榴弹的爆炸攻击？其实，这种做法早有实例，但效果微乎其微。

2004 年 4 月 14 日，美军士兵杜哈姆和战友们在伊拉克某地执行任务时，突然遭到武装分子的袭击。在交火中，一枚手榴弹被丢到了杜哈姆和他的战友们身边，千钧一发之际，杜哈姆拿起头盔盖住手榴弹，并用身体死死压紧头盔。在完成这一系列动作后，爆炸瞬间发生，杜哈姆被炸离地面，头盔也四分五裂。虽然当时杜哈姆身穿插着碳化硼陶瓷插板的防弹衣，但仍然身负重伤，最终在抢救了 8 天后去世。杜哈姆以牺牲自己的英勇行为，挽救了其他 8 位战友的生命，因此获得美国最高军事奖章——荣誉勋章。

2006 年 9 月 29 日，美国"海豹"突击队的一名队员迈克尔·蒙苏尔在和战友执行作战任务时，同样遇上了上述案例中的问题。为了保护战友，迈克尔·蒙苏尔大喊一声"grenade"（手榴弹）后便直接扑在手榴弹上面。虽然他当时穿着所有的防护装备，但也无法抵御手榴弹的巨大威力，最终在 30 分钟后不治身亡。

在伊拉克战争中，美军共有 4 人获得了荣誉勋章，其中 3 人都是因扑手榴弹而牺牲的。从他们的事迹可以看出，不管是防弹头盔还是防弹衣，或者是两者的结合，均无法在极近距离内有效抵御手榴弹的爆炸攻击。

正在执行巡逻任务的迈克尔·蒙苏尔

美国从 1978 年开始逐步为士兵配发 PASGT 凯夫拉头盔，它的防弹能力颇为出色，达到了 IIIA 级。这种头盔能够在较近距离内抵御 9 毫米口径的手枪弹，甚至对 AK-47 突击步枪发射的 7.62 毫米步枪弹也具备一定防护能力。因为 AK-47 突击步枪发射的 7.62 毫米步枪弹初速达到 710 米 / 秒，最大动能超过 2000 焦，足见 PASGT 凯夫拉头盔防护性能的强悍。

PASGT 凯夫拉头盔

现代军队使用的手榴弹一般都是卵形手榴弹，装填炸药量大约 100 克，弹体由预制刻槽的钢板冲压而成，或者在塑料弹体中间嵌入钢珠，爆炸后主要依靠爆炸冲击波、预制破片或钢珠杀伤敌人，一般手榴弹的安全距离为 15 米，密集杀伤半径在 5 米左右。手榴弹的炸药装药爆炸时，产生剧烈的爆轰波，爆速和能量远远高于步枪弹。头盔的材质不论是钢材还是复合材料都无法完全遮蔽手榴弹爆炸产生的威力。用头盔盖住手榴弹的结果只会是头盔被炸裂，强烈的爆炸冲击力、大量的高速破片将直接作用于人体，几乎没有人可以在这种情况下幸存下来。用头盔盖住手榴弹，再用身体扑上去，其实是用自己的身体消除了手榴弹的大部分杀伤力，从而保护了旁边的战友。因此，用头盔盖手榴弹也是一种自我牺牲的残酷选择。

→ 如何有效探测爆炸物

在巷战中，非常规的简易爆炸装置往往是弱势一方倚重的武器。因此，爆炸物探测技术的研发和应用，也变得越来越重要。那么，世界各国到底有哪些检测手段可以让爆炸物无所遁形？

埋在路上的简易爆炸装置

1）仪器检测

按照技术原理不同，爆炸物探测技术可分为 X 射线探测技术、电化学探测技术、电磁探测技术、中子探测技术等，实际应用则有 X 射线安全检查设备、离子迁移谱探测设备等。

X 射线安全检查设备和离子迁移谱探测设备是目前最常用的两种爆炸物探测设备。前者的典型代表就是双能 CT 检查设备，它可以利用两种不同能量的 X 射线对物体进行成像，能够精确得到物体的构成比例。相比传统 X 射线，双能 CT 能围绕被检物断面作旋转扫描探测，计算机根据采集到的 360°投影信号重构图像，有效识别隐藏物体，提高对爆炸物的探测率。

离子迁移谱一般通过图谱上不同位置的尖峰区分不同的物质，被广泛应用于测定痕量化学武器、毒品、爆炸物、空气污染等。而面对自杀式炸弹中的新材料——三过氧化三丙酮（TATP），非放射源离子迁移谱探测仪被认为更有效。由于不含硝基，TATP 不能被硝基炸药探测器检出。新型离子迁移谱探测仪既可检测出常规硝基炸药，也能用于对自制炸药 TATP 的快速检测。

目前，常用防爆设备都是近距离使用，有些还是接触式的，会对周边人员安全造成威胁。因此，研发一种安全、有效、隐蔽的远距离防爆探测技术极为必要。远距离探测，一般设备与人员距目标物几米到 100 米，潜在危险性小，隐蔽性高。从技术研发上看，主要有激光光谱检测、太赫兹与毫米波等技术。从未来看，携带便捷的等离子体激光传感器，会成为研发应用的新趋势。

2）动物探测

除了仪器探测，利用动物、植物、微生物探测爆炸物的生物探测技术也是防爆的重要研究科目。有时，动物探测可能比仪器探测更高效。

说到动物探测，人们最熟悉的功臣非狗莫属。狗口鼻部的嗅觉能力是人类鼻子的 23 倍，与电子辅助器材相比，狗在寻找炸药方面既快又安全。一只训练有素的狗每天可搜寻 9000 平方米的面积，能够发现埋藏在地下 1 米深的反坦克地雷。

与狗相比，老鼠并不是一种人类喜欢的动物，但它们探测爆炸物可能比狗有更多优势：它们的嗅觉是犬类嗅觉的 8 倍；体重轻，在作业中不会引爆装有触发引信的地雷或爆炸物；它们很少生病，不像狗那样在工作中容易分心，也不像狗那样对训练员有强烈的依赖性。为此，研究人员推出"吸尘器方法"对老鼠进行爆炸物探测培训，让老鼠嗅探吸尘器吸入的灰尘，一旦发现炸药气味，老鼠就按一下键；美国科学家还把极小电子装置植入老鼠大脑，通过无线电操控，使老鼠在 500 米内通过前进或侧向运动寻找目标，这种方法训练周期只要 3 个月，可靠性达100%，比人类探测速度快 100 倍。

除了狗和老鼠，美国国防部还曾训练蜜蜂查找和定位爆炸物，蜜蜂仅用 2 天时间就能掌握探测地雷和爆炸物技能。据报道，经过训练的蜜蜂会在可疑的地域上空盘旋，可通过嗅觉器官觉察到 10 千米以内的TNT 等炸药气味以及微量化学成分。为了确定雷区范围，研究人员还发明了一种可固定在工蜂背上的迷你天线，以便跟踪它们，实现空中大面积探雷。

3）植物探测

与动物探测相比，植物探测的应用尚需时日。美国科罗拉多州立大学有一项研究成果：他们发明出一种接触到空气微量 TNT 成分后会变色的植物。这种植物探测到爆炸物后会从叶子中排出叶绿素，变为白色。当用于检测 TNT 时，他们所能检测出的最低浓度比排爆犬低得多。但现阶段，植物探测的缺点很明显，即反应时间慢——目前植物的反应时间大约需几小时，与实战中争分夺秒的探测爆炸物的需求差距很大；变化过于细微——植物从绿色变成白色，两者差别可能很微小，很易受其他因素干扰。

遭到简易爆炸装置袭击的装甲车

→ 巷战时如何安全行进

　　城市街巷纵横，建筑物高大、坚固、密集，地下工程设施复杂，作战条件恶劣。熟练掌握巷战中的行进技巧，有利于提高单兵生存能力。行进技巧必须不断地练习，直到成为习惯。巷战中通过不同位置的行进技巧有下述几种。

　　（1）翻越围墙。指在侦察过墙那边的情况后，士兵快速滚过墙头，身体尽可能放低。高速度和低姿态可以免遭敌人的火力打击。

陆军士兵翻越围墙

（2）穿越拐角。在穿越拐角之前，必须先仔细观察周围情况。在拐角常犯的错误就是将武器从墙角处露出，暴露自己的位置。探头观察时要低于敌人以为会出现的高度，正确的观察技巧是平躺在地上，避免武器露出，带好头盔，探出头，能观察清楚即可。

（3）通过窗户。通过窗户时最常犯的错误就是露出自己的头部，从而被躲藏在室内的敌人击中。运用正确技巧通过窗户时，士兵的身体要低于窗户，以确保自己的侧面轮廓不会暴露；要沿着建筑物的边缘运动。此时室内的敌人如果要射击就必须把自己暴露在掩护火力之下。通过地下室窗户时同样如此，最常见的错误是没有发现地下室的窗户。不能跑过或走过窗户，那样就给敌人提供了一个很好的目标，应紧贴墙面跳过窗户，避免露出腿部。

陆军士兵在通过窗户时屈身行进

（4）出入门口。门口通常不能用作入口或出口，因为这些地方肯定已被敌人火力封锁。如果必须从门口出来，就必须尽快冲出，到达下一个隐蔽地点，使自己暴露的时间尽量缩短。此时要强调的是预先观察位置、速度、低姿和掩护火力。

（5）与建筑物平行运动。在巷战中，士兵不可能一直在建筑物内部运动，在室外行进时，要利用烟幕、掩护火力和掩体以保证行进的隐蔽性。要紧贴墙角、利用阴影、少暴露轮廓、快速行进到达下一个位置。如果建筑物内的敌人要射击，他就会暴露在己方的掩护火力之下。

（6）穿越开阔地。街道、小巷、公园之类的开阔地应尽量避免穿越，那是敌人重火力武器天然的歼敌区。但如果掌握一些基本穿越技巧，也能安全地穿越。首先要有清晰的行动计划，并利用发烟手榴弹提供掩护。在建筑物之间运动要走最短的路线，尽量缩短暴露的时间。在向下一个位置运动之前，要目视观察，选择一个最好的隐蔽位置，并选择适当的运动路径。

（7）小分队在建筑物之间行进。步兵小分队在建筑物之间行进时是一个较大的目标。从建筑物的一个角到另一个角时，步兵小分队将穿越开阔地，从建筑物的一个面前往另一个面时，情形类似，应用的技巧也一样。步兵小分队应以建筑物作掩护，在向邻近建筑物运动时，两名士兵之间应保持 3 ～ 5 米的间距，使用预先约定的信号，突然冲出，穿越开阔地，冲向下一幢建筑物。

（8）阵地之间的行进。从一个位置向另一个位置转移时，要注意不要遮挡住自己的掩护火力。一旦到达新的阵地，应立即做好准备掩护己方其他士兵。必须充分利用新的射击位置，压制敌方火力。

（9）在建筑物内部行进。当处于攻击之下而在建筑物内行进时，要注意避免在门窗处暴露自己。通过走廊时，要紧贴墙壁，避免成为靶子。敌人经常在门窗处设置诡雷，进屋时应避免触动把手，可以用手枪向插销处点射一发，然后将门踹开。如果发现有诡雷，应做好标记、上报并绕行。进入每个房间之前，最好先向室内投掷手榴弹。

陆军士兵在建筑物内部行进

→ 如何在街巷中快速移动

在复杂多变的巷战环境中，在各条街道上快速移动到目的地并不是一件容易的事情。复杂的街道环境，幽灵般的敌人，突如其来的冷枪，都将严重制约着整个小队的行进速度。在这里，就必须使用街道移动战术。

如果在狭长的小巷中，比较安全的行进方法是所有队员背靠墙面作横向移动，这样整个小队能在第一时间压制住对面窗户中敌人的火力，而自己又处于上方窗户敌人的射击盲角之中。需要注意的是，在移动过程中，枪的指向必须与视线在一条直线上。也就是说眼睛看

陆军士兵在伊拉克巴格达萨德尔城中作战

到哪里，枪就必须指到哪里。这样才能在第一时间打击敌人，端着枪左右张望的行为是绝对不允许的。

在街道中巡逻的陆军士兵

　　如果是在宽阔的大街上，上述战术就与自杀无异了。在宽阔的街道上，敌人的火力点要比小巷多得多。所以，在大街上移动，应采取交替掩护的方式移动，这就是经典的2×2掩护战术。即首先将小分队分为两组，在分组中小队长应与机枪手分开。一组先向前移动，由另一组负责掩护。一组到达一处掩体后，立即进行警戒，掩护另一组移动。这时，先到达的一组士兵应专心警戒，绝对不能回头观察战友是否就位。另一

组就位后，应轻拍前一组战友的肩膀，表示"我已就位，你可以移动"。以此反复。同样，在撤退时，也应该逐个撤退，绝对不能一哄而散，将整个小队的背后暴露给敌人。在街道中移动应尽量在阴影处进行（如屋檐下），因为在强光的照射下，敌人对阴影处的目标将不再敏感，并且可以躲避敌方的侦察卫星。

→ 如何突入建筑物

由于建筑物是城市防御作战中最重要的防御依托，因此要想取得进攻作战的胜利，就必须清剿建筑物内的守敌，而进入建筑物则是清剿守敌的第一步。

突入建筑物时，尽量不要利用门口突入，以免成为对方的活靶子。万不得已时，应侧身接近门口投入手榴弹后再行突入。通常要利用建筑物的窗口进入，如果窗口较高可以使用人梯或梯子进入，进入之前需要先投弹清扫房间。必要时，也可以采用带抓钩的绳索钩住窗户的方式进入内部，不过这种方式很容易被内部敌人发现而采取相应措施，应该减少使用频率。

在已经占据建筑物的高层时，可以使用索降的方式从窗户突入，但这种方式一方面需要较高的技能素质，另一方面也需要先向房间内投弹再迅速进入房内。在建筑物的房门和窗户都不能利用的情况下，就需要在建筑物外墙开一个洞，以使步兵钻洞进入。开洞的方式可以使用炸药爆破，也可以使用榴弹发射器或无后坐力炮，如果有坦克支援作战，也可以使用坦克炮洞穿墙体。同样，进洞之前也需要先投弹再突入其内部。

负责向房间内投弹的士兵应该及时与其他人沟通，提醒其自己要投手榴弹，并使战友做好迅速进入房间清除敌人的准备；投弹手投弹时应采取侧身方式，反手将手榴弹投入房间。这时，另一名士兵应在另一侧做好准备，趁房间内敌人被手榴弹炸晕还未作出有效反应时迅速进入房间，以点射消灭敌军。投弹士兵也紧跟着进入房间，配合首先进入的士兵消灭残敌。如果有第三名士兵，一般要留在房门外面进行警戒，以防止来自后方的袭击；如果房门关闭，则需要先采取破门措施，先隐蔽在房门一侧射击门锁位置，然后踹开房门，接着再投弹。

　　在没有手榴弹的情况下，士兵可以占领房门一侧以手中武器向房内射击，趁敌人混乱再突入消灭残敌。如果有两名士兵同时从房门两侧同时射击，效果更好。利用楼梯向上搜索时，首先应观察是否有爆炸性障碍物和铁丝网等并加以清除，然后再利用楼梯作掩护向楼梯拐角投弹，爆炸后再投一枚到拐角后面的走廊内爆炸，最后采取突击行动。清除残敌后，应该迅速打扫战场，布置兵力兵器，修复防御工事，以将建筑物作为下一步进攻的依托或者防止敌方反击。

海军陆战队的 M1 主战坦克对一栋建筑射击

陆军士兵在城区搜查房屋

陆军士兵在建筑内部行进

→ 如何在敌火力威胁下攀墙

当士兵不得不在敌方火力威胁下攀墙时，要利用一切手段隐蔽自己，例如投掷烟幕弹和分散敌人的注意力。使用烟幕弹时，要考虑到风向等因素，并结合射击、喊叫、佯动等迷惑敌人。

正在户外攀墙的士兵很容易受到敌方狙击手的袭击，在建筑物之间运动或攀爬建筑的士兵应受到两个方向的火力掩护。正确配置掩护火力可以有效地压制和消灭敌人，榴弹发射器可以有效地消灭房间内的敌人。

利用绳子攀墙的士兵，要注意避免把自己的轮廓暴露给未经清理的房间的窗户，爬墙时武器要挂在能开火的那一侧肩膀上，保证随时可以发起攻击。在进入房间前要先投掷手榴弹，预计可投弹时要先把保险销拔下，这样需要投弹时只要一只手就可以投掷。

爬进窗户时要尽量低姿，可以头部先进入，再把一条腿挂在窗框上，然后侧着身体进去，骑在窗框上。

正在攀墙的陆军士兵

正在攀墙的士兵

→ 如何实施进门搜寻

大门通常是士兵进入建筑物时的第一个障碍物。不论门是敞开或是关闭，门后方房间内的情况都难以察明，这也成为敌人埋伏的理想场所。因此，进门搜寻程序是士兵必须掌握的重要战术技巧。

在执行进门搜寻任务时，士兵首先要占据一个有利的搜寻位置，一定要使身体在靠近门锁的一侧，这样对于窥探及自身安全都较为有利。若房门是向外打开的，靠近门锁的位置便可以看到房内大部分情形。若门是向内开启的，虽然这个位置不能立刻看见什么，但仍适宜作为进门搜寻的起点。在每次行动前，士兵通常应尝试扭动一下门锁，看是否可以悄悄打开，以便先发制人。为免打草惊蛇，破门往往是最后才会采用的手段。

士兵使用破门锤破门

不论门是打开还是关闭，士兵都不能站立或徘徊在门口处。尤其是该房间光线明显较室外幽暗，士兵背光造成的剪影，对埋伏在室内的敌人来说无疑是个明显的射击目标。有经验的士兵都把门前的地方称作"死亡地带"，在通过时必须动作迅速并能随时应对任何突发状况，不能让敌人有瞄准的机会。在窥探房间时，身体不能倚靠房门，这种姿势不仅没有应变能力，且门板不能抵御子弹攻击，从而令身体暴露于危险之中。

在伸手开门时，士兵持枪的手应尽量收于胸前或腰间，并做好射击准备，这样能有效防止枪械在开门过程中被匿于门后的敌人夺取。门被打开后，士兵要迅速后退一两步，以获得更佳的视野及射界，遇上突发状况时也有更大的缓冲空间。

在未察明门后是否安全前，不可贸然踏进房间。最稳妥的对策仍是采取拐角搜寻的战术动作，以门锁一侧的门框为行动轴心，行动中视线沿着门框垂直方向上下扫视，视觉焦点则前后移动，来回游走于门框至房间深处尽头。同时身体作弧线运动，渐进式地逐一窥探房内各个角落。此外，对于向内开启的门，要推至贴着背后的墙壁确定没有敌人埋伏于门后。

单兵执行进门搜寻任务时，注意切勿停留在门口位置上，让自己成为活靶子。如果是多人小队，除了要注意这一点外，还要配合默契，否则很容易在门口撞成一堆。因此，在控制进房时机及机动路线上，要安排得更妥当。

搜寻小队进门时的常见动作程序：掩护手将房门推开，前锋采用入门搜寻技巧，一步一步地以门框为轴心，扫视房间内情况。后卫转而与掩护手肩并肩靠在一起，分别监视走廊两端；然后前锋沿对角线方向，

迅速越过门口的危险地带并冲进房间。掩护手随后行进至房内另一侧；最后，后卫也退进房间，依托门框做掩护，继续监视门外走廊两端动静。当小队退出来搜寻其他相邻房间时，监视走廊的后卫便应成为下一步行动的前锋。

陆军三人小队练习破门

→ 城区机动时如何安全转身

士兵在城区执行搜索、攻击等任务时，必须保持机动。为了能对突然出现的威胁及时作出反应，士兵的身体必须时刻保持平衡，枪口永远朝着眼睛监视的方向，能随时进入射击状态。在掩体之间机动时，应以轻快的脚步行进，除非受到攻击，否则切勿奔跑。当接近潜在威胁地带

时，要避免双脚交叉的步法，因为这会失去身体的平衡，不利于操控手中的枪械。

在巷战中，士兵常用的转身战术动作如下所述。

（1）左转身90°。当士兵感觉身体左侧方向出现威胁时，要立即转动身躯，左脚稍往后放，脚尖朝向威胁处，然后扭动双脚的脚尖，令身躯进一步面向左侧，双手同时摆出选定的射击姿势。

（2）右转身90°。当士兵感觉身体右侧方向出现威胁时，要立即转动身躯，右脚向左后方后退一大步，头部和枪口转向目标，双手摆出选定的射击姿势。

陆军士兵在城区执行搜索任务

（3）转身180°。当士兵感觉身体后方出现威胁时，应左脚横越右脚，向右后方踏进一步，然后转动上半身，双脚的脚尖转向后方，眼睛、枪口瞄向目标，双手摆出选定的射击姿势。

陆军士兵在城区机动

→ 巷战中多人小队如何配合

在巷战中，小队协作比单枪匹马更有效、更安全，前提是要通过相关的战术技巧，把每个队员的能力集合起来，获得"1+1>2"的效果。为了做到这一点，队员必须密切配合，有一致的行动目标；队员之间沟通顺畅并

且有可靠的无线通信
传送设备；每名队员
能分担不同方向掩护
职责，从而达成全方
位的警戒。如果小队
无法做到上述几点，
那么依然只是几名士
兵的简单集合，达不
到优势互补的目的。

陆军三人小队在建筑物内部作战

　　一个完整的小队包括前锋、掩护手及后卫等。前锋是第一个越过障碍或关键地点的队员，掩护手负责给前锋提供掩护及协助其搜寻敌情。在某些环境中，如果相反方向存在两个必须同时警戒的危险点，如十字形走廊交叉处，掩护手的作用就如同前锋的另一双眼睛。后卫处于队伍尾端，要负责小队的背后警戒，并清除一切潜在的威胁。

　　在搜寻过程中，各个队员的角色并非固定不变，而要视建筑物的结构、客观环境及形势发展，在队员之间随时进行调整。当人手不足时，若只能以两人小队形式执行任务，那么后卫的角色便会被首先调换，此时掩护手便要担负双重责任，兼顾背后的警戒工作。一旦小队中任何一名队员发现敌人，不论是大声报警或是立刻开火，也不管该队员当时担任哪种职责，他都应自动成为小队的前锋。其他队员仍然坚守各自的警戒方向，但整个小队的行动将会以他的战术需求为中心，而最靠近他的战友则成为掩护手，需要时给予协助和侧翼掩护，余下队员成为小队的后卫，不仅警戒原来的掩护地域，同时要兼顾掩护手留下的警戒方向。

　　巷战极具危险性，队员很有可能在执行任务时受伤，因此受伤撤离的练习也是比较重要的课目，并且要针对不同的角色、不同的警戒状态反复练习。战斗中如果有队员中弹，旁边的战友应自动担任掩护手，迅速以火力掩护，并取代受伤队员的战斗位置。这种方式的好处是压制了敌人进一步的攻击，迫使其躲到掩护物后，从而获得宝贵的后撤时间。而如果立即救治伤员，就有可能导致更多的伤亡。

第6章

尽管现代军队使用的武器装备颇为精良，但如果战斗持续时间较长，枪械故障或需要更换弹匣的可能性便会增大。由于事出突然且室内战斗多在中短距离内发生，此时战友给予的及时掩护往往关乎个人的生死。因此队员之间的互相支援，是小队战术训练里的重要科目。

陆军巷战训练中的四人小队

参加巷战训练的陆军多人小队

→ 三人小队如何在走廊行进

走廊的战术环境极为狭小，它限制了己方的机动路线，也限制了敌人的攻击方向，对小队的威胁只会来自前后两个方向的转角位置。因此，三人小队沿着走廊的机动队形是小队搜寻技巧中基础的组成部分，人数组成更多的小队也只是分工更为细致，但基本的战术技巧仍是由三人小队发展而来的。

三人小队多数安排前锋在中央位置，而掩护手及后卫则分别紧贴前锋的左右两侧，队员身体保持接触，万一发现敌情，更容易向身边伙伴示警，同时也可以免除语言或手语引起的延误。巷战的作战地点往往在室内，狭窄的战斗空间使三人的警戒方向不宜采取辐射状，这样向前伸出的双手会在不知不觉间进入未经查明的危险区域。

每当小队被安排在大队领头位置，或有殿后队员支援，背后不存在威胁时，后卫便应与前锋、掩护手一起朝前进发。但当小队单独行动或处于建筑物深处时，为了防范敌人从后方突然出现，后卫必须掉过头来警戒小队的后方。

以小队形式在走廊拐角搜寻时，若遇到的是"L"形或"T"形走廊，后方警戒任务可交由后卫负责，掩护手与前锋则要同步前进，此时要格外留意前臂及武器是否伸入前锋拐角的危险区域内。

当小队搜寻需要在十字形走廊里展开时，警戒的方向就应由原来只有走廊前后两端，增至前后左右四个方向，但只要战术得当，三人小队仍能应付。

陆军三人小队在走廊行进

在走廊行进的陆军士兵

→ 如何正确使用战术灯

在现代战争中，步兵在街巷和建筑物中作战的时间远多于旷野。以伊拉克战场为例，在危机四伏、残酷激烈的城市巷战中，对建筑物的争夺与搜索已成为步兵的基本任务。在清剿武装分子的战斗中，盘踞建筑物的一方出于防御与隐蔽的需要，势必要将门、窗等进行加固与伪装，致使白天室内与户外存在巨大的光照反差，进攻方骤然闯入后，至少需要 3 分钟才能完全适应由亮到暗的环境变化，此时所有的夜视器材也都不能派上用场，而这 3 分钟时间恰恰攸关生死。此时，如果进攻方破门后利用数只甚至数十只战术灯将室内各个角落全部照亮，便可压制防守方。因为防守方一直处于黑暗中，突然受到强光照射，视觉也需要时间来适应，而攻击者就可抓住机会，对敌情作出清晰的判断并进行精准打击。

正是基于战场实践，西方主要国家几乎所有的轻武器都装配了战术灯，或至少设置了预装战术灯与辅助装备的夹具或导轨系统。从大量摄自美军地面战场的影像资料中可获知，战术灯最常用的时段不在夜晚，而是在光照强烈的白天。

陆军士兵使用战术灯照亮建筑

当步兵与敌人同处黑暗区域时，步兵必须有限度地使用战术灯以免暴露自身位置。为此，除非要做以下三件事，否则步兵要保持战术灯的熄灭状态：一是找寻去路，确定方向；二是找寻及确认威胁的位置；三是确定目标方位而射击。

另外，每名步兵必须紧记以下几点：第一，必须充分利用掩蔽物，使自身处在黑暗中；第二，一旦自身被照明，则必须减少被照明的时间，以避免成为敌方的目标；第三，在黑暗中移动（搜索及推进时），如果未能确定目标，绝对不能开枪射击；第四，当步兵与战友在黑暗中行动时，不可在战友的身后使用战术灯以致暴露其位置，同时必须留意战友的位置变化，保持与战友的沟通。

步兵在黑暗中移动，必须开启战术灯时，战术灯开启与身体的移动必须讲究技巧，要做到尽可能利用交替掩护而移动；战术灯每次闪光的时间不超过1秒；必须在熄灭灯光后移动，移动速度越快越好。战术灯的开启和身体移动有机配合，可以减少自身暴露的时间，从而降低被击中的概率。如果敌人向曾经有光的方向射击，由于己方的及时快速移动，尤其是移动到掩蔽物后，就能有效地保护自身，受袭击的概率就会大大降低。

步兵开启战术灯前，还必须考虑以下几点：一是在使用前必须调整好灯光的有效焦距；二是必须首先确保灯光照向的方位是步兵想要移动的方位；三是对于步兵所要搜寻的方位，必须事先基本明确，不能盲目开启战术灯；四是如果需要射击，必须在开启战术灯前做好射击准备。

陆军士兵在步枪上加挂战术灯

第 7 章
后 勤 篇

古语有云"兵马未动，粮草先行"，这句古代军事格言充分体现出后勤保障工作在战争中的重要地位和作用。作战物资的充足与否、武器装备是否完善、伤病人员能否得到及时的救治等，是关系战争进程与结果的重要因素。本章主要就军需勤务相关的问题进行解答。

→ 概 述

战争是在一定的物质基础上进行的，因此离不开后勤的保障。所以，军队后勤是随着军队的产生和发展而逐步建立、发展起来的。按照历史发展阶段划分，军队后勤可分为古代、近代和现代三个时期。

古代，军队作战以冷兵器为主，军需组织体制和保障方式都处于初步发展时期。后勤保障的内容有粮草、衣甲等，主要是粮草。粮草、衣甲的筹措与供应以国家和地方官府为主，与军队共同负责。我国西周时期，中央有司徒和"旅师""委人"，地方有"遗人"，平时既管民用又管军需，战时主要负责军需供应；军队编有"通粮"，负责筹划粮草，战时组织疏通粮道；军队中有炊事人员负责制作饭食。秦汉时期，中央的治粟内史（西汉景帝时为大农令、武帝时改为大司农）及其属下的太仓、都内等令丞，负责中央常备军和战时对外作战军队的军需供应；地方官府的郡都尉、郡丞等，负责守备部队的军需供应。唐朝户部所属的度支、仓部和兵部所属的库部，宋朝户部所属的度支、仓部，明清时期户部所属的各清吏司、兵部所属的武库清吏司和工部所属的虞衡、屯田清吏司等，分别负责军队所需粮草、衣甲的筹措供应和军事屯田事宜。有大的作战行动时，由朝廷另派官员临时负责筹运粮草。古埃及古王国时期的"军械院"，负责军队的补给。古埃及新王国时期的"南北两仓长官"，为掌管上、下埃及两处粮仓的后勤长官；军事部门的"征收录事"和"分配录事"，负责军队食品的供给与分配。在古希腊，"雅典公民大会"和"五百人会议"负责军队的经费拨付、给养物资的筹划及辎重队的调派等。

古代军需保障方式大体有 6 种：①民间供奉或自筹自备。例如中世纪欧洲骑士军团实行自筹自备粮草制度。法兰克查理大帝在出征召集令中明确规定，报到时所带粮食要足够 3 个月食用，衣服维持 6 个月。②国家供给。国家以赋税形式征收米粮布帛，制作衣甲，储存于仓库，供应部队。公元前 5 世纪，古希腊军队实行给养金制度以后，国家开始以货币形式供应士兵，取代以前的实物供应。③军屯自给。古代的埃及、希腊、罗马等国都建立过屯田军。中国汉武帝时曾在西北边境地区置屯田戍卒达 60 万人，用以从事农业生产，保障粮秣供给。④就地征集。由地方政府或军队在战区就地筹措。包括强征、掠夺、摊派、购买，同盟或友好国家支援，以及当地捐纳、供奉等。公元前 149 年至前 146 年，古罗马在第三次布匿战争中因缺乏粮食，曾动用上万人的军队进行掠夺。⑤取之于敌。古代军队所需粮草主要的保障方式之一。⑥商贩随军。中世纪的欧洲雇佣兵，出征时有随军商贩同行，出售给养、衣服、装具等。

近代，社会生产力和科学技术迅速发展，火器广泛应用于战争，军队数量和战争规模扩大，军需物资的品种、数量迅速增加，军需物资的筹措与供应逐步转变为主要由国家提供财力、物力，由军队具体组织实施，各级后勤军需勤务机关和部队（或分队）也自上而下逐步建立起来。17 世纪末，法国陆军设军需总监。1700 年，俄国彼得一世设置军粮衙门和掌管军队被服、薪饷、装具供应的专务衙门（翌年改称军事衙门）。18～19 世纪，欧洲一些国家在中央军事部门和部队编成内设置军需勤务机关、分队。19 世纪初，俄国设军需总监，之后又在陆军部、军区、军、师和要塞分别设军需总署、军需署、军需处，并编设有仓库、修理所、面包房等勤务分队。1817 年，法军组建了军需部，而后在各部队设置军需官。

近代军需保障方式，在沿用和改进传统保障方式的基础上，逐步发展为以依托兵站、仓库组织保障为主，与就地取给、取之于敌相结合的方式。①依托兵站（粮台）、仓库组织军需保障。从 17 世纪上半叶开始，瑞典依托兵站开设运输补给线，组织物资的前运和后续补充。17 世纪中叶，法国军队实行设仓供应制，建立了正规的申领制度；普法战争中，法军依靠设在各地的中心仓库、流动仓库实施供应。②就地取给。普法战争中，普军到达巴黎前线时，派出骑兵师大规模就地征粮，实施给养补给。③取之于敌。攻取敌方城镇、仓库后，利用缴获的粮食、服装等，补充自己。④军屯自给。

20 世纪 20 年代以来，科学技术高度发展，空前规模的世界大战和军队现代化建设，对军需勤务提出了更高的要求。与此相适应，军需勤务的内容、机构、保障方式也发生了很大变化。首先，军需物资的品种、数量增加，性能提高。一些工业发达国家的军队中，装备了钢盔、防弹衣等防护装具和迷彩作战服，以及各类特种勤务人员工作服，配发了炊事车、面包加工车等饮食装备和各类野战食品，用于野战条件下的饮食保障。其次，军需勤务组织机构逐步完善，基本形成了比较完整的现代军队后勤军需组织体系。

苏联于 1935 年在中央军事部门和各级部队中设置了给养勤务和被装勤务两个部门，1940 年合并组成军需勤务机关，1959 年恢复给养、被装两个勤务部门。美国在二战前后，陆军部、海军部、空军部和各级部队编成内都设有军需机构。20 世纪 60 年代初改组后勤体制，成立统管三军通用物资供应的国防供应局（后改为国防后勤局），下设国防被服补给中心和国防食品补给中心（后合并为国防人员保障中心），负责被装、给养的采购与供应。其后，美军将各军种和部队各自为政的军械、军需等后勤技术勤务进行合并，在陆军部组成陆军器材司令部，在军、师后勤保障部设物资管理中心，承担包括军需物资在内的物资采购（或请领）和供应职责。

现代军需保障一般由军队运用国家提供的经费和物资，采取实物与经费、统供与分供相结合的方式组织实施。战时依托仓库（兵站），以后方供应为主，辅以就地取给和取之于敌。二战后，美军设有专业补给中心和庞大的仓库系统，按国防后勤局—军—师三级实施通用军需物资保障。苏军从总部到团设有上下贯通的仓库系统，实行仓库供应制。

未来，为适应现代战争的特点和保障部队在信息化条件下作战的需要，许多国家的军队将以提高军需综合保障能力为中心，改革军需勤务。具体来说，有以下几个改革重点：①改革保障体制。通用被装、给养和饮食装备器材的供应，将进一步打破军种、兵种界限，简化供应层次，科学配置仓库、基地和补给中心，对驻同一地区的陆海空军等部队，实行区域保障。②改进军需装备和军用食品。将应用新技术、新材料和新工艺，研制各军种、兵种在不同环境条件下生存、生活和防护需要的单兵装具，作训服和主食、副食、饮料配套的军用食品，减轻单兵负荷量；完善以车载化为主体的饮食装备系列，高效率地保障作战人员的饮食供给。③实行军民融合制度。将充分利用市场、生产企业、饮食服务业和科技力量，为军需供应提供优质产品，为部队生活提供服务。④强化保障手段。将广泛运用计算机等先进手段，准确、及时地沟通信息，实现军需供应与管理自动化。

陆军士兵在清点医疗物资

陆军使用直升机运输物资

→ 各国如何组织实施军需勤务

　　世界各国虽然组织实施军需勤务的组织机构不尽相同，但主要方式有三种：一是在各级部队设置军需部门或军需军官。例如法国军队各军种参谋部设军需总局，作战后勤指挥部设军需部，军设军需处，师和旅设军需科。二是在各级部队分设被装、给养、商业三个部门或专职军官，分别负责被装勤务、给养勤务和军队商业服务业。例如俄罗斯国防部资源保障署设给养局、被装局，军区设后勤局，集团军设保障旅，旅设保障营。三是由国防部后勤机构负责。例如美国国防部国防后勤局，负责三军通用被装、给养等军需物资的采购、供应与管理。军和师后勤保障部均设物资管理中心，负责军需物资的请领与补给。美国国防部国防给养局负责为驻全球范围内的美国军人、家属提供给养，并销售日用品。

　　军需勤务作为军队后勤的专业勤务之一，具体任务包括以下7类：

　　（1）拟制军需建设规划、计划和规章制度。主要是编制长远规划和年度计划，制定被装、给养供给标准及各项军需管理规定。

　　（2）组织实施军需物资的筹措、储备和供应。主要是编制军需保障计划；组织被装、给养、饮食装备器材等军需物资的采购、生产或请领；建立保障正常供应和

美国国防部国防后勤局标志

战时应急需要的日常储备和战备储备；实施军需物资的供应。

（3）组织指导部队农副业生产。主要是贯彻执行国家、军队有关农业方面的政策和法规，拟定发展农副业生产的规划、计划和管理制度，筹措供应农机物资，推广先进生产技术。

（4）组织指导军需专业训练。主要是制定专业训练的长远规划、年度计划和训练（教学）大纲，确定训练的指导思想、训练体制、训练内容、训练方法和训练制度，指导军需机关和人员的训练。

（5）组织指导军需科研。主要是制定军需科研的长远规划和年度计划，进行选题论证，组织科研部门（人员）、部队、院校实施，并对科研成果进行鉴定和推广应用。

（6）组织实施军需战备。主要是制定军需战备方案，并根据形势变化及时修订和完善；组织战备物资的储备与管理；指导部队按规定储备和管理战备物资。

（7）组织指导军需管理。包括军需物资、经费管理，部队伙食管理，军需仓库业务管理，以及军人服务社（军人商店）的经营管理。

美国国防部国防后勤局总部大楼

→ 无人机在后勤保障中有何优势

无人机因无须驾驶员在机内操作，可执行高危险性、突破人体生理极限的军事及救灾抢险等任务，隐蔽灵活，与传统的有人飞机相比，在执行后勤保障任务时具有以下几个优势。

（1）较为成熟的无人机系统在进入战争部署状态时，相较于传统的有人运输机具有较为明显的快速性。一是无人机使用准备工作大多可在受领任务前完成，即无人机可以更方便地进行长时间的待命，

海军陆战队 K-MAX 无人机

因为除却操作人员之外，其是否处于待命状态只与设备有关而无须占用更多的人员。二是无人机的操作较为灵活，以美军 K-MAX 货运无人机为例，该机可以根据全球定位系统提供的路点来规划飞行航线，实现飞行模式的可编程化，并实时通过视距和超视距通信数据链进行监控，这种自动化的飞行模式一旦需要进行人工干预，地面操作手可以随时进行手动操作。采用这种灵活的操作模式，操作手可以更好地规划路线以节省时间或保证运输安全，从而能够更加快速、有效地完成运输补给任务。

（2）传统的陆路运输进行后勤保障，受制的地形因素太多，一方面是诸如道路崎岖、拥挤等本身的地形限制，另一方面则是敌方利用地形特点进行兵力或武器布置，阻碍后勤保障任务的完成。而无人机作为空中运行载体，首先解决了对地形的依赖，同时通过减少有人机相关驾驶员的配套保障设备，同一载荷的无人机往往具有较小的体型，即对于敌方攻击而言，是较小的攻击目标，从而在突破敌人封锁方面更具可靠性，具有较强的战场环境适应能力。

（3）对于完成夜间的运输补给任务来说，无人机因其赖以飞行的

路线可以通过定位系统进行预编，相关数据处理能力也是建立在各传感器的数据上而并不会受到能见度影响，因此无人运输机相较于有人机的一大优势即在于能够全天候完成任务，这对于诸如弹药、食品、医疗药品等紧急需要物资的输送具有重要意义。

目前，已有不少国家将无人机用于军队后勤保障，其中运用手段较为成熟的有美国和以色列等。美军在阿富汗战场的后勤物资运输最初主要通过传统的卡车运输，但阿富汗境内高山林立的地形以及数量庞大的简易爆炸装置，使美军传统的运输方式显得既成本高昂、难以持续保障，又带来了较大的人员伤亡。为此，美军在 2009 年提出了无人机后勤运输方面的需求。针对美国海军陆战队的作战要求，多家公司提出多个投标方案，其中就包括卡曼公司研制的 K-MAX 无人机。该机具有在海平面高度吊挂 2.72 吨物资的能力，可以昼夜进行货物投送任务，最大起飞重量为 5.5 吨，巡航速度为 185 千米 / 时，每次可在空中飞行 2.6 小时。在无人化方面，其既可以通过预先编程，通过飞行控制软件操控其飞往固定地点投下货物后返回，也可以随时进行人工干预。K-MAX 无人机自 2011 年 12 月起在阿富汗进行了 18 个月的实战部署，飞行时间超过30000 小时，累计执行了 1450 吨物资运送任务。执行任务期间，K-MAX无人机针对战场环境进行了多次改装，包括增加不熄火地面再加油功能，增加燃油箱扩大航程，使其同时具备前送和回撤能力。K-MAX 无人机因其快速支援能力、低耗费以及可避免人员伤亡等特点，即使出现了坠毁事故，也并没有降低美国海军陆战队对其使用的热情。

在 2006 年 的 黎以冲突中，以色列军方发现自己在后勤保障中存在两大问题：一是城市作战，一线部队食物、器具、油料和弹药补给经常出现断档，出现人无食物、武器，车无油料、

K-MAX 无人机准备吊运物资

弹药等问题；二是面对出现大量不同程度的伤病员，缺乏及时的医疗急救和后期救护，即使能够从陆路转运，也面临着城市环境条件下敌军的埋伏和阻击，从而导致许多士兵不治而亡。这一实战教训促使以军开始考虑改进战场后勤保障的模式，决定在原来的后勤保障力量中装备无人机。2010 年 3 月初，以色列国防军的医疗系统提出一种创新的无人机需求，要求该直升机能够将战场重伤员直接后送到医院，为伤员的医疗争取宝贵时间，减少战场作战人员负担，同时在前往战场时还可以满足运输补给任务需求。该项目最有竞争力的方案便是城市航空公司研制的

"空中骡子"垂直起降无人直升机。该机长约 6 米，最大起飞重量约 1 吨，可配备担架、空调和通信系统，医疗中心和伤员之间可进行直接沟通，舱内可容纳 2 名躺卧的战士。其后又进行了相关改进，研发出"鸬鹚"无人机。

"空中骡子"垂直起降无人直升机

→ 美军如何实现外卖式后勤

美国陆军和海军陆战队的士兵往往需要背负武器、给养、弹药、急救包、饮水、防弹插板、凯夫拉头盔等装备，其重量最多时可能超过 40 千克。如此沉重的负担不但限制了士兵的机动性，而且对其体力也是巨大的考验。

为了减轻士兵的负担，美国海军陆战队决定研发一种电子后勤平台和智能设备家族，这种被称为"单兵战斗协助与报告设备"（PCARD）的系统包含一整套智能设备，能够使战斗班组的负责人实时了解其成员当前所需的物资，并及时进行规划和分配。

携带大量单兵装备的海军陆战队士兵

　　PCARD 由安装在笔记本电脑上的后勤管理系统、安装在平板电脑上的物资分配系统和配发至单兵的智能手表组成。这款智能手表不光能显示日期和时间，士兵通过其表盘上的 6 个按钮可迅速向上级报告急需的物资，"像点外卖一样地选择弹药、食品、装备和水"。上级机关会根据实际需要选择就近的战斗单位进行紧急支援，或通知后勤部队迅速进行补给。这样一来，整个后勤流程的效率和针对性得到极大提高，士兵无须携带冗余物资作战，单兵负荷被大幅降低。

　　美国海军陆战队后勤司令部高层表示，美国海军陆战队士兵过去一般会携带至少可供 3 日作战的弹药和给养进行部署，重量为 30 ~ 45 千克，PCARD 系统问世后，这一数字有望削减 33%。美国国防部高级研究计划局正在实施的蜂群无人机项目与 PCARD 可谓 "天作之合"，士兵通过 PCARD 预订补给，低成本蜂群无人机负责将这些物资投送到指定地域，这将在减少资金和资源浪费的前提下有效地提高部队的战斗力。

　　根据美国海军陆战队的官方声明，PCARD 项目从数百个候选项目中脱颖而出，赢得了 2016 年度创新技术挑战赛的冠军。2017 年 10 月，美国海军陆战队在彭德尔顿兵营对 PCARD 展开了实战环境测试。截至 2021 年 11 月，美国海军陆战队仍在致力于提高 PCARD 在复杂电磁环境下的可靠性。毕竟网络安全不仅影响系统是否正常工作，更关系士兵的生死存亡。

海军陆战队后勤司令部高层探讨 PCARD 项目

第 7 章

→ 单兵作战时携带多少子弹

对于普通步兵来说，执行一般作战任务的时候，主武器的弹匣携带 5～6 个就足够了，每个弹匣容量为 30 发。所以，在正常情况下，单兵携带的主武器子弹数量在 150～180 发。至于手枪这样的副武器，一般会携带 3～4 个弹匣。以美军最新的 M17 模块化手枪为例，弹匣容量为 17 发（也有 21 发的弹匣），则副武器子弹数量为 51～68 发。

事实上，士兵携带的具体子弹数量要根据任务需要来决定，并不是越多越好。除了携带子弹之外，手榴弹、个人急救包、战术手套等单兵装备也必须携带。如果士兵是负责提供火力支援的榴弹投掷手，那么他还需要携带 10～20 发榴弹，最多的时候要携带 30～40 发。因为是火力支援的角色，所以他携带的子弹数量可以相对减少一点，主弹匣数量可以减至两个。这是因为士兵携带枪射榴弹有着严格的安全措施，必须使用专门设计的背心携带，否则很容易出现意外事故。

采用弹链供弹的 M249 轻机枪

如果士兵是一名机枪手，例如装备 M249 轻机枪、M240 通用机枪的美军机枪手，他们会直接携带一个 200 发弹容量的弹药箱。仅仅是这个弹药箱的重量，就比四五个普通的弹匣还

陆军狙击小队

重。当然，这些弹药箱有时会使用汽车运输。此外，机枪手的副手同样也会携带两个左右的备用弹匣，以备不时之需。如果机枪手没有子弹了，也可以让其他步兵提供弹匣。

至于狙击手或者精确射手这样的特殊兵种，主要追求隐蔽、精确打击或者精确火力支援，很少会跟敌人直接交手，正常情况下一次性需要击杀的目标也不会很多，所以一名狙击手通常会携带 5～15 发狙击步枪弹。作为狙击手的副手，观察手也会携带一名步兵的正常配置弹药数量，即 5～6 个主武器弹匣、3～4 个副武器弹匣，同时会携带手榴弹、个人急救包等物品。

总而言之，一名士兵的负重量是有限度的，子弹的携带数量要根据具体情况来决定，执行的任务不同，所需的装备种类和数量也不同。不过，一名普通步兵携带 200 发左右的步枪弹已经足以应对大多数情况，哪怕战况激烈也一样，因为战场形势越严峻，士兵伤亡的概率也越大，很多时候等不到子弹耗尽就得撤离战场。

→ 现代军队为何还要回收弹壳

子弹打完回收弹壳，在很多人看来只有在二战时才会出现。因为受限于当时的工业水平以及经济水平，利用回收弹壳制作复装弹，可以迅速得到大量低成本的子弹补充。虽然复装弹的性能不如原装弹，但以当时的条件来说，这也是没有办法的办法。事实上，即便进入现代，各国军队依然保留着回收弹壳的传统。因为回收弹壳是一项非常有益的工程，即便是财大气粗的美国，条件允许的情况下也会尽量回收弹壳。

首先，现代大多数子弹的弹壳都是由黄铜或者钢铁制造的。以美军为例，其每年在海外行动以及日常训练中所消耗的子弹数以亿计。虽然单颗子弹所消耗的黄铜或者钢铁资源不多，但是数以亿计的子弹加起来就很可观了。如果弹壳能够进行回收再利用，无疑会大幅降低子弹的生产成本。

其次，回收弹壳可以防止有人私藏子弹。各国军队在进行射击训练时都会严格清点发放给士兵的子弹数量以及回收弹壳的数量。如果士兵交回的弹壳不够，就会面临处罚。这样做的目的就是防患于未然，毕竟士兵私藏子弹和军队子弹外流都会造成不小的安全隐患。

以上是和平时期回收弹壳的意义。其实在战时，许多情况下都要回收弹壳。每个国家的不同部队所装备的步枪都不一样，例如美国普通部队大部分士兵装备的都是 M4 卡宾枪、M16 突击步枪，而特种部队装备的武器更加精良，也更加复杂，像 M14 精确射手步枪这种成本较高的枪械就比普通部队装备得更多。而不一样的枪械，其所发射的子弹口径、型号等都是不一样的。在战争期间，完全可以根据敌人所留下的弹壳推断出敌人的数量、规模以及部队类型等信息。这些信息在战争期间都是敌我双方严格保密的信息。如果这些信息泄露，敌方完全可以推断和猜测出己方的部队调动以及战略意图，从而在战争中取得优势。因此，许多国家都会制定鼓励士兵回收并上交弹壳的政策。

训练中的陆军机枪手

海军陆战队士兵射击时抛出大量弹壳

→ 古今各国如何填饱前线军人肚子

食物是人类赖以生存的物质基础，古语说"民以食为天"，就高度概括了人类与食物的依存关系。对于军队来说，食物和武器是同等重要的东西。"兵马未动，粮草先行"，士兵的吃饭问题历来为古今中外所有军事家所重视。为了让士兵能"迅速而愉快地填饱肚子"，各国军队后勤部门挖空心思推出了各式各样的军用食品，既要保证食物有足够的热量，又要讲究营养均衡。

士兵的食物可分为两种：一种是部队提供的军队伙食，这是在平时或者战时条件允许的情况下，为士兵专门烹制的热饭热菜；另一种则是专供在离开营房条件下食用的野战口粮，包括野战食品和制作热食所需的原料、半成品和成品，由士兵随身携带。野战口粮一般由工厂根据规定的配方和工艺生产，按定量包装定型。这种口粮具有体积小、重量轻、营养价值高、便于携带和食用、通用性强、贮存性能好、便于生产和供应等特点。野战口粮主要用于战时，也用于部队在执行抢险救灾任务时食用。

自从有了战争，各国军队便一直想要找出更好的方法来包装食物，力图使这些食物能够持久不坏。公元前 4 世纪，马其顿帝国军队使用羊皮和陶器来盛装食物及饮水，但保鲜效果并不好。拿破仑时期，法国频繁对外用兵，军队给养中的食物保鲜成了大问题。为此，拿破仑拿出一笔奖金，奖励能发明解决方案的人。一个法国人发明了罐头，作为军用食品之一。不过，当时没有使用马口铁，使用的是玻璃瓶。真正发明罐头，使它在长达 150 多年的岁月中，成为保存食物的标准方法的，则是英国的发明家。他们所推出的罐头食品，从罐头乳酪到罐头雏鸡，应有尽有，不断供应分散在全世界各地的英国部队。但是，以这种方式包装及保存食物是相当昂贵的，而且也只有牛油和炼乳等食物及副食品，才会用这种方式送到前线部队。

在接下来的一个半世纪里，罐头制作技术的进步，以及制造成本的降低，使罐头食品的品质与贮存期限大为改善。不久，美国陆军开始尝试制作营养与美味的罐头和包装食品，其中最著名的是二战期间的 C 口粮和 K 口粮。这些口粮全都是一个人分量的，有各种食品，有的装在罐头内，有的被真空密封包装，保存期限可以长达好几年。

20 世纪 50 年代，人类进入了太空时代，宇航员必须带着食物与饮水进入太空。最初，太空食物都是装在像牙膏般管状容器内的流体状食物，以及很脆的饼干与糖果。之后，美国航空航天局试着制作冷冻脱水食物——先把食物急速冷冻，然后放在真空中，除去所有水分——但这种技术不适合肉类与烘焙。到了"阿波罗"登月计划末期，

斯帕姆午餐肉罐头是二战期间知名口粮之一

美国航空航天局开始允许一些常见的食品，像面包、罐头肉类、花生奶油以及果冻等，成为登月计划中宇航员的食品。真正的技术突破则是"湿包装"的出现，所谓"湿包装"就是在密封的塑胶包装内装一些脱水食物，并将这些食物作消毒处理（通常是使用热蒸气或照射辐射线），以防食物腐坏，然后再恢复它们的水分，供宇航员食用。同样的技术也可应用在其他事先烹调好的食品上（面条、鸡肉和米饭等），装在供大批人食用的大容器内供人取用。

太空食物的制作技术为野战口粮的制造开辟了新的途径，美军的野战口粮由此分成了三类，即 A 野战口粮、T 野战口粮、快餐（MRE）。A 野战口粮都是新鲜食物，其食材从作战地区附近采购而来，交由制式陆军野战厨房烹调。这是最便宜也是最受欢迎的野战口粮，缺点是当地的商店、食品店与菜贩的供应量可能有限；T 野战口粮都是事先调好的食物，装在大铝盘内，份量足供 12 名官兵食用。食用前要放进一种自助式的加热器，利用加热器内的滚水加热。T 野战口粮通常不需冷藏，但有些特制食品在运送途中需要冷藏；快餐是可以立即食用的野战口粮，也是美军的制式野战口粮。快餐是一整套的湿、干、冷冻及脱水食品包，加上一些配件包（佐料、汤匙、刀叉、纸巾等），分别密封装在一个褐色塑胶袋内。

目前，不少国家开始了野战高营养食品的研发，如全营养蛋白粉、体力恢复固体冲剂等。这种冲剂容易被人体消化吸收，具有增强肌肉运动力、帮助恢复体力和提高耐力的功能。随着生物技术的快速发展，不少国家研发出具有

正在进食的陆军士兵

特别生物标记的糖块（食用这种工程食品糖块后，在视线不清和远距离条件下，利用传感设备可以判断人体呼吸或体液中是否存在相关生物标

记，以进行敌我识别，进而实施远程狙击）、防疫食品、防腐保鲜食品、营养集成化口粮等新型野战食品。一些国家还针对在高寒、高温和核辐射等条件下活动的官兵，研发出抗疲劳食品，以便起到消除疲劳、保持旺盛战斗力的作用。

随着高技术装备在军事领域的广泛应用，未来战争的作战样式及保障手段将发生巨大变化，全时空、快节奏、高强度、高消耗的战争特点使野战部队的饮食保障面临严峻的挑战。为适应未来战争的快速发展，各国均在加紧研发新型野战口粮，具体研发方向为：一是将野战口粮与市场上可供选择的商业食品进行组合，这样既能使野战食品价格低廉、品种多样，又可以减少厌食情绪。二是朝可口化、口粮化方向发展。今后野战口粮不仅要增加花色品种，改善口感，还要研究素食口粮、宗教口粮，使其适合各种人群。三是使用先进工艺使野战口粮营养更丰富、口味更好，以提高野战口粮的使用性能和贮存性能。四是包装向多元化防护功能发展。为适应战场环境变化，野战口粮的包装防护功能正在向多元化发展，以具备防水、防虫、防菌，耐运输等功能。五是充分利用民用资源，吸收地方科研力量进行联合开发，充分利用现售的民用商业食品。

→ 现代军队野战口粮有何特点

21 世纪，随着科学技术的迅速发展，军队野战口粮从理论到实践都逐渐趋于成熟。各国都非常重视减轻单兵负荷，以提高野战机动能力。美国、俄罗斯、英国、法国等军事强国一直致力于野战口粮的研究改进，要求在保证营养和必要热量的前提下，减轻重量、缩小体积，既能长期贮存，又便于携带和食用。

美军对野战口粮有严格的营养标准和储存标准，营养标准由美军军医署署长办公室审核批准。MRE 野战口粮有 20 多种餐谱，根据现行的美国陆军补给制度，每位参加战斗行动的官兵，每天可分配 4 份 MRE 野战口粮。每份口粮所提供的热量平均为 1300 卡路里，其中 13% 为蛋白质，36% 为脂肪，其余的 51% 为碳水化合物。同时，口粮的维生素和矿物质含量应达到美军规定的每日必须摄入量的 1/3。每份口粮必须包括主食、副食、饮料，各部分独立包装，易于食用，接近正常膳食。贮存标准规定：必须能在 27℃条件下存放 3 年，38℃条件下存放 6 个月。美

军还为士兵研究了适合不同环境、不同人群食用的口粮，并已实现了口粮的系列化。目前，美军的单兵口粮可分为标准口粮、素食口粮、宗教信徒口粮、寒冷气候口粮、远程巡逻食品包、特种作战训练口粮、首次攻击作战口粮等类型，共计 8 个种类。

MRE 野战口粮（餐谱 3）

俄罗斯军队的野战口粮以高脂肪食物为主，包括牛肉大麦粥、牛肉条、饼干、油炸鲱鱼、香肠、鸡肉汤、冰茶粉、速溶橘子粉、糖等。长期以来，俄罗斯军队有一种与众不同的传统，即不论平时还是战时，

俄罗斯军队的野战口粮

都对军人供应香烟，供应标准为士兵每人每天 20 克七等烟丝（或 12 支七等香烟），军官每人每天 25 克五等烟丝（或 20 支五等香烟）。不吸烟的军人可改为每月领取 300 克糖。2013 年，俄罗斯军方执行了严格的禁烟令，终结了这个延续百年的军队传统。

英军野战口粮是罐装或软包装熟食，有些还经过脱水处理，其组成接近于平时饮食。英军野战口粮已形成系列，既有单兵作战口粮，也有

集体作战口粮。单兵普通作战口粮有 4 种餐谱，提供早餐、快餐、主餐各一份，以及一份补充饮料。该口粮重 1.8 千克，可提供热量 4000 卡路里。英军还特意研发了北极口粮，主要是罐头食品，重 1.6 千克，可提供热量 4500 卡路里。在食品加工过程中，英军采用了辐射杀菌等工艺，使三明治在 38℃的高温环境中也可保存 3 个月不变质。英国还发明了一种能鉴别食品保质期的仪器，当食品即将过期时，食品袋上的指示灯就会发亮。

英国陆军的 24 小时野战口粮

　　法军的野战口粮风味多样、营养齐全，被许多人认为是"最可口的军用食品"。以最受欢迎的口粮为例，单日份餐的基本含量是 8 包硬饼干（巧克力味和咸味各一半）、两个 350 克主菜罐头以及饮料包、加热包和净水药丸等，士兵可以此为基础，任意选择如意大利式烘馅饼、熏牛肉香肠、油煎鱼、迷你比萨饼等熟食作为搭配。主菜罐头品种丰富，有 30 多种口味，可满足不同士兵的口味需求。

法国陆军的野战口粮（两餐份）

→ 野战口粮如何实现热食化

尽管各国军队的野战口粮在品种和份量等方面存在差异，但是各国军队都很关注一个共有的问题，那就是野战口粮热食化。从古至今，各国军队都非常注重保障士兵食用热食。早期的做法就是埋锅造饭，实行野炊。后来发明了炊事车，可是炊事车经常无法跟随部队行动。另外，埋锅造饭不仅耗时长，而且有明火炊烟，容易暴露目标。目前，实现单兵野战口粮热食化主要有两条途径：一是通过化学反应放热为口粮加热，这种方式不产生明火，又称"无火焰化学加热"；二是通过固体燃料产生热量为口粮加热，这种方式有明火产生。

1973 年，美军开始单兵野战口粮热食化的研究。后来，美军致力于研发一种适用于单兵快餐口粮的无火焰口粮加热器，以满足时刻为前线士兵提供热食，提高战场饮食保障能力的要求。1990 年，无火焰口粮加热器正式大量作为军队的供给品配发。1993 年，无火焰口粮加热器与单兵快餐口粮第八餐谱正式配套，并全面装备部队，美军实现了真正意义上的单兵野战口粮热食化。无火焰口粮加热器实际上就是利用水和镁粉发生化学反应，生成氧化镁和氢气，并释放出大量的热用于加热食物。1996 年，美军又推出一种自热单兵野战口粮。这种口粮利用外包装中的加热材料可在 12 ～ 15 分钟内加热至 38℃，即使在运动中仍可加热。

与美军相似，英军也为单兵野战口粮设计了别具一格的无火焰加热器，使用时，只要拉动一根短绳，即可从一小水包内注入 50 毫克水，随后加热器便发生化学反应，放出热量，在 15 分钟内即可将一份主食加热至 45℃。

法军的单兵野战口粮同样可以实现热食化，但加热方式与美军不同，配套的加热器使用固体燃料，与固体燃料配合使用的还有一个简易炉架、一盒火柴、一个持罐夹。这套加热器主要用来加热口粮中的主菜罐头。与美军的无火焰口粮加热器相比，固体燃料具有生产工艺简单、使用范围广、贮存期长、易与不同的主菜罐头配套使用等优点。缺点是加热器体积大，使用时受环境因素影响较大，热效率低，不能加热软包装罐头等。

海军陆战队士兵在炊事车中烹饪食物

→ 单兵急救包有何意义

对于士兵来说，战场急救的水平决定了他们能否在受伤后存活。战场急救的目的就是保证士兵在负伤后能够有效地维持生命，从而可以送到后方进一步救治，这也是保证士兵存活的关键。战场急救的第一步，就是士兵通过配发的医疗包进行自救。

从一战开始，各国就已经给士兵下发了基本的绷带包。士兵受伤后，需要靠绷带包里面的止血带和绷带，由战友或者自己进行包扎、止血，以避免大量出血。但当时的士兵缺少防护装备，而医疗水平又不发达，很多士兵送到后方也只能静静地等死。

配发绷带包的方式一直延续到了二战乃至 20 世纪 60 年代。各国绷带包的内容有所不同，一些军队的单兵绷带包可能会配有吗啡以及其他用品，以减轻士兵受伤后的痛苦。而美军在越南战争后统计了士兵的伤亡数据，发现约有 90% 的士兵死于大量出血，大多数士兵在抵达战地医疗站前就会死亡。还有一部分士兵会死于其他中弹后的并发症。因此，美军开展了一系列提升医疗水平的科研活动，并且将绷带包更换为单兵急救包。这也是现代单兵急救包的由来，相比之下仅含有绷带和止血带的绷带包就显得极为寒酸了。

战场医疗最重要的就是时间，有一些伤势士兵自己根本无法有效处理，必须在他出血而死前送到战地医疗站进行救治。而在一战、二战以及越南战争时期，一个步兵班组里最有医疗经验的就是军医，但一个步兵班组就一名军医，军医中弹了、受伤人数过多怎么办？因此现在美军要求每名士兵都必须会熟练地使用单兵急救包，对自己的伤势进行处理，等待运输到后方进行救治。而在运输方面，美军也不惜成本地将大量运输直升机、"悍马"装甲车投入到战场急救中。

现在美军配发的单兵急救包中，配有止血钳、止血带、压力绷带、纱布、消毒药品等一系列医疗用品，还配有治疗气胸、窒息的用品。单兵急救包里最重要的就是止血类用品，美军对此十分重视。单兵急救包是士兵接受治疗的第一步，因此至关重要。美军将精心研发的单兵急救包配发到每名士兵手中，并且在士兵服役初期就会对其进行严格的培训，再结合美军优秀的单兵装具，可以成功地将士兵的伤亡率降低。

与美国一样，其他国家也十分重视战场急救，单兵急救包已是现代军队单兵装备的标准配置之一。在单兵急救包的内容上，虽然各国军队各有不同，但基本都是以止血、消毒用品为主。

美国陆军单兵急救包

陆军士兵学习战场急救

参 考 文 献

[1] 邓敏. 单兵作战技能手册 [M]. 北京：台海出版社，2019.

[2] 深度军事. 单兵作战装备图鉴（白金版）[M]. 北京：清华大学出版社，2016.

[3] 白海军. 钢铁侠再现：未来单兵作战 [M]. 北京：化学工业出版社，2015.

[4] 赵渊. 士兵突击——单兵技能训练与装备揭秘 [M]. 北京：化学工业出版社，2014.

[5] 安德鲁·维斯特. 步兵战：战略·战术·战例 [M]. 北京：中国市场出版社，2013.

世界武器鉴赏系列

现代舰船
鉴赏指南
（珍藏版）
★第3版★

现代飞机
鉴赏指南
（珍藏版）
★第3版★

现代战机
鉴赏指南
（珍藏版）

单兵武器
鉴赏指南
（珍藏版）
★第3版★

特种作战装备
鉴赏指南
★第3版★

世界名枪
鉴赏指南
（珍藏版）
★第3版★

坦克与装甲车
鉴赏
（扩展版）
★第3版★

二战尖端武器
鉴赏
（珍藏版）

世界手枪
鉴赏指南
（珍藏版）
（第2版）

早期经典战机
鉴赏指南
（珍藏版）
（第2版）

美国海军武器
鉴赏指南
（珍藏版）
（第2版）

空战武器
鉴赏
（珍藏版）

陆战武器
鉴赏
（珍藏版）

无人装备
鉴赏
（珍藏版）

特殊武器
鉴赏指南
（珍藏版）
（第2版）

海战武器
鉴赏
（珍藏版）